宫玉振 著

铁马秋风集

企业如何向军队学打胜仗

中信出版集团 | 北京

图书在版编目（CIP）数据

铁马秋风集：企业如何向军队学打胜仗 / 宫玉振著．
-- 北京：中信出版社，2021.12（2025.11重印）
ISBN 978-7-5217-3622-9

Ⅰ．①铁… Ⅱ．①宫… Ⅲ．①企业管理－研究 Ⅳ．
① F272

中国版本图书馆 CIP 数据核字（2021）第 194548 号

铁马秋风集——企业如何向军队学打胜仗
著者：　宫玉振
出版发行：中信出版集团股份有限公司
（北京市朝阳区东三环北路 27 号嘉铭中心　邮编　100020）
承印者：　嘉业印刷（天津）有限公司

开本：880mm×1230mm　1/32　　印张：13.5　　字数：328 千字
版次：2021 年 12 月第 1 版　　印次：2025 年 11月第 10 次印刷
书号：ISBN 978-7-5217-3622-9
定价：76.00 元

服务热线：400-600-8099
投稿邮箱：author@citicpub.com

据说，拿破仑在圣赫勒拿岛时，蒙索朗夫人曾经问他，

哪一种部队是最好的部队？

“夫人，”他回答说，“能打胜仗的部队。”

——［英］J. F. C. 富勒《战争指导》

目录

推荐序一

企业家如何培养战略性思维

在今年3月的总裁读书会上，我受邀领读过宫玉振教授所著的《善战者说》一书。在领读会上我讲过一个观点，就是“战为商用”。主要的内容，就是战争的经验可以为企业家提供很好的启发，企业家要多向军事和战争借鉴经营管理之道。我们总说商场如战场，是说在今天市场中的竞争原则和战场上的战争原则有许多相似性。而宫玉振教授的这本新书又一次为我们打通了战场和商场的界限，为我们制定企业战略提供了一个思想宝库。

我前年去过以色列。以色列为什么会有那么多创业者？实际上，这跟他们服兵役的制度有关。以色列青年男女都要服兵役，男孩三年，女孩两年。服兵役的过程中，军队锻炼了他们坚强的性格，培养了他们的战略思想，还让他们有技术创新的意识。

还有一个大家都知道的事实，就是从西点军校出来的企业家，比从哈佛商学院出来的还要多，这也经常引发我的思考。我想，除了部队严明的纪律、严格的训练、果敢的作风、强大的执行力，还有一个很重要的原因，就是这些西点军校出身的企业家，在做企业之前，已经在军校和战场上得到了战略方面很好的训练。而这对于好的企业家来说，是至关重要的素质。

中国也是如此。像任正非和张瑞敏，包括以前长虹的倪润峰，他们都有军旅生涯。军队一方面给了他们战略的训练，另一方面也给了他们性格上的培养。这对于他们后来成为一流的企业家都是非常重要的。

其实“战为商用”并不是从今天开始的，早在战国时代，白圭、范蠡这些商业巨子，就已经把军事原理用于商业经营上。而范蠡本人在经商之前，就是一个著名的军事家。

企业家可以向军事和战争借鉴学习经营管理之道，一个重要的原因，是军事和商业的底层逻辑是相通的。如果我们能够把军事里的东西、战争里的东西、军队里的东西，很好地引入企业，我们就可以培养出一大批更优秀的企业家。

当然，向军事和战争借鉴学习经营管理之道，不能机械照搬。在我看来，当前中国的企业家向军队借鉴学习经营管理之道，最核心的，就是要学习军人的战略性思维。

我们做企业，什么最重要？战略性思维最重要。我们做企业不乏战术性的思维，我们缺的是战略上的思维。改革开放40多年，我们的企业管理跟了上来，应该说做得不错了，但我们企业家面临的最大问题是什么？是面对环境、创新和商业模式的不确定性，我们必须做出选择。这个选择是什么？我用的词是经营。所以我说，管理是正确地做事，经营是做正确的事。经营的第一条就是要做正确的选择，而战略就是选择。如果战略错了，其他的努力都会白费，而且没有意义。

战略学本来就起源于军事，军队打仗最重视的就是战略。同样，今天中国的企业家也一定要好好研究战略。《孙子兵法》的第一句话就是“兵者，国之大事，死生之地，存亡之道，不可不察也”。这里的“兵”，讲的是军队的战略。其实企业也一样。企业的战略也是企业的大事，也是我们的死生之地，存亡之道，不可不察。今天我们很多企业恰恰没有非常清晰的战略，也没有战略家，这样的企业就很容易出问题。

所以我常想，在企业中我们要加强战略研究，要培养企业家的战略思维。而战争中的战略恰恰可以给我们补上这一课。向战争学战略，你可能就会成为一个战略家。

我本人做企业这么多年，有时候常想，在过去18年做央企的过程中，我是在战略层面做工作，而不是在战术层面。所以我常讲我是一个经营者。哈佛商学院终身教授鲍沃先生曾经问我："宋先生，我想问您一个问题，让您24小时睡不着觉的是什么事情？"我说："我担心想错了，担心做了错误的决策。"所以企业家做战略不容易，就像在战争中做决策一样，也是战战兢兢的，如履薄冰，如临深渊。

做战略时容易出问题，往往是因为信息不对称。信息不对称，我们就容易做出不正确的判断和决策，影响我们的战略。有时候事情已经开始做了，如果我们突然发现信息不对称，出现了问题，或者说环境发生了变化，那战略也得修改，不能死要面子活受罪。所以我有时候会迅速地修改我的战略，也就是我可以把我签过字的东西戛然而止。这非常重要。

战略也意味着选择，也就是我们要想好做什么，更要想好不做什么。不做什么，有时候比做什么还重要。做企业，就像打仗一样：攻下一块地盘，大家都比较高兴；放弃一块地盘，就很难。但什么叫战略？你不能光想着"战"，光想着去占领，你还得会"略"。略是什么？略就是放弃，就是取消。略掉它，放弃它，这其实是不容易的。

在我还很年轻的时候，我在法国见过圣戈班集团的CEO（首席执行官）。当时圣戈班是全球建材行业500强的第一名，现在中国建材是第一名。我问了圣戈班当时的 CEO 一个问题："你觉得在圣戈班，你最大的贡献是什么?"他说他在圣戈班收购了 700 家企业，卖掉了 700 家企业。你看，一边占领，一边放弃。这对我们来说非常重要。这些年来我在中国建材，大家都说宋总收购了上千家企业。我说其实你们没有看到，我也放弃了 300 多家企业。一边战，一边略，这就是战略思维。

当然企业里面战略重要，战术就不重要吗?战术也很重要，但是跟战略比起来，战略更重要。而且关键是，对于领导层来讲，主要任务是制定正确的战略。所以学会战略性的思考，也就尤其重要。

宫玉振教授在中国人民解放军军事科学院做过 10 年的战略研究，是军事学博士。他又在北京大学国家发展研究院 BiMBA 商学院做了 17 年的企业管理教学，是管理学教授。他是军事学和管理学的两栖学者，在从军事看管理方面有着独树一帜的视角，也有很多产生了相当影响的成果，包括我曾经作序的《善战者说》等等。他的教学一直深受学员的欢迎，他也是少有的能在课堂上把战争的战例和企业的案例讲通的教授。我一直认为，他致力于打通军事和管理这两个不同领域的研究有着重大意义。相信广大读者在读完这本书之后，也会有同感。他的这本新书即将出版，我认为这本书对企业家理解军队和企业管理的共通之处会有很大的帮助，因而很乐意向朋友们推荐此书。

宋志平

中国上市公司协会会长

中国企业发展与改革研究会会长

2021 年 7 月 5 日

推荐序二

在悖论中前进

《铁马秋风集》与《瓦尔登湖》：一种推挤式阅读体验

7月入伏，我在北京郊外闲居，带了一本亨利·戴维·梭罗的《瓦尔登湖》。30多年前读徐迟翻译的《瓦尔登湖》，只是觉得文字美，大自然美，但对书中无处不在的哲性思考体会很浅。现在回头看，大约是因为青春年少，未经沧海，不知岁月辣滋味。几十年后，再读《瓦尔登湖》（译者马晓佳、李志林），似乎觉得每一页、每一句都是关于生命与生存的至论，因此几乎每一页的空白处，都留下了我的笔记感言和名句摘录。梭罗实在是位伟大的“躺平主义”哲学家啊！当你被生活摔打了60多年，当你挺直着腰背奋斗了40多年，你才能真正与梭罗在心灵深处建立默契。

在我沉迷于《瓦尔登湖》的“梭罗式躺平”时，宫玉振老师发来微信，希望我为他的新作《铁马秋风集——企业如何向军队学打胜仗》写序，我不假思索地答应了。答应过后又有点后悔：铁马秋风？瓦尔登湖？我岂不是要在火焰与湖水之间被两极推挤？但后悔亦迟，只好早上迎着太阳享受“湖水”，午后在绿荫下被“火焰”炙烤，感受铁马金戈的世俗英雄主义，连续6天有一种撕裂式的阅读体验。

《瓦尔登湖》我读得很沉迷，《铁马秋风集》我读得很过瘾；《瓦尔登湖》我做了几千字的读书笔记，《铁马秋风集》我同样做了上千字的眉批，我特别欣赏宫老师大作中“企业向军队学什么”和“管理学的战争视角”这两部分，无论是观念、引述的故事、架构还是文字，都颇具冲击力。马克思说“辩证法不崇拜任何东西，按其本质来说，它是批判的和革命的”①，这段话用在《铁马秋风集》这本论文集，应该是恰当的。宫老师是军事理论专家，给企业管理者讲军事管理，但全书从头至尾是节制的、警惕的，倡导企业和企业家向军队和军事家们学习军事管理，又告诫读者不要走向军事管理膜拜，不要走向盲从与极端。《铁马秋风集》更像一本管理哲学论集，而卓越的企业家也无不是管理哲学家。企业家向军事学管理，本质上不是向军队学习如何点将布阵与打仗，而应该学习关于感知变化与应对变化的军事辩证法，宫老师这本书讲的就是军事与企业管理辩证学。

企业：以经营活动为指向的类军队组织

读《铁马秋风集》，我将其与任正非的讲话文稿进行比较。任正非很具鼓动性的感性词语包裹着深刻的理性，而宫老师颇具哲理性的语言遮掩不住军人的激情。他们都曾经是军人。《铁马秋风集》引用的大量古今中外军事著作、军事名将的故事和军事名言，以及一战、二战、长征、抗日战争、解放战争、朝鲜战

① 马克思，《资本论》，人民出版社，1975 年。

争、越战、解放军的“一点两面三三制”与当代美军的军事体制改革等许多经典案例，任正非在创建华为以来的34年讲话中常有引用，诺曼底登陆、莫斯科保卫战、斯大林格勒保卫战、仁川登陆、塔山阻击战、长沙会战、上甘岭战役等也是华为高管尤其是市场一线主官们耳熟能详的著名战例。任正非娴熟地运用军事哲学牵引华为从小到大、从弱到强，19万知识劳动者既有井然秩序，又有自由精神与创造力，使得华为在30年极端艰难的外部生存环境下，实现了技术、产品与市场的快速扩张，并塑造了其独特而鲜明的组织性格。

我对长征史一直心怀敬仰，买了147本关于长征的书，精读了10本以上。华为的全球扩张史就是一部“风雪长征史”，华为商业成功背后的逻辑与长征奇迹背后的逻辑是完全相通的。而事实上，东西方一切卓越组织之所以卓越，背后的逻辑也是一致的。这种一致性逻辑就是宫老师书中反复阐述的“四位一体”：战略、组织、领导力、执行力。

从某种意义上说，企业是一种以经营活动为指向的商业军队。而企业家就是“冒险事业的经营者与组织者”。军事指挥官和企业家的角色决定了他们必须不断进行冒险假定，即进行战略设计。“如果你没有自己的战略，你就会成为对方战略的一部分”“企业管理者一定要像优秀的将军那样学会战略性的思考”“要有一种取势和提前布局的意识和能力”。任正非说“我一贯吊儿郎当”，“既无人权，又无财权，更无业务权”。但他又说“最大的权力是思想权”，思想权当然不仅仅是企业文化建设，与之并重的是企业长期发展战略的务虚思考与中短期战略的精心擘画。华为何以30多年很少打败仗且不断打胜仗？首先是因为华为拥有任正非和一批高层企业战略家，“大战略无大错，胜利就到手了一半”。

然而，大多数企业的战略都会失败，即使有伟大的战略也可能不会持久。“头脑比天空辽阔”，但卓越的公司不仅要头脑辽阔，而且要四肢强壮而灵敏，正如任正非所言：方向大致正确，组织充满活力。强大的组织能够将正确的战略发挥到极致，也能够将有缺陷的战略完形化，甚至能够以组织的快速应变力、战斗力与凝聚力对错的战略进行纠偏。华为在早期（前10年左右）曾经屡次在产品方向和市场方向上出现战略误判，可一旦发现机会偏差，它会迅速掉头，快速集结精兵锐将组成“敢死队”，扑向新的城墙口，咬住它，撕开它，然后大部队蜂拥跟进，从而反超对手，赢得类似“塔山阻击战”那样的“几乎不可能的胜利”。“决策在大智，行动在大勇”，沙盘推演固然重要，但组织强大与否决定执行力的强与弱，执行力决定组织生死。

从领导力来看，很难想象，过去30多年，一个任正非缺席的华为会是怎样。任正非是华为的创始人，但创始者并非都能成为组织的灵魂人物。只有在大风巨浪中当过舵手，并且一次次将组织从困境乃至死境中带出来的领头狮子，才有资格成为优秀的领导者。任正非在19万知识劳动者群体中“气场很足”，源于他的远见、品格、奉献精神、罕见的意志力，以及几十年如一日的“走前线”。任正非没有读过德鲁克的著作，也没有学习过《孙子兵法》，华为高中层管理者也不是手捧《道德经》《孙子兵法》《战争论》去征战全球市场的，饱读兵书却未真正打过仗的马谡不可能在华为被提拔、被重用。“要想升官发财，到一线去，到非洲去，到艰苦地方去”，恐怕在全球500强企业中，像任正非这样走遍非洲和战乱国家、走遍世界绝大部分蛮荒地区的企业领袖为数不多，而华为的高层领导们也无不是“上甘岭上打出来的”，这是华为干部成长的铁定法则。

组织力与领导力的相辅相成，锻造了一支超大规模商业团队的超强执行力，这是军事管理带给华为的深刻影响。事实上，许多美国著名的大企业，比如联邦快递公司，都从军队管理中汲取了丰富的营养。

企业家谨记：不可在企业管理与军队管理之间画等号

企业管理深受军事管理影响，甚至可以说，企业管理派生于军事管理。但两者仍有巨大的区别和差异。一些雾里看花的人士轻率地将华为的管理与军事管理画等号，认为华为的今日成就得益于任正非曾是一位军人，这是一个误判。

宫玉振老师在其大作中专论《管理毁于“形式主义”：企业向军队学打胜仗三忌》，为今天的中国企业界盲目向军队学管理的虚热注入了难得的理性。在“管理学的战争视角”部分，不仅从东西方战争理论的角度解析了企业竞争的本质属性及指导原则，而且从中国传统哲学、《孙子兵法》中提炼出了竞争的模型、竞争的伦理底线、竞争的战略与策略等，特别是“超越竞争”的提法虽非作者首创，但如何将其应用于企业，宫老师有其独到的见解。我这里借助宫老师的观点，做几点引申讨论。

如何管理竞争是企业和军队的最大不同点。战争关乎军队生死甚至国家兴亡，是存量基础上的零和游戏，敌我泾渭分明。而市场竞争虽然关乎企业兴衰，但明智的企业家都无比清楚，决定企业命运的决非竞争对手，而是客户，是那些用真金白银一次性、扩大性、重复购买你产品的千千万万“看不见的人”。客户能将你抬进全球企业500强的“花轿”，也能将你打入“死亡谷”。因此，同行之间的竞争仅是企业竞争的副战场，主战场则在企业内部。“最大的对手来自内部”，来自企业家的雄心与格局，来自企业的价值观，来自企业的创新意愿和创新能力。华为有今天的世界领先地位，根本在于19万华为人对“以客户为中心”这一铁律的长期坚守，这6个字是华为人的“商业宗教”。

什么是真正的“以客户为中心”？为客户、为消费者提供一流的技术、一流的产品和一流的服务。如何实现“以客户为中心”？除了对“上帝”的虔诚，苦其心志之外，还有最重要的一条——创新。创新是超越竞争的最大法宝。当你每年拿出销售额的10%以上投入研发、研发经费长期高于利润一倍左右时，当你每天获得10多项专利、多年专利申请数占据全球前一、前二名时，当你的创新性产品和创新型服务覆盖全球170个以上的国家和地区时，你赢得的不仅仅是对一众竞争对手的胜利，而是几十亿“上帝”对你的认同。

这就是企业竞争与军事对抗的根本区别，也是企业家向军事学习管理所应格外警醒的方面。记着：双眼尽是对手，你将失去未来；一只眼睛盯对手，一只眼睛盯客户，此乃中策；双眼紧盯客户，最有效地满足客户的眼前需求和现实需求，同时最大程度地发掘和开发客户的潜在需求、未来需求，并进而创造顾客，此乃上上策。这是一条崎岖之路，但最艰难的路才是摆脱竞争对手羁绊和打压的捷径。

企业与军队的第二大本质区别是，企业是功利组织，赚取利润是企业的根本目的之一。军队则不然。军队是最具创新力的组织，这是由军队的属性决定的。只有不计成本地投入基础研究和尖端技术，才能在当下和未来的战争中成为胜利者，并最大限度地避免和减少死亡。任正非说“军队的创新没有投入产出比的要求”，言下之意的另一面是，企业创新必须把握好一个悖论：不创新就会被他人消灭，创新就会被自己消灭。但归根结底还是要创新，关键是把握好创新的节奏与方法。

企业是一个价值创造体，也是一个价值分享体。优秀的企业和伟大的军队都是把激励机制发挥到极致的组织。但对于以追求价值最大化为核心诉求之一的商业机构来说，财富分配是激励体系的基础要素。很简单，货币资本赚得盆满钵满，劳动者的“劳动资本”回报甚少，老板却天天在企业中鼓吹“无私奉献，英勇奋斗”，这样的所谓向军队学习的“精神激励”，怎么可能驱动员工持久的工作热忱和创造激情呢？华为实行的是“以奋斗者为本”基础上的全要素（包括员工、股东、社会等相关利益方）合理价值分配的普遍激励制度。30 年来，员工年平均薪酬包括奖金、福利与利润之比为 3∶1，国内外纳税额与利润之比为 2∶1，净资产回报率年平均高达 30%，股东每年都有可观的分红。值得关注的是，华为 100% 的股东都是“双栖人”——既是“资本人”，又是“劳动者”。

在合理而偏于激进的分配制度前提下，华为长期坚持以使命精神和责任意识牵引整个组织，这是华为始终充满活力、持续扩张的双轮驱动力（物质激励与精神激励双轮驱动）。

企业向军队学管理，重在学战略观、组织观、领导力和执行力，并非全盘“军事化”。我们断不可忽视企业与军队在根本属性上的差异，包括激励机制和激励手段上的差异。

单基因演化：蛭形轮虫带给任正非的启示

任正非最近在多个场合讲蛭形轮虫的故事。

进化论认为，双性繁殖是物种进化的最优路径，而单亲繁殖必然带来基因衰变，甚至灭绝。但令遗传学家意外的是，蛭形轮虫只有雌性，无雄性，竟然在地球上繁衍了 8000 万年，并形成了 400 多个亚种。蛭形轮虫栖息于水潭、水沟之中，却特别抗干旱，在无水环境下可存活长达 9 年，即便体内的 DNA 双链断裂，在遇到水后，它不但能将碎成片的 DNA 进行修复，还会在修复过程中，顺便从其他生物身上攫取有用的基因，以适应新的环境。

科学家们发现，这种神奇生物拥有一种神奇的进化路径：不管是细菌、病毒还是动植物，只要是有用的 DNA，都会被它合并到自身的基因序列中，从而有效解决了单性繁殖导致的多样性走低而步入进化死胡同的困境。蛭形轮虫身上可以表达的基因中有 10% 来自其他超过 500 种物种的基因，从而使得这种微小生物呈现出了不可思议的生命力。

任正非由此引发联想：华为像蛭形轮虫一样是单基因文化，需要多基因的冲突和融合。

我也由此反观宫玉振老师的《铁马秋风集》。这是一本中西军事管理思想和实践的杂论集，也是一本中西文化的思辨集。从汉尼拔到项羽，从成吉思汗到拿破仑，从曾国藩到艾森豪威尔，从丘吉尔到毛泽东，从蒙哥马利到林彪；从坎尼会战到垓下之战，从诺曼底登陆到四渡赤水，从敦刻尔克大撤退到辽沈战役，从仁川登陆到上甘岭战役；从湘军到中国工农红军到解放军，从苏军、德军、英军、法军到美军；从《孙子兵法》到《战争论》，从《战略论》到

《论持久战》；从儒家到法家、道家、兵家、纵横家，从周秦汉唐的经世学说到中西领导力，从治军之道到治企之道：等等案例信手拈来，思想大开大合，令人叹服。这实在是一本关于多基因军事文化“碎片”、多基因商业管理“碎片”碰撞与融合之佳作。

事实上，华为就是一个多元文化杂糅的特殊物种。军事文化的确是华为文化的重要组成部分，毛泽东的“集中优势兵力打歼灭战”和林彪的“一点两面三三制”一直是华为管理者奉为圭臬的战略宗旨与战术原则，解放军和美军、俄军的领导力培养、士气激发、团队建设等都对华为的企业文化和组织建设形成了影响。同时，中国共产党的思想体系、制度体系也在华为的文化建构与制度建构方面打上了烙印，还有不容忽视的是向西方尤其是向美国学习现代企业管理。企业管理理论有两大特性：一是实践性，一百多年来的企业管理学说间接来自军事学说，直接来自企业和企业家的摸索与实践；二是现代性，它既是工业革命的产物，又是科技革命的产物。而现代性，从管理学的视角讲就是西方性。华为管理在本质上是一个“西式构造”“美式构造”，包括过去10年向美军学习组织变革（美国参谋长联席会议前副主席比尔·欧文斯在《揭开战争的迷雾》中说，“美军是全球最大和最复杂的企业”）。

华为管理语汇中有两大体系：大量的军事用语和大量的英文字母缩写。前者体现出军事管理对华为文化的塑造，后者反映的是以IBM为代表的西方企业管理思想、机制对华为在制度和流程方面的再造。

即便如此，任正非依然认为，华为文化缺乏多样性。华为文化像蛭形轮虫一样“东抓一块，西抓一块”，混合了多种基因，具有超强的韧性和生存能力，但华为文化应该更开放、更多元，才能在多变和动荡的时代更具生命力。

四信合一，是一切优秀组织的精神柱石

避暑期间，我还带了另外三本书。一本是《新教伦理与资本主义精神》，这本书我每年找不同的译本重读一遍，这回是第6次阅读，由康乐与简惠美翻译。另外两本是冯象所著《圣诗撷英》《宽宽信箱与出埃及记》。我多次翻阅《圣经·出埃及记》，总觉着是在看军事故事，故事背后隐藏着深刻的管理哲理。《出埃及记》应该称作一部古典兵书，一部关于意志和战略、激励与惩戒、个人英雄与群体英雄、领导力与组织艺术的军事管理著作，尤其是它对信仰与打胜仗两者的必然性逻辑的反复呈现，深刻揭示出了卓越军事组织的普遍性规律，也反映出了一切成功组织的普遍规律。这种逻辑在《铁马秋风集》中有相当透彻的阐述。

信仰、信念、信心、信任，四信合一，是奠基一个政党、一个民族、一支军队、一家企业的精神柱石。舍此，所谓战略战术的强大、资源和装备上的强大、人员在数量上的貌似强大，管理上的貌似优良，都是虚幻的，不可持续的。反之，有高远的信仰，有磐石般的信念，有必胜的信心，有个体与团队间的相互信任，弱小者会变得强大，实力会发生翻转，不可能会变成可能，而且会战无不胜。中国共产党的历史、人民军队的历史是这一逻辑的最经典诠释。

走笔临末，顺带讲讲《创世记》带给我的新联想：关于奋斗与

躺平。其实，上帝早就规定好了：6 天劳作，1 天休息。背后的哲学观应该是：劳动是人的本能，追求闲适也是人的本能。作为个体的人，你想奋斗多点，还是躺平多些，你想“铁马秋风”多点，还是“瓦尔登湖”多些，无非是一种自我选择罢了。

田涛

2021 年 7 月 16 日

于北京枫烨园酒店

前言

“一年三百六十日，多是横戈马上行。”我经常会借用戚继光的这句诗来自嘲。因为大致来说，这就是自 2004 年起，我从军事科学院战略研究部转业，进入北京大学国家发展研究院 BiMBA 商学院任教之后的日常。

作为 BiMBA 商学院 MBA（工商管理硕士）教学创新的一部分，近 20 年来我配合胡大源教授，先后开发了一系列与军事、战争有关的现地战略体验课程，包括山东临沂以马陵之战和孟良崮战役为主题的“竞争战略与执行力”、贵州遵义以长征四渡赤水为主题的“逆境突围的战略与领导力”、川西北以长征过雪山草地为主题的“艰难环境下的决策与领导”、湖南以湘军为主题的“曾国藩与中国式领导力”，以及甘肃河西走廊以历代王朝经略西北为主题的“盛世领导力”等。最多的时候，我曾经一年带队去了 16 次赤水。所以同事们经常开玩笑，说我不是在赤水，就是在去赤水的路上。

奔波于大江南北，行走于天地之间，把当年金戈铁马的战场，变成如今商学院的课堂，我对当年陆游的“楼船夜雪瓜洲渡，铁马秋风大散关”，也就有了更深的感受。这也是本书书名《铁马秋风集》的由来。

可能有的朋友会问：军事和管理分属不同的领域，打仗的事情，可以用到企业管理中吗？我的体会是：隔行如隔山，军事领域的理论与经验，确实不能机械地搬用到企业的管理与竞争中去；但隔行不隔理，当我们把军事和管理都上升到方法论的高度，方法论和方法论之间是可以对话的。用北宋程颐的话说是："天下之理一也，途虽殊而其归则同，虑虽百而其致则一。"

吴如嵩先生曾经总结了兵战与商战的同质性：决策的预见性、谋划的宏观性、信息的盖然性、投入的风险性、实施的灵活性、管理的法规性、以功利为目的的竞争性、以小的代价换取最大胜利的价值观念等等。吴老说这种同质性，是兵战之石可以攻商战之玉的前提。

我对吴老的观点深以为然。我在收入本书的一篇文章中也说过：战争冲突是人类对抗的最高形式。在战争领域里边，战略战术的正确与否所造成的后果，远远比任何其他领域都来得明显。战争关乎人员的生和死、组织的存和亡。在这种血与火的战场上总结出来的制胜智慧，从来都是取胜之道的最高体现。人类的竞争之道在战场上成熟得最早。而战场和商场有很多共通的地方：两个领域都充满了对抗，两个领域都充满了不确定性，两个领域都需要对胜利有强烈的信念和意志，因而两个领域都需要清晰的战略、强大的组织、卓越的领导力以及团队的执行力。战争和军事因此就可以为商业世界的管理者提供一个独特的视角，从战争看竞争，从军事看管理，从而更好地理解决定竞争胜负的那些本质的要素，并像好的军队一样，锻造出属于自己的高效团队，去不断地打胜仗。

收入本书中的文章，以"企业如何向军队学打胜仗"为主线，分成了“企业向军队学什么”“管理学的战争视角”“竞争中的打胜仗之道”“军事与管理的对话”四个模块。这些文章中，有杂志的约稿，有图书的评论，有论坛上的演讲，有活动中的对话，但全都是我在教学之余，围绕战略、组织、领导力和执行等打胜仗的要素，对企业管理者如何从战争与军事中领悟与借鉴打胜仗之道总结的一些心得，仅供对此感兴趣的朋友们参考。

付梓之际，我首先要感谢宋志平会长和田涛老师。宋志平会长曾经担任中国建材集团和中国国药集团两大央企的董事长，并将两家企业都带进了世界 500 强之列，是著名的学者型企业家，著作等身，被誉为“中国的稻盛和夫”，同时也是 BiMBA 商学院最受 EMBA（高级工商管理硕士）学员欢迎的教授之一。在宋会长的娓娓道来中，你就可以明白什么是真实世界的管理学。田涛老师是著名的管理学家，是华为管理的清醒观察者、华为历史的忠诚记录者，以及华为经验的权威解读者，在企业向军队学管理方面也有极为独到的研究。我在听过田涛老师的一次讲座之后，便成为田老师的粉丝。在田老师的演讲和文字中，我感受到的是思想的强大力量。特别感谢他们两位能俯允我的恭请，拨冗为本书赐序。

我还要特别感谢 BiMBA 商学院前院长胡大源教授。胡老师是我进入国发院的引路者，也是商学院战略体验课程的创始人。在配合胡老师进行现地战略体验课程开发和教学的过程中，我从胡老师身上学到的，无论是做人还是做事的方法，都足以让我受益终生。这本书中围绕打仗所做的浅显思考，都是在胡老师的影响、鼓励和指导之下形成的。

我还要衷心感谢国发院的杨壮教授和谢绚丽教授。杨老师是领导力方面的著名权威，谢老师是战略管理方面的一流专家，从他们两位的身上我学到了很多。我还要特别感谢樊登读书会的樊登老师，以及再次感谢宋志平会长，与他们的对话使我受益匪浅。感谢以上四位同意将我与他们的对话内容收入本书。能与他们对话是我莫大的荣幸。

我还要感谢《商业评论》的主编陈赋明，正和岛《决策参考》的主编曹雨欣、原副主编孟媛，《中欧商业评论》的副主编施杨、副总监陈艳，以及我的同事王贤青老师、张彤老师、白尧老师，总裁读书会的赖冬阳先生等，感谢他们为收入本书的文章所付出的心血。我还要感谢本书的编辑黄维益、付颖玥和安玉霞女士。维益和玉霞也是我《善战者说》一书的责任编辑，非常专业而尽职。感谢她们为本书的问世所做出的努力，可以说，没有她们的用心，也就不会有这本书。

需要说明的是，这些文章写于不同的时期，采取不同的体裁，用于不同的场合，因而文字风格并不完全一致。另外，这些文章原本是分散刊出的，如今辑成一册，不免会出现有些段落略有重复的情况。为了保留文章的原貌，大多数地方都没有进行处理，这是需要朋友们谅解的。

企业向军队学什么

新手重打仗，老手看组织[1]

战争冲突是人类对抗的最高形式。在战争领域里边，战略战术的正确与否所造成的后果，远远比任何其他领域都来得明显。战争关乎人员的生和死、组织的存和亡。在这种血与火的战场上总结出来的制胜智慧，从来都是取胜之道的最高体现。人类的竞争之道在战场上成熟得最早。

在我们今天的世界中，很少有人会像战争中的军人那样每天都在直面生死，但是对于企业管理者来说，在竞争性的商业世界中，成功与失败同样无所不在。尽管商业竞争与战争比起来算得上温情脉脉，但对于失败者来说，结果是同样的残酷无情。

有一句话叫作“商场如战场”，战场和商场有很多共同的地方：两个领域都充满了对抗；两个领域都充满了不确定性；两个领域都需要对胜利有强烈的信念和意志，因而两个领域都需要清晰的战略、强大的组织、卓越的领导力以及团队的执行力。战争和军事可以为商业世界的管理者提供一个独特的视角，从战争看竞争，从军事看管理，从而更好地理解决定竞争胜负的那些本质要素。

---

① 本文刊于正和岛《决策参考》2020 年第 8 期。

组织最大的迷失是战略的迷失

企业的管理者从战争和军事中可以得到的第一个启示，是要学会战略性思考。

战略这个词本来就来自军事领域，原因就是没有一件事会像战争这样把战略的价值揭示得如此淋漓尽致。

战争史上的一个教训是，无论是对组织还是对个人来说，战略的错误向来都是最致命的。战争中经常有这样的例子：赢了眼前，却输掉了长远；赢了局部，却输掉了全局。战术层面一时的胜利，恰恰导致战略层面的全盘皆输。

看重一城一地的得失，是战术家。着眼整场战争去布局，是战略家。超越战争去思考战争，才是政治家。如果你缺乏政治头脑和战略眼光，即使你取得了无数轰轰烈烈的战绩，也无法赢得持久的胜利。如果你的战略本身就是错误的，那么你的战术和执行能力再强，往往也是南辕北辙，无法挽回战略失误带来的损失。

美军在越南战争中遭遇失败，很重要的一个原因就在于，他们只关注战术细节，而忽略了战略全局，因而打赢了所有的战斗，却输掉了整场战争。德军也犯过这样的错误。无论是一战还是二战，德国军队的战术向来都大胆而精明。几乎没有军队可以在战术的优异方面与德军相比。但是，1918 年和 1945 年，德军两度证明自己的政治无能和战略无方。其战术与作战方面的优异表现，无法补救政治与战略的错误。

一个典型的例子是基辅会战。基辅会战是二战时期最大的包围战，苏军 5 个集团军被消灭，仅被俘人员就达到了 65 万人。德军缴获 3500 门火炮，还有 900 辆坦克。希特勒得意地称这场会战为

“世界战争史上最伟大的会战”。

然而这场会战，却使德军失去了占领莫斯科的最好机会：德军因为基辅会战而丧失了两个月的宝贵时间。等到德军发起莫斯科战役时，已经是 10 月份了。先是秋雨导致德军寸步难行，接下来是严寒导致德军几乎失去了战斗力。而苏军方面，则因为这两个月，得到了宝贵的动员西伯利亚预备队的机会。

德军的莫斯科战役由此失败，德国在三到五个月内征服苏联的计划由此破产，而德军的“闪击战”时代也由此宣告结束。德国陷入两线作战，也就成为无法改变的事实。曾任德国陆军总参谋长的哈尔德上将认为，基辅会战是“东方战役中的一个最大的战略性错误”。鲁道夫·霍夫曼将军后来也总结说，基辅战役“偏离了大方向”。

战争史给企业管理者的一个教训是：过于陷入局部的争夺，反而会失去对全局的把握能力。用对抗的思维去处理事情，即使赢了，往往也是残局。

企业也是这样。竞争者当然要关注竞争与对手。但是过于关注对手，你的眼光就会被对手限制住。太强的竞争与敌对意识会限制你的视野和格局，影响你的判断与思考，以及你的策略选择，让你陷入跟对手较劲的死结中不能自拔。真正的高手，不会只盯着一时的你死我活，而是着眼于不断变化的大局。

组织最大的迷失是战略的迷失。有太多企业，就是因为太看重短期的业绩，反而损害了公司的长远发展。所以，不要为了战术的胜利而偏离了你战略上的目标，也不要用简单的战术组合去取代真正的战略。一系列看起来合理的战术调动，恰恰可能给你带来的是更大的战略灾难。用雷军那句话说就是，不要用战术上的勤奋，来掩盖你战略上的懒惰。

而比战略懒惰更可怕的是，战略上出现了问题，却茫然不知，或不愿承认，甚至把问题甩锅给下属，甩锅给团队。这不是在解决更根本的战略问题，而是企图通过战术或执行层面的努力来挽回局面。

二战后期，面临战略上的困境，希特勒将所有的希望都寄托在了新技术与装备的研发，以及发起成功的战术性行动上，比如说那场孤注一掷的第二次阿登战役。然而希特勒的命运告诉我们，不解决战略层面的根本问题，却把大量的时间花在战术与执行上，最终只会让你更有效地去做错的事情。

战争和竞争的共同特点是：如果你没有自己的战略，你就会成为对方战略的一部分；如果你没有自己的计划，你就会成为对方计划的一部分。所以高明的管理者，总是把打胜仗的重心放在战略布局上，着眼于布长远之局，布未来之局，通过高明的布局打胜仗，而不是只关注一时或一地的得失。

这就要求企业管理者一定要像优秀的将军那样学会战略性思考：要有前瞻性的眼光，要学会从眼前事务性的工作中摆脱出来，要摆脱日常竞争中束缚自己的反应式思维模式，要有一种取势和提前布局的意识和能力。长远的战略，才会让你的一个个行动具有深远的意义，使你的努力具有一致性和连续性，才能让你的每一个具体目标的实现都促进总体目标的达成，才能帮你把战术性的机会发展成为战略性的胜利。

新手重打仗，老手看组织

企业的管理者从战争和军事中所能得到的第二个启示，是系统性的组织能力至关重要。

在远征埃及的金字塔战役中，拿破仑的法国骑兵大败埃及的马穆鲁克骑兵。战后，拿破仑对两支军队进行比较，留下了一段著名的点评："2 个马穆鲁克骑兵绝对能打赢 3 个法国骑兵，100 个法国骑兵能抗衡 100 个马穆鲁克骑兵，300 个法国骑兵大都能战胜 300 个马穆鲁克骑兵，1000 个法国骑兵总能打败 1500 个马穆鲁克骑兵。"

大概没有什么能比拿破仑的这段话更好地揭示出系统性的组织能力对军队战斗力的决定性影响了。战争，尤其是大规模的战争，对于军队来说从来都是最好的压力测试，尤其是对军队的组织与管理能力的最好考验。强大的组织和良好的管理，才能支撑起一支军队长期的、大规模的作战。你要想在战争中取胜，就必须通过系统的组织、管理与保障，把组织的资源有效地整合好，这样才能将组织的整体能力充分地发挥出来。

事实上，我们回顾战争史就会发现，很多战争的胜负结果，从根本上来说就是取决于双方的组织能力。之所以战国时期魏国的武卒和秦国的锐士能够称雄一时，成吉思汗的蒙古军队能够横扫欧亚大陆，中国共产党的军队在长期的国共之争中能够一步步地战胜国民党军队，很大程度上依靠的都是强大的组织能力。

西方也是如此。罗马军团的战斗力从何而来？一名罗马士兵的战斗力总是有限的，然而 4800 名士兵所组成的罗马军团，就变成了一台强大的杀人机器。蛮族的军队虽然人数众多，也不乏勇武的战士，但是缺乏罗马军团那样严密的组织，因而总是无法摆脱匹夫之勇的局限。这也是为什么罗马军团总是可以在潮水般冲上来的蛮族士兵面前岿然不动。

管理上一个很有意思的现象是：新手重打仗，老手看组织。企业刚刚成立的时候，管理者往往关注的是市场，是产品，是营销，是爆款，是业务，是迅速扩张。一句话，关注的是如何打仗，如何打更大的仗。要的都是看得见的结果，要的是立竿见影，要的是攻城略地。没有多少人会去思考组织的问题，更不会真正在这方面投入。

等到突然发现企业打不了硬仗了，管理者才会意识到组织能力跟不上了，原来所有的问题都是组织的问题。忽视组织能力建设所带来的问题，一下子都浮出了水面。

在企业的起步期，往往有志同道合的追随者就可以了，但到了企业的发展与扩张期，组织能力就成了决定企业生死的关键。先天不足的组织，是无法承受高速增长带来的巨大压力的。所以，那些速成型的组织总是走不长远。原因很简单，离开了核心组织能力的打造，企业业务与规模的扩张就没有了根基。

阿里巴巴为什么有今天的成就？原因之一就是其强大的组织能力。组织能力支撑起了阿里巴巴的战略，支撑起了其高速的业务发展和组织扩张。华为成功的奥秘之一，也是把能力建立在组织上。这非常像共产党当年的“支部建在连上”。

回顾那些伟大企业的战略，都是以提出宏大的愿景开始，以打造强大的组织能力落地。再宏大的愿景，再伟大的战略，也需要落实到组织和管理的层面。真正的决胜往往是在组织层面来实现的。企业家能力的最后较量，其实是驾驭和变革组织能力的较量。

不幸的是，在现实中，我们虽然不乏聪明的创业者，但是有太多的中国民营企业家，用肖知兴教授的话说，都是商业上的天才、组织上的白痴。组织架构随意，人事安排混乱，后勤财务一塌糊涂——我们这个时代那么多的败局，就是败在组织上。内部管理混乱，组织千疮百孔，你机会越大，发展越快，反而会死得越惨。太多陷入败局的组织，其实都是败于自身，都是自己打败了自己。而孙子早在2500年前就告诉我们："善用兵者，修道而保法，故能为胜败之政。"真正深谋远虑的高手，一定是先把从理念到制度这样一些组织的基本面做扎实，才能奠定组织取胜的基础，才能在动荡而复杂的环境中主宰自己的命运。

好的将军都是打出来的

企业的管理者从战争和军事中所能得到的第三个启示，是管理者必须展现出卓越的领导力。

"在培养领导者方面谁做得最好？"管理大师德鲁克和通用电气前CEO杰克·韦尔奇对这个问题的回答都是"美国陆军"。德鲁克还写道："军队所培养和发展的领导者比所有机构的总和还要多，并且失败率更低。"因此，他们建议企业管理者应该向军队学习领导力。

的确，战争是最需要优秀领导者的人类活动，战场也从来都是学习领导力的最佳课堂。军人从成为领导者那天起就明白，自己的首要职责，就是必须随时在复杂、残酷、危险而紧张的环境中，引导士兵展开行动，迎接挑战，夺取胜利，完成使命，而这就需要展现出卓越的领导力。用孙子的话来说，"聚三军之众，投之于险，此将军之事也"。

关于战争环境下的领导力，孙子提出了五条要素"智、信、仁、勇、严"，吴子也提出了五条原则"理、备、果、戒、约"，克劳塞维茨则提出了“干劲、坚强、顽强、刚强和坚定”五种表现形式。

在战争中，好的将军从来是打出来的，而不是选出来的。什么是战争中的领导力？你到底有没有领导力，你的领导力水平高还是低，一上战场，就会一清二楚。回顾数千年的战争史，其中有两个要素是古今中外所有优秀的将军都必须具备的：一是沉着冷静的意志，二是同甘共苦的品质。

战争中的领导力，首先体现在沉着冷静的意志上。

战争环境最大的特点是复杂而危险。在巨大的心理压力下，人性的弱点会淋漓尽致地表现出来。这个时候，领导者要做的，就是绝对不能允许情绪和心理压力主导了你的决策以及你的队伍。

从战争史上可以看出，战场指挥官坚定而沉着的领导力，本身就具有强大的感染力，它可以迅速渗透到整个组织之中，尤其是在极端的环境中。这样的领导力可以帮助克服下属的怀疑犹豫，同时减少下属的焦虑。强大的自信，加上坚强的意志和自律，往往可以使指挥官在很容易导致无所作为的情况下，去采取必要的行动。

二战时期英国著名的元帅蒙哥马利在他的回忆录中曾经说：“一个指挥官最宝贵的品质之一，也许就在于他在计划与作战行动中传播信心的能力，尽管在他内心对结局并没有太大的把握。”而这就需要指挥官必须具备强大的意志和坚定的信念。

兵凶战危，人的心理很容易在瞬息万变的战争中失去平衡，从而导致决策出现混乱。所以王阳明说：“凡人智能相去不甚远，胜负之决不待卜诸临阵，只在此心动与不动之间。”人的智能差距并不太大，决定胜负的要素，是你内心镇定自若，还是陷入慌张。湘军名将罗泽南也说："乱极时站得定，才是有用之学。"

真正的高手，可以在任何复杂的环境中，都保持不为所动的冷静，因而在极其混乱甚至极其不利的环境中，能以沉着镇定的心理，进行清晰而合理的计算，并从容不迫，谋定后动，从而传递出强大的自信和对混乱局面的控制能力，进而一举奠定胜局。称职而又自信的领导者，甚至可以在看起来已经毫无希望的情况下率领军队转败为胜，扭转乾坤。

拥有这种品格的领导者，才能在混乱和危险的环境中体现出强大的领导力，从而赢得下属的信任与忠诚，并制定出正确的决策，最终带领组织去赢得胜利。

战争中的领导力，还体现在与下属同甘共苦的品质上。

军队面临的是最险恶的环境，战场上的军人每天都在直面生死。用吴子的话说："凡兵战之场，止尸之地。"凡是两军相接的战场，都是尸横遍野的地方。在这样的环境中，同生死、共患难、至死不渝的感觉，对于战争中的团队来说，从来都是至关重要的。

不能期望下属去做你不愿意做的事情。分享下属的苦难，和下属一起战斗，与下属同甘共苦这样的行动，在战争的环境中比任何言语都重要。所以几乎所有的军事著作，都强调同甘共苦、同生共死在战争领导力中的重要性。《美国陆军领导力手册》中有一段话："好的陆军领导者，即便在最高战略领导层，也不会把战士推出去战斗而自己安坐在后方。他们会和战士一起深入实地，在第一线进行领导。"

一起哭过，一起笑过；一起流过血，一起流过汗；一起摸爬滚打，一起经受战火；一起分担失败的压力，一起分享胜利的喜悦。

这样的体验，以及由此所形成的命运共同体的感觉，对于军队来说，比什么都重要。

企业也是如此。在复杂、动荡而充满压力的商业环境中，优秀的管理者同样也要像优秀的将军一样，赢得下属的信任，打造出有凝聚力的团队，并带领团队全力以赴地去争取竞争的胜利。这同样需要强大的领导力。

再好的战略理念，也只有在强大的领导力下，才能真正落地。战场和商场，都是如此。

价值驱动下的执行才是最强有力的执行

企业的管理者从战争和军事中所能得到的第四个启示，是如何打造出强大的执行力。

每位企业管理者都希望自己的团队具有强大的执行力，但执行力向来也是困扰全球商界的一个顽固性难题，因此所有的管理者都希望能够找到打造强大执行力的思路、方法与流程。

世界上执行力最强的组织，一定非军队莫属。军队的文化很大程度上就是执行的文化。无论是我军的“保证完成任务”，还是西点军校的“没有任何借口”，都是如此。军队因而成为关注团队执行力的企业管理者们不约而同的研究和学习对象。

在长期的战争中，军队在执行力方面早已经总结出了一系列成熟而有效的心得，比如：理解上级的意图是有效执行的前提；个人执行很重要，但组织执行才是一切；高效的执行需要打造明确而令人信服的高清目标，而不仅仅是大致的愿景；好的计划制订要去中心化、要简洁、要多元参与、要使每个人负责；没有什么事情会完全按计划进行，必须为突发事件做好详细计划；领导者要把成功归于团队，而把失败归于自己；执行过程中必须专注于那些与目标相关的最重要的任务；没有完美的信息，等待完美信息的组织注定会失败，成功的执行者一定是敏于适时而动的，因此，迅速制订的 80% 完美的计划，胜过一个花太长时间制订的 100% 完美的计划；等等。

所有这些心得，都是从战争的实践中总结出来的，并且对于企业管理者打造强有力的执行团队和文化，同样具有很强的借鉴意义。

对于管理者来说，在执行中最困难的可能是如何让组织的成员自觉自发地去执行。那么问题在于，战争是要死人的，为什么军人会在明明知道自己很可能失去生命的情况下，还坚决地去执行?

在古人看来："将死鼓，御死辔，百吏死职，士大夫死行列。"将军就要死在自己的指挥位置上，御手就要死在自己的驾驶位置上，各级军官就要死在作战的行列中，这才叫作执行。为什么可以做到这样? 除了军队的纪律、荣誉与服从意识之外，更重要的是官兵对组织价值的高度认同。用孙子的话说，就是"道者，令民与上同意也，故可以与之死，可以与之生，而不畏危也"。道，就是让上级和下级之间有共同的意愿和追求。所以可以同生死、共患难，而不畏惧任何危险。

在我的课堂上，我经常会以红军长征为例，问管理者们一个问题：当年长征中的红军，是一支让今天的很多人都无法理解的军队，衣不蔽体，食不果腹，装备极差，颠沛流离，每天面对的是困苦和死亡，为什么取得了最后的胜利?

因为这是一支有信仰的部队，这是一个有理念的组织。

企业当然是要追求利润的，企业员工当然是需要经济回报的，但即使在商业这种以功利为特征的世界里，缺乏清晰价值主张的企业也无法走得长远。仅仅靠利益来凝聚的企业，只能是军阀，只能是雇佣军，乃至于土匪，没有愿景，没有是非，有利而来，利尽而散。从来没有哪一支军阀或土匪的队伍能够成事，即使是在乱世之中。尘埃落定的时候，人们就会发现，最后胜出的，一定是有着清晰理念的那支力量。

为什么优秀的员工愿意留在你的企业？我们往往以为是令人满意的薪酬。薪酬当然很重要，但远远不够。金钱无法购买到真正的忠诚。今天这样的时代，人们越来越重视自身的价值能否真正实现。所有的优秀人才都在思考一个问题，就是把自己最好的时光、最有价值的努力，投到你这个企业里，到底是否值得？

美国心理学会前主席马丁·塞利格曼在《真实的幸福》一书中说，幸福感由三项要素构成：快乐、投入和意义。三项要素之中，快乐带来的幸福感最为短暂。塞利格曼说，有太多的人以追求快乐作为生活的目的，但是对于幸福感而言，投入和意义却远比快乐更重要。

如果你是领导，你给下属提供的究竟是什么？是一项值得为之奋斗的事业，还是一份养家糊口的工作，最后的结果是完全不一样的。

所以好的组织，一定会建立清晰的价值主张。卓越的愿景、使命、价值观，才可以真正对优秀的员工形成强大的激励，让员工感受到自己工作的意义，让员工愿意全力投入。用北宋军事学者张预的话说，就是“见义而行，不待命也”。价值驱动下的执行，才是最强有力的执行。

如果说在战场上，真正让人超越生死利害的，尤其是能够帮人度过至暗时刻的，是官兵的信念与追求，那么在商业世界中，清晰的使命、愿景、价值观同样是一个成功企业的真正核心竞争力，构成了区别于对手的独特资源和竞争优势，这种竞争力也是最难被对手复制和超越的。

领导者的一个主要任务，就是从一开始就为组织的每一个成员找到这样一个可以全身心投入的理由，找到组织成员强大的自驱力。有了这样的理由，有了这样的自驱力，组织的成员就会不计一切地付出，员工的执行才能真正变成自觉自发的执行。

这是让组织变得强大的无形的精神内核，是组织能够历经挫折而长期生存、不断发展的根本原因，是伟大与平庸的不同之所在。这也是战争和军事所揭示的一个真理。

主要观点

看重一城一地的得失，是战术家。着眼整场战争去布局，是战略家。超越战争去思考战争，才是政治家。

高明的管理者，总是把打胜仗的重心放在战略布局上，着眼于布长远之局，布未来之局，通过高明的布局打胜仗，而不是只关注一时或一地的得失。

再宏大的愿景，再伟大的战略，也需要落实到组织和管理的层面。真正的决胜往往是在组织层面来实现的。企业家能力的最后较量，其实是驾驭和变革组织能力的较量。

在复杂、动荡而充满压力的商业环境中，优秀的管理者同样也要像优秀的将军一样，赢得下属的信任，打造出有凝聚力的团队，并带领团队全力以赴地去争取竞争的胜利。

好的组织，一定会建立清晰的价值主张。卓越的愿景、使命、价值观，才可以真正对优秀的员工形成强大的激励，让员工感受到自己工作的意义，让员工愿意全力投入。

管理毁于“形式主义”：企业向军队学打胜仗三忌[①]

军队从诞生那天开始，其天职就是要准备打仗，而且还必须打胜仗。可以说，数千年来，军人们围绕战略、组织、领导力以及执行力等所做的所有思考，都是围绕着“打胜仗”这条主线展开的。在“打胜仗”方面，没有任何其他的组织会比军队更加专业。这也是那么多处于激烈竞争环境的企业，纷纷向军队学打胜仗的原因。华为、阿里的成功，更是鼓励了越来越多的企业把提升管理水平、突破竞争困境的希望投向了军队。

他山之石，可以攻玉。企业学习和借鉴军队打胜仗的经验，从而提高打胜仗的信心和能力，这本身是没有问题的，而且是非常有意义的。但是，商业与军事毕竟是不同性质的领域，企业与军队毕竟是不同性质的组织，更不用说任何学习都必须基于学习者自身的客观实际。企业如果不是从自身的实际出发，而是机械、盲目、片面地去学，反而难见成效，甚至事与愿违。

任何事情都存在着过犹不及的风险，不少企业家在这个问题

① 本文刊于正和岛《决策参考》2020 年 10 月号。

上陷入了严重的误区，甚至为此付出了无谓的代价。总结这些企业的失败教训，我认为，企业向军队学打胜仗有三忌：一忌生搬硬套，形式主义；二忌急功近利，机会主义；三忌简单粗暴，片面主义。

一忌生搬硬套，形式主义

一提到向军队学打胜仗，很多人就会想到军事化管理，包括员工搞军训，高管用军语，稍微进一步的是搬用军队的体制编制，包括总部制、大区制，还有中国特色的政委制等。轰轰烈烈，热热闹闹，但其实大多沦为口号、沦为形式。时间一长，没有太大效果，领导者也就只好灰心丧气，偃旗息鼓。

军队作为一个整体，从技术装备到战略战术、编制体制，都是为了适应此时此地的作战需要，解决此时此地所面临的战争问题。换言之，军队的管理方式与行为偏好，都是有其背后的深层逻辑与约束条件的。逻辑一变，条件一变，军队的做法就会随之改变。

一般来说，装备的发展决定了战争形态的演变，战争形态的演变决定了军队战略战术的演变，战略战术的演变又必然要求体制编制的变革。所以，军队管理本身就是一个动态演进的过程。即使是军队自身，照搬过去的战略战术或者别人的体制编制，不符合战争的时代要求，不符合自身的客观实际，同样也打不了胜仗，何况是企业这样不同领域的不同性质的组织。对于企业来说，不顾自身的发展阶段，不顾管理对象的不同，不顾所处行业的特点，一哄而上，盲目跟风，生搬硬套军队的做法，往往学到的东西只能是外在的、表面的、形式主义的，与企业自身的管理实践根本就是两张皮，这样做反而会扭曲了企业的管理，未受其益，先蒙其害。

所以，向军队学打胜仗，并不意味着盲目地学习。军队在打胜仗方面的探索与经验当然可以给企业提供启发，但并不是所有的企业都要向军队学习，也并不是所有的军队或者军队管理的所有方面都应该成为企业学习的对象。古今中外的军事历史上，从来就不乏因为封闭、僵化、保守、失去变革的动力与能力，从而失去战斗力，在实战中败得一塌糊涂的军队。把军队的所有做法变成神话，只能与向军队学打胜仗的初衷南辕北辙。

实际上，对于企业来说，借鉴军队怎么做固然重要，思考军队为什么这样做、其背后的逻辑是什么，才更为关键。想清楚军队为什么这样做的逻辑与机制，弄明白这样做的前提与得失，掰开了，揉碎了，并切切实实地结合企业自身的客观实际与所面临的问题，才能从方法论的层面为汲取和借鉴军队的探索与经验提供指导，才能知道自己应该学什么以及如何去学。

因此，企业向军队学习打胜仗，应该是思考其逻辑、借鉴其方法，而不是简单地照搬其做法、套用其形式。这样的学习，才是有针对性和创造性的，才可以真正落地并取得成效。阿里的政委体制之所以相对成功，就是这个原因。不少企业学阿里的政委体制却学不来，也正是因为光看到做什么，却没有真正想明白为什么。

向军队学习，最忌讳的就是学个皮毛，仅得其形，未得其神，只知其然，不知其所以然。可惜的是，很多企业向军队学打胜仗，就是停留在这个层面，因此也就很难学到点子上。

二忌急功近利，短期主义

打胜仗需要战斗力，而战斗力的生成绝非一日之功，而是需要长期持续的投入。战略意识的养成、组织与团队的建设、领导力的锻造、执行力的打造，都是如此。

战争中从来没有真正偶然和侥幸的胜利，所有的胜利都建立在扎实准备的基础上。练兵千日，方能用兵一时。所以孙子认为决定战争胜负的基本要素是“道”“天”“地”“将”“法”这五大基本要素。他说：“善用兵者，修道而保法，故能为胜负之政。”在战争中，恰恰是这些最基本的要素，才是真正决定战争胜负的力量。抓住这些基本要素，持之以恒地从这些要素入手，在基本面上去夯实军队战斗力的基础，提升军队战斗力的水平，对于打胜仗来说比什么都重要。因此，真正持续性的胜利，一定是建立在长期主义的基础之上的。

战争最忌讳的是什么？胜则一日千里，负则一败涂地。黄巢也好，李自成也好，张献忠也好，之所以其兴也勃，其亡也忽，暴起暴落，成不了事儿，就是因为只知攻城破寨、走州过府、招兵买马、随掠而食，却没有长远的眼光，没有扎实的投入，从而陷入了所谓的“流寇主义”。流寇所有的胜利，都是无根的胜利。因而流寇也就注定只能是历史的匆匆过客，总是摆脱不了止于草莽的宿命。

然而在向军队学打胜仗的过程中，许多企业恰恰有意无意忽略了这一条。很多企业之所以想起来要向军队学习，是抱着一种急功近利的抄捷径心态，以为有一种打胜仗的灵丹妙药，可以立竿见影，组织上迅速扩张，市场上攻城略地，文化上脱胎换骨。这是一种典型的短期主义和功利主义的心态。打胜仗，尤其要持续地打胜仗，是没有速效药的。然而不幸的是，我们看到了太多的管理者恰恰是抱着这样一种速成的浮躁心态来学打胜仗的。

今天的商业竞争越来越激烈，企业之间的竞争也越来越变成正规战、阵地战、攻坚战、持久战，越来越进入结硬寨、打呆仗的阶段，对企业基本面的要求也越来越高，压力越来越大。也就是说，机会主义的时代正在让位于战略管理的时代。

企业管理者都想打胜仗，但战争的历史经验告诉我们，企业要想打胜仗，就必须从决定胜负的最基本要素入手，老老实实地沉下心来，一点一点地把打胜仗的基本面做好，这样才能奠定持续打胜仗的根基。否则，所谓的打胜仗，就只能是水中月、镜中花。

三忌简单粗暴，片面主义

如果你问一位没有军旅经验的人，哪句话最能代表他所理解的军队管理的特质，十有八九他会回答“没有任何借口”，或者说“保证完成任务”。

普通人最容易陷入的误区，就是把军队的管理简化成通常所理解的军事化管理，进而以为军事化管理就是绝对服从，就是严格的纪律，就是无条件执行，就是上对下的控制，就是令行禁止，就是令出如山倒。这也是很多企业家热衷于军事化管理的基本出发点。

这样的军事化管理确实可以让企业家过一把发号施令的瘾，然而这实际上是对军队管理的片面化理解，老板可以一时爽，却并没有抓住向军队学打胜仗的精髓。

军队当然要强调服从，要强调纪律，要强调完成任务，但这只是军队管理的一个侧面，而绝非全部。真正保证军队打胜仗的机制，远远比这些要复杂得多。

战争的特点是什么？战争充满了不确定性，而人的理性总是有限的，没有人从一开始就能看到结果，没有人对大势的理解能够一步到位，更没有人会一次性看清所有的过程和细节。战争必须有计划。没有计划或者计划漫不经心，从来都是战略的大忌。但是在战争史上，完全按照计划来实现的战略，只能是例外，而不可能是常态。这是战争中最大的悖论。

在这种情况下，军队的组织与执行就不可能完全是控制型的、指令型的，或者是绝对服从型的。片面地理解军队的管理，甚至简单粗暴地把服从、纪律、控制等管理元素极端化、绝对化，是陷入了又一个巨大的误区。

实际上，即使对于军队这种以等级制为特征的组织来说，官僚化和刚性化也向来是打胜仗的大忌。僵化的军队在动态而不确定的战争环境中注定会遭遇失败。尤其是在当代战争中，军队战斗力的主要来源，不是呆板的服从，而是迅速的响应能力。在今天的军队中，传统的集中化、指令性的管理模式正在转型为去中心化、涌现性的管理模式，敏捷型组织已经是军队组织发展的基本方向。好的军队必须适应多种作战环境、多种作战条件、多种作战形态，这就要求军队的组织与管理必须是柔性的、灵活的、敏捷的、适应性强的，这样才能充分激活下属的活力，充分发挥团队的主动性，从而可以在动态而复杂的环境中迅速调整、迅速响应，创造性地完成各种作战任务。

孙子曾经提出，好的下属的特点是“战道必胜，主曰无战，必战可也；战道不胜，主曰必战，无战可也。故进不求名，退不避罪，唯人是保，而利合于主”。从战争规律上来分析，有必胜把握的，即使君主说不打，也可以坚持打；没有必胜把握的，即使君主说一定要打，也可以不去打。进不企求战胜的美名，退不回避违命的罪责，只求保全民众，而符合君主的利益。这样的下属，才是组织的宝贵财富。

领导都喜欢忠诚的下属，战争环境中忠诚尤其重要。这个世界上存在着两种忠诚。一种忠诚是对领导的话言听计从，领导叫干什么就干什么，丝毫不敢违背领导的决定。这是僵硬的忠诚，是低级的忠诚，是平庸的忠诚，是缺乏担当的忠诚。本质上，这种只对领导的命令负责的忠诚，是一种最自私的忠诚，是一种伪忠诚。

还有一种忠诚，不是简单地忠诚于领导的决定，而是从整个组织的角度考虑问题。他可能未必事事顺着领导，可能他的行为会有违领导的指示，但是他的所作所为，是从组织长远发展的角度考虑的。这样的忠诚，才更符合组织的利益，才更有利于达成领导期待的目标。这种忠诚才是最可贵的。这种人真正把自己的命运与组织的命运联系在了一起，休戚相关、荣辱与共，因而把组织的利益看得高于个人的得失。这种忠诚，才是真忠诚。

太听话的下属，从来就不是最好的下属。真正好的下属，一定是从全局的高度去思考自己的任务，一切行为都是为了组织的利益，而不是为了个人的得失，不是仅仅局限于领导给自己的命令。

在这样的背景下，服从也好、纪律也好、控制也好，就不可能是绝对的，而只能是相对的，是为更好地完成任务服务的。片面地强调这些要素，以为这是军队管理的精髓甚至全部，是军队之所以能打胜仗的原因，从而把这些要素绝对化，只会使企业的管理更快地与我们所处的这个时代背道而驰，从而离打胜仗的目标越来越远。

主要观点

企业向军队学习打胜仗，应该是思考其逻辑、借鉴其方法，而不是简单地照搬其做法、套用其形式。这样的学习，才是有针对性和创造性的，才可以真正落地并取得成效。

很多企业之所以想起来要向军队学习，是抱着一种急功近利的抄捷径心态，以为有一种打胜仗的灵丹妙药，可以立竿见影，组织上迅速扩张，市场上攻城略地，文化上脱胎换骨。这是一种典型的短期主义和功利主义的心态。打胜仗，尤其要持续地打胜仗，是没有速效药的。

即使对于军队这种以等级制为特征的组织来说，官僚化和刚性化也向来是打胜仗的大忌。僵化的军队在动态而不确定的战争环境中注定会遭遇失败。

太听话的下属，从来就不是最好的下属。真正好的下属，一定是从全局的高度去思考自己的任务，一切行为都是为了组织的利益，而不是为了个人的得失，不是仅仅局限于领导给自己的命令。

天道忌巧：曾国藩打造湘军的拙诚之道[1]

不少人心中的曾国藩，往往是“权谋”的代表。曾国藩因此也成为官场权谋的代名词，这其实是极大的误解。曾国藩并非天资聪明之人。左宗棠对曾国藩的评价是“才略太欠”，是个“书憨”，即书呆子。梁启超也说曾国藩“非有超群绝伦之天才，在并时诸贤杰中称最钝拙”。曾国藩也很有自知之明，他评价自己“生平短于才”“自问仅一愚人”。他给家里写信时也说“吾兄弟天分均不甚高明”。他曾以读书、做事为例说：“余性鲁钝，他人目下二三行，余或疾读不能终一行；他人顷刻立办者，余或沉吟数时不能了。”曾国藩的这些特点，同以聪明有才略而著称的胡林翼和左宗棠相比，确实是非常突出的。

然而曾国藩的成功之处在于，他恰恰因此发展出了一套践行自己理念的“拙诚”功夫。“拙诚”强调的就是不存投机取巧之心。所谓的“拙”，就是一步一步地去做；所谓的“诚”，就是实心实意地去做。在一个虚浮、圆滑、取巧、推诿成为社会普遍心态的时代，曾国藩却揭橥“天道忌巧”的命题。他高呼“去伪而崇

---

[1] 本文刊于《商业评论》2013 年第 10 期，原题为《曾国藩的拙式领导力》。

拙”，他相信“惟天下之至诚，能胜天下之至伪；惟天下之至拙，能胜天下之至巧”。梁启超认为曾国藩的成功，恰恰就是这个“拙诚”的功夫。民国年间的学者萧一山也说“不尚机权，惟务质实”，是曾国藩人生哲学的核心。“拙诚”二字，正是帮助我们揭示出曾国藩身上的领导特质与湘军组织打造的关键。

理念：志之所向，金石为开

曾国藩所说的“拙诚”，首先体现在他在晚清这样一个功利而浮躁的时代，对于自己理念的坚守与践行上。

曾国藩所处的时代，正是封建王朝的末世。整个统治集团中，官吏渎法贪冒，柔靡浮滑；士子不知廉耻，唯利是求。流波所及，军队之中，将帅贪婪平庸，士卒望敌而走。用曾国藩的说法，这些人都已经丧尽天良了。在他看来，当时最可怕的不是太平军造反，而是统治阶级本身的人心陷溺，物欲横流。军事的失败只是一种表象，它的背后是价值体系的崩溃：“无兵不足深忧，无饷不足痛哭。独举目斯世，求一攘利不先，赴义恐后，忠愤耿耿者，不可亟得。……此其可为浩叹也。”

在曾国藩看来，大清王朝要想走出这场空前的危机，就不能光着眼于眼前的军事问题，而要解决人心的问题。投身于这场大搏斗中的社会精英，也就不仅仅应当具备军事素质，更需要具备卫道的精神。只有重建社会的价值体系，才能挽救当前的局面。而重建社会的价值体系，全在于“一二人之心之所向而已”：“此一二人者之心向义，则众人与之赴义；一二人者之心向利，则众人与之赴利。”当务之急，则是用以“忠义血性”为核心的理念来激发天良，改变人心，号召那些“抱道君子”，以“舍身卫道”“杀身成仁”的精神，以“打脱牙，和血吞”的刚毅，以“志之所向，金石为开”的信念，去投身于挽狂澜于既倒的事业中。只有忠义血性之士，才能自拔于流俗，才能以强烈的使命感、责任心和卫道精神，去勘破得失，勘破利害，勘破生死，名利不足以辱其身，生死不足以动其性，关键之地能站住脚，途穷之日能定住心，以此“塞绝横流之人欲”，“挽回厌乱之天心”，从而从根本上扭转军事和政治上的危机。

由此，曾国藩便把与太平天国的斗争，由军事和政治层面，提升到了价值信仰的层面。在“舍身卫道”“忠义血性”的驱动下，曾国藩的湘军确实表现出了异于任何军队的战斗力。《中兴将帅别传》说曾国藩“履危濒死屡矣，有百折不挠之志”，胡林翼“虽挫其气弥厉”，江忠源“每战亲临阵，踔厉风发”，罗泽南和他的弟子们“以灭贼自任”“忠义愤发，虽败犹荣”……这些平时手无缚鸡之力的书生，竟然“敢战胜于勇悍愚夫”，屡挫屡奋，屡败屡战，这与“舍身卫道”“忠义血性”的激励是有很大关系的。曾国藩在《湘乡昭忠祠记》中回顾湘军成功的原因时说过一段非常精彩的话：

> 君子之道，莫大乎以忠诚为天下倡。世之乱也，上下纵于亡等之欲，奸伪相吞，变诈相角，自图其安而予人以至危，畏难避害，曾不肯捐丝粟之力以拯天下。得忠诚者起而矫之，克己而爱人，去伪而崇拙，躬履诸艰而不责人以同患，浩然捐生，如远游之还乡而无所顾悸。由是众人效其所为，亦皆以苟活为羞，以避事为耻。呜呼！吾乡数君子所以鼓舞群伦，

历九州而戡大乱，非拙且诚者之效欤？

君子之道，没有比“以忠诚为天下倡”更大的了。世道混乱的时候，上上下下都拼命追求没有节制的欲望，用奸伪之心相互吞并，用变诈之心相互争斗，各自图谋自己的安全，而不惜把别人置于最危险的地方。畏难避害，就连捐出一丝一粟来拯救天下也不肯。有忠诚之人站出来纠正这种风气，克己爱人，去伪崇拙，亲临艰难而不苛求人共患难，浩然献身如同远游之人回到故乡而无所犹豫担心。于是众人效其所为，也以苟活为羞，以避事为耻。呜呼！我们同乡几位君子之所以能够鼓舞群伦，纵横天下，戡平大乱，难道不正是拙和诚的效果吗？

曾国藩所说的“舍身卫道”“忠义血性”，显然是有其鲜明内涵的。它也确实提出了一个命题，就是对于领导者而言，理念以及由此产生的使命感与责任感所具有的核心地位。湘军之所以成为中国历史上“第一支有主义的军队”（蒋方震语），能够把太平天国镇压下去，正是根于这种理念所带来的刚健而持久的强大精神动力。

不管在什么样的时代，一个人要想成就一番事业，都是需要智慧和勇气的。人有趋利之勇，人有血气之勇。趋利之勇，金多则奋勇蚁附，利尽则冷落兽散；血气之勇，气实则斗，气夺则走。同样，人有避害逐利之智，但这都是谋及一身的小智。胜则争功，败则先走，正是这种小智，导致了人心的沦丧。理念赋予人的则是强烈的担当与责任意识。只有在理念基础上的智慧与勇气，才会把个人的生存智慧升华为家国、王朝和文化的生存智慧，把个人的生存勇气升华为家国、王朝和文化的生存勇气。这种理念本身就是一种智慧和力量。这样的理念，可以激发出领导者身上的所有潜能，从而使其担负起常人难以担负的责任，创下常人难以创立的功业。可以说，曾国藩的信念和抱负、强烈的救世意识以及执着地将自己的理念付诸行动所形成的强大感召力，和由此激励起的一大批有着同样理念的“抱道君子”共同投身于他所谓的事业，正是他能够打造出湘军这样的组织并且成就功业的关键因素。

用人：尚朴实，耐劳苦

任何理念最终都需要认同理念的人去实现。如果在组织理念上曾国藩高扬的是“舍身卫道”“杀身成仁”，那么在组织人才的选拔上，他选择的则是能够切实认同这种理念并加以践行的“朴拙之人”。

曾国藩揭橥了“以忠诚为天下倡”的理念，然而他所面临的却是投机取巧、虚伪浮滑的普遍社会心态。承平日久，无论是官场还是军队，都“巧滑偷惰，积习已深”。太平天国起义以来，清政府的正规军绿营一败涂地，望风而逃，“大难之起，无一兵足供一割之用”，原因就在于当时的绿营“无事则应对趋跄，务为美观；临阵则趑趄退避，专择便宜；论功则多方钻营，希图美擢；遇败则巧为推诿，求便私图”。人人都想着投机取巧，争功诿过，这样的军队根本形不成战斗力。在曾国藩看来，要想打败太平天国，就必须从根本上改变这种习气才行。

为此，曾国藩在编练湘军的一开始，就非常重视避免绿营的虚浮习气，养成一种朴实纯正的作风。他从最根本的选人环节入手，提出在选人上，除了以“忠义血性”为本之外，还强调军官一定要选“质直而晓军事之君子”，兵勇则一定要选“朴实而有土气之农夫”。

湘军对军官的选拔，是以“朴实廉介”为原则。曾国藩说：“大抵观人之道，以朴实廉介为质。以其质而更傅以他长，斯为可贵；无其质则长处亦不足恃。”大概说来，考察人才的优劣，应当以看他是否具备朴实、廉正、耿介的品质为主。有这样的品质，又有其他特长，才是最可贵的。如果没有这样的品质，即使有其他特长，也是靠不住的。他认为：“军营宜多用朴实少心窍之人，则风气易于纯正。”大营中多选用一些朴实没有心眼的人，风气容易纯正。所以他特别强调要“于纯朴中选拔人才”，认为“专从危难之际，默察朴拙之人，则几矣”，专门在危难之际，不动声色地识别出那些有朴拙品质的人才来加以重用，这样才是可以的。

曾国藩所说的“纯朴之人”“朴拙之人”，就是指朴实、踏实，无官气、不虚夸，不以大言惊人、不以巧语媚上，具有负责实干、吃苦耐劳的作风的人才。曾国藩之所以喜欢用朴实之人，一个原因就是这样的人实实在在，没有投机取巧之心，只要给他布置下任务，他就会往死里打。而那些浮滑的将领，“一遇危险之际，其神情之飞越，足以摇惑军心；其言语之圆滑，足以淆乱是非”。一旦遇到危险，他们神情的慌张，足以动摇军心；他们言辞的圆滑，足以混淆是非。所以他说湘军从来不喜欢用太能说会道的将领，“凡官气重、心窍多者，在所必斥”。

对普通士兵的选择，曾国藩也是以朴实为本。湘军的军饷在当时是比较高的，所以很多人都愿意应募当兵。在湘军早期招兵的时候，曾国藩往往会亲自面试。他坐在一张桌子的后面，如果一个前来应募的人面色白白净净，眼珠子滴溜溜地转，一看就是“城市油滑之人”，曾国藩马上就连连摇头，表示不行。如果前来应募的人脸晒得黑黑的，手脚粗大，脚上恨不得还有泥巴，一看就是刚从田里上来的乡野农夫，曾国藩马上就连连点头，表示可以。用他的话说，他专选那些“朴实而有农民土气者”，而“油头滑面，有市井气者，有衙门气者，概不收用”。

选什么样的人，决定了一个组织会养成什么样的作风。湘军选人都选朴实、拙诚之人，由此也就形成了以朴实为特点的作风。曾国藩曾说：“楚军水陆师之好处，全在无官气而有血性。若官气增一分，则血性必减一分。”湘军水师、陆师最大的好处就是实实在在，没有虚浮的东西、摆架子的东西、面子上的东西，有的只是一种朴素的、实实在在的血性。如果虚浮的东西多一分，实实在在的东西就会少一分。他还说：“我楚师风气，大率尚朴实，耐劳苦。老湘营恪守成法，故声名历久不衰。”湘军的作风，大致说来就是六个字：“尚朴实，耐劳苦”，实实在在，耐劳吃苦。老湘军恪守这样的原则，所以能够基业长青。他并警告说：“历岁稍久，亦未免沾染习气，应切戒之。”时间长了，任何组织都会不可避免地沾染上虚浮的习气，这是一定要切切警惕的，因为正是这种习气会掏空一个组织的基础。

“尚朴实，耐劳苦”，可以说是湘军战斗力的来源。湘军靠什么打胜仗？靠什么持续地打胜仗？靠的就是这种“尚朴实、耐劳苦”的作风。而湘军之所以能形成这样的作风，关键就是湘军选募时坚持选实在朴拙之人。曾国藩用人，表面看来迂阔笨拙，其实这正是他的过人之处。

治事：大处着眼，小处下手

在具体的治军带兵上，曾国藩强调的则是“大处着眼，小处下手”的平实功夫。

管理最忌讳的就是全无实际而空谈误事。曾国藩从一开始就对此有深刻的认识，他强调“军事是极质之事”，来不得半点虚浮的东西。他说自己“恶闻高言深论，但好庸言庸行”，厌恶听到那些高谈阔论，只喜欢平实之言、平实之行。他在解释什么是“实”时说：“实者，不说大话，不好虚名，不行架空之事，不谈过高之理。”什么是实？实就是不说大话，不求虚名，不做虚浮无根的事情，不谈不着边际的道理。

总结曾国藩的管理风格，可以说是以“勤”“实”二字为核心。他说：“治军总须脚踏实地，克勤小物，乃可日起而有功。”带兵一定要脚踏实地，勤勤恳恳，一步步地从小事做去，才能日积月累，见到成效。

“勤”的核心，是“五到”“三勤”。他说：

> 办事之法，以五到为要。五到者，身到、心到、眼到、手到、口到也。身到者，如作吏则亲验命盗案、亲巡乡里，治军则亲巡营垒、亲探贼地是也。心到者，凡事苦心剖晰，大条理、小条理，始条理、终条理，理其绪而分之，又比其类而合之也。眼到者，着意看人，认真看公牍也。手到者，于人之长短，事之关键，随笔写记，以备遗忘也。口到者，使人之事，既有公文，又苦口叮嘱也。

曾国藩所说的“身到”，就是管理者一定要亲临现场。湘军之中，各级将领，从大帅以下一直到营官，都是以亲看地势为行军作战的第一条原则。像曾国藩进攻武昌，就是先乘小船亲赴沌口相度地势；左宗棠攻杭州，也是先骑着马赴余杭察看地形。他们都是在看明地形之后，才制定进攻的方略。其他将领像塔齐布、罗泽南、王鑫、刘典等，都以善看地势而著称。刘典在嘉应作战时，在战前的几天，带领自己手下的统领、营官们，将附近数十里内大小路径全部勘察了一遍，达到了如指掌的地步。仗打起来后，冲、堵、抄、截，各尽其能，一战便全歼了对手。

身到之外，心到、眼到、手到、口到，湘军上下也都实力施行。这“五到”，重心在于一个“到”上，不是六分到位、七分到位，而是十分到位，反映了湘军对执行力的高度重视。

“五到”构成了湘军基本的治事之方。除“五到”之外，曾国藩还有“三勤”的说法。所谓的“三勤”，是口勤、脚勤、心勤，其实就是从“五到”中提炼出来的另一种表述。

“实”的核心，则是带兵要从小处、细处下手。他说：“近年军中阅历有年，益知天下事当于大处着眼，小处下手。陆氏但称先立乎其大者，若不辅以朱子铢积寸累工夫，则下梢全无把握。故国藩治军，摒弃一切高深神奇之说，专就粗浅纤细处致力。”大意是，近来有了几年的带兵经验，越发明白一个道理，就是天下之事，当从大处着眼，从小处下手。陆象山只是说“先立乎其大者”，如果不加上朱熹铢积寸累的功夫，那么下手之处全没有把握。所以曾国藩治军，摒弃所有高深神奇的理论，专门就粗浅纤细处下功夫。

曾国藩对于下属的要求，往往就是办事要从浅和实的地方下手。张运兰（字凯章）因为做事扎实而被曾国藩一再提拔。有一次曾国藩安排张运兰与宋梦兰配合作战，他专门给宋梦兰写信说：“凯章办事，皆从浅处、实处着力，于勇情体贴入微。阁下与之共事，望亦从浅处、实处下手。”意思是，凯章这个人办事，都是从浅处、实处下功夫，对士兵的情况体贴入微。阁下你与他合作，希望也要从浅处、实处下手。

湘军之中，从粗浅纤细的“小处”下手，典型的例子就是曾国藩亲手拟定的《湘军日夜常课之规》。这是他制定出来的“日日用得着的”、人人易知易行的规章制度。基本内容其实非常简单，就是点名、演操、站墙子三项。点名则士兵不能私出游荡，为非作歹；演操则锻炼体魄，熟练技艺；站墙子则日日如临大敌，有备无患。这些都是军队管理的基础。这三项，也就是所谓的“湘军家法”。这些营规看起来十分粗浅、简单，甚至给人以很笨的感觉，但却实实在在、脚踏实地地抓住了治军的关键。正因为它是粗浅简单的，士兵才能人人易知易行，组成训练有素的军队。正是这些粗处浅处，奠定了湘军战斗力的基础。用胡林翼的话说：“兵事不可言奇，不可言精，盖必先能粗而后能精，能脚踏实地，乃能运用之妙存乎一心。”

作战：扎硬寨，打死仗

从军事指挥的角度来说，曾国藩并不是有用兵天赋的人。曾国藩自己也承认“行军本非余所长”，并很清醒地把这一弱点归因于自己的性格：“兵贵奇而余太平，兵贵诈而余太直。”确实，曾国藩用兵，很少有出奇制胜的战例，然而他却有自知之明，承认自己能力的局限，不敢骄，不敢怠，不高估自己的能力，不低估对手的智商，由此发展出了一套“扎硬寨、打死仗”的笨功夫，稳慎徐图，稳扎稳打，反而一步步地在与太平军的作战中占尽了上风。

曾国藩给曾国荃写过这样一副对联：“打仗不慌不忙，先求稳妥，次求变化；办事无声无臭，既要精到，又要简捷。”这副对联，充分反映出了曾国藩作战指挥的基本风格，就是用兵必须充分准备，不求速成，不打无把握之仗，宁拙勿巧，宁慎勿疏，宁慢勿速，宁稳勿奇。

他认为作战“宁可数月不开一仗，不可开仗而毫无安排计算”，哪怕几个月都不打一仗，绝对不能打仗的时候一点安排都没有，一点计算都没有；“宁失之慎，毋失之疏”，宁可因为谨慎而失去一些机会，也不能潦潦草草贸然出手。“惟当步步谨慎，谋定后进，不敢稍涉大意”，一定保证自己每一步都小心谨慎，谋定后动，而千万不要有一点大意。他还说：“一年不得一城，只要大局无碍，并不为过；一月而得数城，敌来转不能战，则不可为功。”一年内没有打下一座城池，但只要大局没有影响，就不算是过错；一个月打下了几座城池，对手一来进攻反而无法作战，这也不能叫有功。

在进攻南京的过程中，曾国藩屡屡告诫曾国荃一定要稳慎徐图：“望弟不贪功之速成，但求事之稳适。专在‘稳慎’二字上用心。务望老弟不求奇功，但求稳着。至嘱！至嘱！”要求他“谋定后战，不可轻视”。他认为如果军事进展太快，反而是指挥者必须高度警惕的时候：“军行太速，气太锐，其中必有不整不齐之处。”表面来看是进展极快，士气极盛，但是其中往往潜伏着致命的短板缺陷。如果意识不到这些问题，下一步一定就是大败。

在曾国藩看来，用兵打仗属于“阴事”，应当始终保持敬戒恐惧之心，“哀戚之意，如临亲丧；肃敬之心，如承大祭”，这样才能取胜。他还用自己的经验说：“每介疑胜疑败之际，战兢恐惧、上下怵惕者，其后常得大胜。或当志得意满之候，各路云集，狃于屡胜，将卒矜慢，其后常有意外之失。”为将者必须始终保持一种如临深渊、如履薄冰的紧张与清醒，虽胜不骄，愈胜愈慎，这样才能始终避免“大胜变成大挫”。

曾国藩非常欣赏湘军的一员名将，叫李续宾。他认为李续宾善于打仗，秘诀就是“不轻进，不轻退”六个字：不会轻易地发动进攻，但也不会轻易地退出战场。要么不进攻敌人，一进攻就会得手；要么不占领阵地，一占领阵地就不会轻易失去。

在行军过程中，湘军最重视的则是扎营。曾国藩规定，湘军每到一处安营，“无论风雨寒暑，队伍一到，立刻修挖墙濠”，要求一个时辰完成。没有完成之前，绝对不许休息，也不许向太平军挑战。扎营首先是挖沟，沟深一丈五尺，越深越好，上宽下窄。挖完沟后开始垒墙，墙高八尺，厚一丈。然后再在最外的一道壕沟之外，树上五尺的花篱木，埋在土中二尺，作为障碍。墙一道即可，沟需要两道或三道，而花篱则要五层六层。为什么要下如此的笨功夫来修工事？用曾国藩的话说：“虽仅一宿，亦须为坚不可拔之计。但使能守我营垒安如泰山，纵不能进攻，亦无损于大局。”这也就是湘军所谓的“扎硬寨，打死仗”。

湘军这种扎营的笨功夫，实际上最早是跟对手太平军学的。但是后来太平军筑垒掘濠，一天比一天潦草，而湘军修垒浚濠，则一天比一天扎实。曾国藩发现这一现象以后非常高兴，认为从这一件事情上，就可以看出双方的力量消长：太平天国大势已去，而湘军的胜利指日可待了。

组织文化：还我真面，复我固有

曾国藩的领导力，并非完全没有权谋的因素。身为一个官员，他也必须跟现实妥协，必须内方外圆，但其待人处事的根本原则，却是以坦诚为本，从而在湘军内部形成了以诚相待、相互信任的组织文化。

李瀚章曾经对曾国藩有这样一段评价：“推诚布公，不假权术，故人乐为之用。”曾国藩也说过：“驭将之道，最贵推诚，不贵权术。”他认为，诚心诚意地对待别人，渐渐地就能使他人为我所用。即使不能让他们全心全意地为我效力，也必然不会有先亲近而后疏远的弊端。光用智谋和权术去笼络别人，即使是驾驭自己的同乡都是无法长久的。

领导者玩弄权术会带来一个严重的问题：一旦领导对下属使用权术，下属便不知道你的真实想法是什么，也就不敢跟你说实话，于是上上下下就会开始猜忌。而一个组织一旦陷入猜忌之中，这个组织就要出问题了。曾国藩说：“祸机之发，莫烈于猜忌，此古今之通病。败国、亡家、丧身，皆猜忌之所致。”

在曾国藩看来，既然这样，还不如一开始就与下属坦诚相待，一片真心。他对曾国荃说：

> 吾自信亦笃实人，只为阅历世途，饱更事变，略参些机权作用，把自家学坏了。实则作用万不如人，徒惹人笑，教人怀恨，何益之有？近日忧居猛省，一味向平实处用心，将自家笃实的本质，还我真面，复我固有。贤弟此刻在外，亦急须将笃实复还，万不可走入机巧一路，日趋日下也。纵人以巧诈来，我仍以浑含应之，以诚愚应之。久之，则人之意也消。若勾心斗角，相迎相距，则报复无已时耳。

这段话的意思是，我自认为也是笃实之人，只是因为看惯世道人心，饱更各种事变，稍稍加了些权谋的手段，把自家学坏了。其实效果根本就不如人意，白白惹人笑话、令人遗憾而已，有什么用呢？近来丁忧在家，突然明白了过来，一心一意向平实之处用心，将自己笃实的本质，还我本来的面目，复我固有的品德。老弟你现在在外带兵，也迫切需要将笃实的面目恢复过来，千万不要走入机巧这一路去，导致自己日趋日下。即使人带着试探猜测的心计而来，我仍以含蓄混沌来对付，以朴诚愚拙来对付。时间一长，人家的试探猜测自然也就消除了。如果钩心斗角，你来我往，那么报复起来，没有穷尽的时候。

在曾国藩看来，至诚以待，本身也是领导者修养的需要。他说："豪杰之所以为豪杰，圣贤之所以为圣贤，便是此等处磊落过人。能透过此一关，寸心便异常安乐，省得多少纠葛，省得多少遮掩装饰丑态。"胡林翼对曾国藩这一点非常佩服，他说："吾于当世贤者，可谓倾心以事矣，而人终乐从曾公。其至诚出于天性，感人深故也。"意思是我对于当世的人才，也可以说是恨不得掏出自己的心来给人看，唯恐有做得不周到的地方。但是人家最终还是乐于追随曾公，这是因为他的至诚出于天性，所以具有一种打动人心的力量啊。

如果用一句话来概括曾国藩的领导力，那就是他所说的"惟天下之至诚，能胜天下之至伪；惟天下之至拙，能胜天下之至巧"。管理的最高境界，是打造一种坦诚的组织文化。如果说"至伪""至巧"是一种小聪明，那么"至诚""至拙"就是一种大智慧。从"至伪""至巧"到"至诚""至拙"，需要组织文化的极大突破，需要一个脱胎换骨的过程。许多组织没有办法完成这一步，这就是组织无法卓越的根本原因。而这种突破，一定要从领导者放下机心、放下面具、推心置腹以待人开始。所以曾国藩讲："真心实肠，是第一义。凡正话实话，多说几句，久之人自能共亮其心。"真心实意，坦诚相待，是领导力的第一条原则。凡是正话实话，多说几句，时间长了，人家自然会体会到你的苦心。"人以伪来，我以诚往，久之则伪者亦共趋于诚矣。"别人戴着面具来，我还以诚心诚意，时间长了，戴着面具的人也会慢慢地向诚心诚意的方向发展。其实谁愿意戴着面具呢？谁不愿意有一种坦荡、痛快、相互信任的环境呢？就看领导者能不能创造出这样一种文化来。"诚至则情可渐通，气平则言可渐入。"只要你诚心诚意，人和人之间情感的隔阂，是可以渐渐打通的。只要你心平气和，你所说的话，别人是可以慢慢地听进去的。

在曾国藩的身体力行和激励之下，湘军确实形成了一种坦诚相待、相互信任、相互支持的团队文化。用曾国藩的话说，就是"呼吸相顾，痛痒相关，赴火同行，蹈汤同往，胜则举杯酒以让功，败则出死力以相救"，就是"齐心相顾，不曾轻弃伴侣。有争愤于公庭，而言欢于私室；有交哄于平昔，而救助于疆场。虽平日积怨深仇，临阵仍彼此照顾；虽上午口角相商，下午仍彼此救援"。这就是所谓的"湘军精神"，也是湘军凝聚力和战斗力的来源。

两位美国学者詹姆斯·库泽斯和巴里·波斯纳曾经在世界范围内做过多次名为"受人尊敬的领导者品质"的调查，每次都有80%以上的人选择了"真诚"，在所有的调查中"真诚"被选择的概率也都占据第一位。在管理中，坦诚是一种大德，权谋则只能是小技。曾国藩能够最终成就"中兴名臣之首"的地位，他打造出的坦诚和信任的湘军文化，是关键的因素之一。

心性：成败听之于天，毁誉听之于人

曾国藩领导力的基本原则，其实就是传统的儒者理念。儒者的追求，用宋代理学家张载的话说，就是“为天地立心，为生民立命，为往圣继绝学，为万世开太平”。这一理念早就在那里了，然而一般的儒生却只是想、只是说，而不敢做、不去做、不能做。曾国藩与一般儒生不一样的是，他坚信“天下事在局外呐喊议论，总是无益，必须躬自入局，挺膺负责，乃有成事之可冀”，因而他以“忠诚为天下倡”的信念，以“拙”“诚”的“力行”功夫，以“知一句便行一句”的精神，把儒家的理念转化为强有力的行动。

然而任何一种理念的践行，都不可能是靠单纯的决心即可成功的，在理念的践行过程中一定会遇到很多的挫折与障碍，这就需要践行者必须有一种百折不挠、愈挫愈奋的意志。而曾国藩正是以“成败听之于天，毁誉听之于人”的倔强，以“千磨百折而不改其常度，终有顺理成章之一日”的信念，将自己的追求最终变为了现实。

曾国藩的一生，可以说是屡战屡败，充满了挫折与逆境，但他的过人之处，就在于他以“男儿自立，必须有倔强之气”的意志力量坚持到了最后。他在回顾自己的一生时，说过这样一段话：

> 李申夫尝谓余怄气从不说出，一味忍耐，徐图自强，因引谚曰：“好汉打脱牙，和血吞。”此二语是余咬牙立志之诀，

不料被申夫看破。余庚戌、辛亥间为京师权贵所唾骂，癸丑、甲寅为长沙所唾骂，乙卯、丙辰为江西所唾骂，以及岳州之败、靖港之败、湖口之败，盖打脱牙之时多矣，无一次不和血吞之。

人性本就是有弱点的，包括软弱、自私、懒惰、动摇等。正是这些东西阻碍了人们的积极进取，阻碍了人们最终的成就。曾国藩认为，要战胜人性的弱点，关键是要把毁誉得失放在一边："于毁誉祸福置之度外，此是根本第一层工夫。此处有定力，到处皆坦途矣。"他相信只要坚持自己的信仰与追求并执着地走下去，最终一定会成功的："天下事果能坚忍不懈，总可有志竟成"；"天下事只在人力作为，到山穷水尽之时自有路走"；"凡事皆有极困极难之时，打得通的，便是好汉"。

对于自己的倔强，曾国藩十分自负。他有一次说自己要写一部书教人，叫作《挺经》。人生一世，就是要挺直了，不能趴下，不能轻易服输。还有一次，当他的心腹幕僚赵烈文说起李鸿章"事机不顺，未必能如师宏忍"的时候，曾国藩立即非常得意地说："吾谥法为文韧公，此邵位西之言，足下知之乎？"意思是：我死了以后，应当谥为文韧公，这是邵位西说的，足下知道吗？可见曾国藩最自得的，就是自己的心性坚忍不拔。

结束语：而困而知，而勉而行

稻盛和夫在解释是什么造就了平凡人的非凡时也说："是那一股能默默专注在同一件事而不感到厌烦的力量，也就是拼命去过每一个今天的力量，以及一天天去累积的持续力。换句话说，把平凡化为非凡的是‘持续’。”他还说：“要在人生这块大舞台上演出一出精彩的戏，得到丰硕的成果，所需的能力不是单靠脑细胞的多寡来定高下。要看的是，能不能在任何情况下，都可以凭着一股傻劲认真去做，而遭遇困难时也能不闪不躲与其正面交锋。这可以说是成功的不二法门，也是我们必须时时刻刻牢记在心的原理原则。”

梁启超在评价曾国藩时也有一段非常精辟的话：

> 文正固非有超群绝伦之天才，在并时诸贤杰中称最钝拙。其所遭值事会，亦终身在拂逆之中。然乃立德、立功、立言，三并不朽，所成就震古铄今，而莫与京者。其一生得力在立志自拔于流俗，而困而知，而勉而行，历百千艰阻而不挫屈，不求近效，铢积寸累，受之以虚，将之以勤，植之以刚，贞之以恒，帅之以诚，勇猛精进，坚苦卓绝。如斯而已！如斯而已！

曾国藩并没有超群绝伦的才华，在当时的著名人物中，他被认为是最迟钝愚拙的一位。他的一生，也一直在逆境之中，然而他立德、立功、立言，达到了古人所说的三不朽境界。他的成就震古烁今，没有一个人能跟他相比，这是什么原因呢？他一生得力的地方，在于立志自拔于流俗，而困而知，而勉而行，历尽百千险阻而不屈服；他不求近效，铢积寸累，受之以虚，将之以勤，植之以刚，贞之以恒，帅之以诚，勇猛精进，坚苦卓绝。如此而已！如此而已！

的确，曾国藩的成功，靠的并不是投机取巧，靠的是对理念和信仰的坚守，靠的是“惟天下之至诚，能胜天下之至伪；惟天下之至拙，能胜天下之至巧”的信心，靠的是“知一句便行一句”的力行。曾国藩说：“天下事，未有不由艰苦得来，而可大可久者也”。取巧只是小聪明，只会得利于一时；拙诚才是大智慧，方可奠基于长远。曾国藩的“不求近效，铢积寸累”“而困而知，而勉而行”，正是那些能够成就伟大事业的领导者的基本品格。

主要观点

曾国藩的信念和抱负、强烈的救世意识以及执着地将自己的理念付诸行动所形成的强大感召力，和由此激励起的一大批有着同样理念的“抱道君子”共同投身于他所谓的事业，正是他能够打造出湘军这样的组织并且成就功业的关键因素。

选什么样的人，决定了一个组织会养成什么样的作风。湘军选人都选朴实、拙诚之人，由此也就形成了以朴实为特点的作风。

为将者必须始终保持一种如临深渊、如履薄冰的紧张与清醒，虽胜不骄，愈胜愈慎，这样才能始终避免“大胜变成大挫”。

领导者玩弄权术会带来一个严重的问题：一旦领导对下属使用权术，下属便不知道你的真实想法是什么，也就不敢跟你说实话，于是上上下下就会开始猜忌。而一个组织一旦陷入猜忌之中，这个组织就要出问题了。

管理的最高境界，是打造一种坦诚的组织文化。如果说“至伪”“至巧”是一种小聪明，那么“至诚”“至拙”就是一种大智慧。

价值观的胜利：中国共产党军队为什么会成为胜利之师[①]

1927 年 8 月 1 日，中国共产党发动了南昌起义，打响了武装反抗国民党反动派的第一枪，并揭开了中国共产党建军的序幕。经过 22 年的浴血奋战，中国共产党军队一步步由弱变强，最终在解放战争中打败了国民党军队。当年从南昌起义起家的这支军队，最终成为闻名世界的胜利之师，屡败强敌，不断地从胜利走向胜利，这其中的奥秘究竟在哪里呢？

当我们回顾中国共产党军队的历史就会发现，与国民党军队相比，早期的中国共产党军队在军事力量层面处于绝对的劣势，但是从一开始就在政治理念层面具有绝对的优势。在国共的博弈过程中，中国共产党军队这种政治上的优势一步步转化成了军事上的优势。这就是双方力量消长的关键因素。

中国共产党军队的历史证明了一个组织打胜仗的基本原则：长期的胜利，一定是基于价值观的胜利。

---

① 本文刊于《中欧商业评论》2021 年第 9 期。

组织最大的迷失是初心的迷失

国民党为什么失去了大陆？共产党为什么取得了天下？蒋介石到了台湾以后，做了大量的反思。因为他必须解释，为什么仅仅三年的时间，430 万人的国民党军队，就被 120 万人的共产党军队打败了。

1950 年、1951 年左右，蒋介石对败于共产党有很多讲话。蒋介石的一个核心结论是：国民党的军队已经失去了灵魂，而没有灵魂的军队是打不了胜仗的。

国民党的军队叫什么名字？“国民革命军”，表明一开始它是要革命的。当年培养国民革命军军官的黄埔军校，门口曾经有一副对联：

“升官发财请往他处；贪生怕死莫入斯门。”

你要升官发财的话，就到别的地方去；你要是贪生怕死，千万别进这个门。

讲得很清楚，你到这里来是干什么的。

林彪是黄埔军校四期的学员，入学的时候蒋介石作为校长给他们训话：你们这些人为什么到这里来？两条：一是革命的精神，一是牺牲的精神。

我们今天来看，当年黄埔军校的学员，所受的军事指挥训练是非常有限的。战争年代，用人之际，根本不像我们今天这样有四年的时间让你读军校。四个月、六个月，匆匆忙忙学些指挥的皮毛，就要带兵上战场了。

所以黄埔军校这些学员的指挥底子，其实并不很扎实。黄埔军校为什么名将辈出？就是由于不怕死的精神。东征和北伐的过程中，黄埔军校毕业的军官伤亡率是非常高的。

北伐战争中，国民革命军10万，横扫北洋军阀70万。当时直系、皖系、奉系三大军阀，任何一支军阀的队伍单独拿出来，都在20万以上。10万人为什么打败了70万人？背后就是不怕死的精神。

但是国民党在北伐的过程中遇到了很大的挑战。很多中小军阀看到大势已去，纷纷投靠国民党，被改编成国民革命军。这些军阀的队伍都是没有经过改造的。国民革命军的规模在迅速扩张，但核心的价值观被迅速稀释了。

这也是组织在发展中经常会遇到的挑战：当组织在迅速扩张的时候，核心的价值往往就会被稀释。

国民党面临的另一个更大的考验在于，国民党后来名义上统一了天下，变成了执政党。执政党和革命党是不一样的。革命党要抛头颅、洒热血，没有坚定的信仰和理念，根本就不可能坚持。而执政党掌握了国家资源，一是有好处，二是没风险。所以这时候很多人是为了求利而来的，国民党及其军队越来越变成一个靠利益凝聚起来的集团，越来越淡化了当年的价值与追求。

蒋介石其实内心非常着急，他知道这样下去不行，旁边还有一个共产党在虎视眈眈。蒋介石几度想对国民党进行改造，甚至想给国民党改名，叫“劳动国民党”，不能老脱离劳动人民啊，但是已经无力回天了。

在竞争的环境中，人和组织都很容易迷失自我。组织最大的迷失，是初心的迷失。无数的组织，都是因为这一点而走向平庸和失败。

价值观的优势才是真正的优势

我们再回头看共产党。共产党为什么取得了天下？中国共产党军队为什么最终打败了国民党军队？

了解党史军史的人都知道，中国共产党军队当年的建军者，很多人的家庭背景其实都是很优越的。有的是地主，有的是富农，有的是资本家。这样才能受良好的教育，甚至出洋留学，接受马列主义，接受共产主义信仰。

1840 年鸦片战争以来，几乎所有的西方列强都侵略过中国，每一个有良知的中国人都想给中国找一条出路。

这些人是真心地相信：苏俄的道路，就是救中国的道路。

他们当年的选择，我们今天看来都觉得有些不可思议。

叶剑英是当年粤军第四军的参谋长。叶剑英在粤军指挥作战的时候，是坐在轿子里面的，旁边还有人挑着白兰地，他随时要喝。但是叶剑英换下了皮鞋，穿上了草鞋。

朱德当年是滇军的旅长，是一位少将，过的是荣华富贵的生活，但是他认为这些东西没有任何意义，全部放弃，去了欧洲。

刘伯承当年是川军名将。刘伯承想在川军里面混个飞黄腾达，非常容易。但是他参与发动了泸州起义，从此颠沛流离，无怨无悔。

全是这样一批人。

所以我们可以看到中国共产党军队在创业的过程中经历了多少挫折、多少失败、多少打击，但是她的核心团队从来没有解体过，她有一种死而复生、散而复聚的力量。

中国共产党军队经历的失败实在是太多了。南昌起义失败了，秋收起义失败了，广州起义失败了。三大起义全部失败了。毛泽东率领秋收起义的残部700多人上了井冈山，朱德率领南昌起义的残部1000多人上了井冈山，这是中国共产党军队起家的基础。

后来不断地发展起来，但是又不断地遭遇失败，包括第五次反“围剿”这样的失败。

第五次反“围剿”失败之后，红军被迫长征。长征开始的时候，中央红军，也就是红一方面军，有86000人。但是等到红军走到陕北之后，剩下了多少人呢？不到8000人。100人中有不到10个人可以活着走到最后。

但是中国共产党军队有个什么特点呢？只要有机会，星星之火，可以燎原。

由于日本人入侵华北，抗日呼声高涨，民族矛盾取代国内矛盾成为主要矛盾。接下来是西安事变，共产党取得了合法性，北方的红军主力被改编成八路军，南方的红军游击队被改编为新四军，加起来一共有4万人。

国民党正面抗战，但是顶不住，不断地败退，沦陷区的国民党政权也不断地崩溃。

日本侵华动作很快。但是日本军队人少，只能控制一些大的城市和交通要道。用我们今天的话来说，就是只能控制点和线，大量的面，日本人是没法控制的。

国民党的政权已经崩溃了，日本人又没法控制，敌后出现了大量的空白地带。共产党迅速抓住这个机会，向敌后发展，很快就成长起来。

抗战开始的时候共产党的正规军是4万人，抗战结束的时候，已经到了120万人。抗战开始的时候共产党的根据地人口是130

万，到抗战结束的时候已经到了 1 亿。这时候共产党已经变成了一支很难被打掉的力量。

当年的红军，是一支让今天很多人都无法理解的军队：衣不蔽体，食不果腹，装备极差，颠沛流离，每天面对的是困苦和死亡。红军的长征为什么取得了最后的胜利？

因为这是一支有信仰的军队。

跟任何一个军阀相比，共产党的组织在初期看起来都显得那么微不足道，更不用说跟更加强大的国民党比了。为什么最终是共产党取得了政权？

因为这是一个有理念的组织。

这是共产党和她的军队的真正优势。

无法影响人的行为的价值观是没有价值的

当然，这里面有一个问题：中国共产党军队的那些精英人物，受过良好的教育，有着坚定的信仰，为了共产主义、为了新中国，他们可以抛头颅、洒热血，不惜一切。那些普通的士兵怎么办？

那些普通的士兵，就是一批农民，大字儿不认识几个。给他们讲共产主义、讲新中国，他们哪儿听得明白？怎么让这些人同你与之生、与之死，而不畏危？

这时候共产党真正厉害的地方就表现出来了。共产党这时候提了一个非常著名的口号。什么口号？

“打土豪，分田地。”

几千年来，中国是个农业社会。农民最大的需求是什么？土地。谁能满足他们对土地的需求，他们就会死心塌地地跟谁走。

“打土豪，分田地”，让所有的士兵都明白了一个道理：自己既是为一个伟大的理想而战——建设新中国，也是为自己的切身利益而战——打土豪、分田地。

“建设新中国”这个伟大的愿景，和“打土豪，分田地”这个具体的纲领，完美地结合在了一起。

包括在国共之争中，老百姓为什么站在了共产党一边？

解放战争时期有一场著名的战役——孟良崮战役。当时陈毅、粟裕的华东野战军 27 万人，国民党进攻的部队是 45 万人，兵力对比差不多是 1∶2。

但是沂蒙山区支前的百姓是多少呢？ 91 万人。

一个共产党的士兵在前线作战，后面有三个多老百姓在提供保障：抬担架、运弹药、送水送粮。对国民党来说，这样的仗，怎么能打赢？

沂蒙山区的百姓甚至提了一个口号，叫作“毁家支前”，就是我的家毁掉了，我也要帮你打胜仗。

为什么？

很简单：共产党给我分地了。国民党回来，土地就要被夺回去。我的利益已经跟你绑在了一起，我一定要帮你打胜仗。

还有，那些被共产党俘虏过来的国民党士兵，为什么愿意留在共产党的军队里？

解放战争时期，兵员的消耗是非常大的。尤其到了后期，军队已经远离了根据地，从后方补充兵员已经不可能。兵员的补充主要是靠前线，就是靠俘虏。

毛泽东十大军事原则之中第九条就是：“以俘获敌人的全部武

器和大部人员，补充自己。我军人力物力的来源，主要在前线。”①

所以当时有一个专用的名词，叫“解放战士”，顾名思义，就是解放过来的战士，也就是俘虏兵的意思。

淮海战役，共产党的部队60万人，打败了国民党的80万人。战争伤亡总是很大的，但是仗打完了，军队更强大了。为什么？俘虏兵补充进来了。

淮海战役期间的华东野战军，也就是第三野战军，解放战士占的比例是多少呢？我们今天看来都觉得不可思议。在很多连队，解放战士占的比例已经达到了80%。

当时有一个统一的数字：在整个解放军中，解放战士占的比例是64.7%。

你可能会说，这是很可怕的数字。这么大比例的俘虏兵，很危险。

为什么这些解放战士，在国民党的军队里面不愿意打仗，到了共产党的部队就愿意打仗呢？

很简单，他们也都是农民。抓了俘虏之后，共产党先对他们进行诉苦教育，阶级仇、民族恨，唤醒阶级意识。然后告诉他们：你家里分地了。他马上就明白了一个道理：原来我跟你是一拨的，跟他不是一拨的。

国民党的士兵大多是受过正规训练的，一旦认可了共产党的组织和组织背后的价值观，打起仗来，战斗力的发挥往往超出想象。

这是中国共产党军队能够在短短三年时间里就打败国民党军

---

① 《目前形势和我们的任务》，见《毛泽东选集》(第四卷)，人民出版社，1991年。

队的重要因素。

所以，伟大的组织，一定要有伟大的价值追求。但是这个价值追求，一定要落到实处。

一定要让所有的人都明白：他既是为组织的利益而战，也是为自己的切身利益而战。这样的愿景和价值观，才能实实在在地落地。

要打造出让组织强大的精神内核

和战争一样，自古以来管理最核心的问题，就是为谁为战，为何而战。

企业当然是要追求利润的，但即使在商业这种以功利为特征的世界里，缺乏道德感的企业也无法走得长远。仅仅靠利益来凝聚的企业，只能是军阀，只能是雇佣军，乃至于土匪，没有愿景，没有是非，有利而来，利尽而散。

从来没有哪一支军阀或土匪的队伍能够成事，即使是在乱世之中。当尘埃落定的时候，人们就会发现，最后胜出的，一定是有着清晰理念的那支力量。

如果说在战场上，真正让人超越生死利害的，尤其是能够帮人度过至暗时刻的，是组织深层次的信念与追求，那么在商业世界中，清晰的使命、愿景、价值观，才是一个成功企业的真正核心竞争力，它构成了区别于对手的独特资源和竞争优势，是最难被对手复制和超越的。

所以好的企业，一定会建立清晰的价值主张。卓越的愿景、使命、价值观，才可以真正对优秀的员工形成强大的激励，让员工感受到自己工作的意义，让员工愿意去全力投入。

领导者的一个主要任务，就是从一开始就为组织的每一个成员找到这样一个可以全身心投入的理由，找到组织成员强大的自驱力。有了这样的理由，有了这样的自驱力，组织的成员就会不计一切地付出。

这是让组织变得强大的无形的精神内核，是组织能够历经挫折而长期生存、不断发展的根本原因，这也是伟大与平庸的不同之所在。

但是，就像共产党的“打土豪，分田地”一样，在企业管理中，好的使命、愿景和价值观，同样也一定要让组织的每个成员都听得懂、看得见，并且发自内心地认为跟自己相关。

好的使命、愿景和价值观，一定是从组织成员最深层的需求出发，自下到上地提炼出来的，而不是简单地从上到下灌输给组织成员的。

从成员中来，到成员中去，这样形成的使命、愿景与价值观，才会真正具有打动人心的力量。

少数人是因为相信而看见，多数人是因为看见而相信。在企业中尤其是这样。

对于大多数人来说，在组织愿景、使命、价值观的背后，一定要包含着具体的物质内涵，一定要让企业的员工能够切实看到自己真实的未来。

这也就是为什么华为“艰苦奋斗”的价值观之中，一定包含着“让奋斗者的利益最大化”的这样内涵。

这样的愿景、价值、目标、追求，才是真正可信的，才能为组织的每一个成员所认同、所接受，从而成为组织成员共同的愿景、共同的价值、共同的目标、共同的追求。

这样的使命、愿景和价值观，才不再只是宏大的理想，不再只是管理精英的自我期许，而成为与每一个员工利益密切相关的东西，从而使组织的整体目标与员工的个体目标高度一致，使得企业的长远发展与员工的个人成长有机地融为一体。

这样才可能让每一个员工都明白，他们既是为了一个远大的理想而战，也是为了个人的切身利益而战。

这样员工才能真正地从内心深处受到激励，从而全身心地投入组织的事业，从而推动着组织事业的完成。

主要观点

中国共产党军队的历史证明了一个组织打胜仗的基本原则：长期的胜利，一定是基于价值观的胜利。

组织在发展中经常会遇到的挑战是：当组织在迅速扩张的时候，核心的价值往往就会被稀释。

一定要让所有的人都明白：他既是为组织的利益而战，也是为自己的切身利益而战。这样的愿景和价值观，才能实实在在地落地。

领导者的一个主要任务，就是从一开始就为组织的每一个成员找到这样一个可以全身心投入的理由，找到组织成员强大的自驱力。有了这样的理由，有了这样的自驱力，组织的成员就会不计一切地付出。

对于大多数人来说，在组织愿景、使命、价值观的背后，一定要包含着具体的物质内涵，一定要让企业的员工能够切实看到自己真实的未来。

四渡赤水：不确定环境下的战略决策[①]

毛泽东曾说，四渡赤水是他军事指挥生涯中的“得意之笔”。《长征组歌》中也有一句话：“毛主席用兵真如神。”我所在的商学院有一门专门的课程，就是四渡赤水。开这门课程，就是想通过这个战例，帮助学员们理解什么才是不确定环境下的战略与领导力。

并非事先设计出来的四渡赤水

如果你到当年红军经过的赤水河地区，会发现那里高山峻岭，大江大川，渡口就只有那么几个。40万国民党大军在那里围追堵截，碰都能碰上，为什么不到3万人的红军能扬长而去？

我们不妨还原一下整个战役的经过。

遵义会议之后，1935年1月19日，红一方面军从遵义出发，兵分三路，向土城、赤水一带进军，准备北上打下赤水县城，渡过赤水河，尔后从泸州上游渡过长江，到四川会合张国焘的四方面

---

① 本文刊于《商业评论》2020年第9期。

军，在川西北建立新的根据地。

在红军最早的北上作战计划中，显然并没有四渡赤水。

红军要入川，这给四川军阀造成了极大的压力。四川省主席刘湘决心以攻为守，把红军挡在四川之外。他任命潘文华为“长江南岸剿匪总指挥”，集结了12个旅36个团的兵力，除4个旅防守泸州、宜宾，其余8个旅兵分三路南下，开始向赤水、土城一带分进合击。这就给北上的红军造成了很大的麻烦。

川军的速度非常快。正当红军北上的时候，中路川军两个旅率先进入赤水县城，并随即沿着两条路南下，正好与北上的林彪红一军团的红一师和红二师分别在黄陂洞和复兴场遭遇。这两个师先后作战失利，被迫退守葫市、丙安。

迅速打下赤水县城、打开北上通道的计划，就没有实现。

北上遇阻，东边的川军也尾随了过来。毛泽东与中央经过土城东北部的青杠坡时，发现这个地方是个峡谷地带，适合打伏击，于是决定以一军团、九军团挡住北边的川军，集中手边的三、五军团，利用有利地形设伏，打掉尾随而来的川军，然后北上配合一军团打开赤水县城，继续执行原定计划。

1月28日，土城之战打响。但是，没有想到的是，川军越打越多，红军不但没有消灭尾随而来的川军，自己的阵地反而一度被川军突破。红军压上干部团，并紧急命令林彪的红二师跑了4个小时南下加入战斗，才暂时稳住了阵脚。这时候他们才发现，原来情报有误：原以为川军是4个团，实际是2个旅6个团，后面还有增援。

土城战败，红军前后受敌，而且土城地势低洼，不宜久留。在这种情况下，中央决定往西渡过赤水河，进入川南，以避开川军的压力。

这就是一渡赤水，显然这次行动是被动之举。

土城之战，红军损失3000多人。毛泽东后来在扎西总结说，失败的原因有三条：一、没有摸准敌情，原以为是4个团，结果是6个团，还有后续部队；二、轻敌，严重低估了刘湘的模范师的战斗力；三、分散了兵力，不该让一军团北上。

这个总结显然是从战役层面做出的。其实从战略层面来说，当时川军以8个旅向这一带分进合击，红军硬要从这一带北上，等于往国民党的口袋里钻。所以，红军的失败是必然的，只是当时红军并不知道这个情况。

红军西渡赤水河，是准备执行遵义会议制定的第二方案，也就是万一泸州方向渡江不成，就暂时留在川南活动，寻机在宜宾上游渡过金沙江。

然而，红军渡过赤水河、进入川南以后，除了防守泸州、宜宾的4个旅，川军其余8个旅也迅速压了过来。红一军团打叙永没有打下来，红三军团也遭到川军截击。两大主力先后作战失利，中央才意识到，川军已经加强了长江沿线的防御，在宜宾上游渡过金沙江的方案也不可能实现。在这种情况下，中央决定迅速南下，避开川军的压力，向四川和云南交界的扎西集中。

1935年2月10日，中央在扎西召开会议。会上毛泽东提出了一个大胆的计划：利用国民党认为红军还会北渡长江的错觉，干脆杀个回马枪，挥师东进，再渡赤水，向国民党兵力空虚的黔北地区进军，通过进攻来打开局面，夺回主动权。

会议接受了毛泽东的提议。红军随即兵分两路向东，于2月19日至21日分别在太平渡、二郎滩二渡赤水河，并趁国民党军队慌乱之际，连下黔北的桐梓、娄山关、遵义，击溃黔军的 8 个团以及中央军的 2 个师，取得了长征以来最大的一次胜利。

这是二渡赤水。

红军取得了遵义大捷，但红军的不利形势并没有得到根本改变。国民党再次调动大军，向遵义、鸭溪一带压了过来，又对红军形成了包围之势。红军计划设伏打掉周浑元军队，但因为行动暴露，周浑元缩了回去，计划没能实现，包围圈反而越来越小。

下一步该怎么做？面对国民党大军压境的现实，3 月 13 日，中央决定挥师西进，向退守鲁班场的周浑元部直接发起进攻，以求打开局面。

3 月 15 日，鲁班场之战打响。红军向周浑元部发起了猛烈的进攻，但后者依托阵地，死守不退。红军一直打到黄昏时分，也没有进展。与此同时，东边前来增援的国民党军队，已经打到了红军的后方，并继续向西攻击前进，再打下去对红军不利。于是，中央决定放弃鲁班场之战。好在当时天色已晚，周浑元怕红军打伏击，没敢追，红军从容不迫地撤出了战场。

鲁班场之战，原是为了打掉周浑元部，为红军在贵州立住脚打下基础，这个意图显然落空了。但是，它也产生了一个意想不到的效果，就是进一步吸引了国民党主力的西移。正是在这种情况下，毛泽东形成了一个大胆的设想：利用蒋介石认为红军还会寻机北渡长江的判断，干脆来个顺势而为，从茅台三渡赤水河，进入川南，调动国民党主力进一步往西。等到把国民党主力引到川南，再四渡赤水，杀回贵州，跳出国民党的包围圈。

1935 年 3 月 16 日，红军在茅台三渡赤水河，并派出一个团的兵力伪装主力进攻古蔺，做出打开古蔺县城、北渡长江的样子。

蒋介石果然上当，下令各路大军迅速向川南集中，利用有利地形，一举歼灭红军。

正当国民党军队向川南集结的时候，3 月 21 日，红军出其不意，在太平渡、二郎滩四渡赤水河，随即掉头南下，突破乌江，从而将国民党几十万大军甩在了乌江以北地区。

红军四渡赤水，蒋介石判断红军又要占领遵义，便在 3 月 26 日从重庆飞到贵阳，准备亲自指挥作战。蒋介石到贵阳，对于南下的红军来说，简直就是送上门来的生意，红军于是立即做出了进攻贵阳的姿态。

红军兵临贵阳，而国民党贵阳兵力空虚，蒋介石急忙下令各路国民党大军迅速赶到贵阳救驾。没有想到，红军打贵阳是虚晃一枪，没有真正进攻贵阳，而是从贵阳和扎佐之间向东而去，进到清水江西岸，并做出大军即将东渡，到湘西会合贺龙、萧克的红二、红六军团的姿态。

蒋介石一看又上当了，急忙命令已经到达贵阳的国民党军队不要休息，立即向东追击红军。没有想到，红军向东又是一个假象。在国民党大军浩浩荡荡东进的时候，红军突然急转向南，在贵阳和龙里之间突破国民党军队的防线，以一天 120 里的速度，向国民党兵力空虚的云南急进，直逼昆明。

由于云南的部队都出省作战，昆明几乎是一座空城。云南省主席龙云手忙脚乱，赶紧调集各地民团来防守昆明。这样一来，云南和四川之间的金沙江防线，就出现了一个大漏洞，红军等待已久的突围机会终于到来。

4 月 29 日，中央给各个军团发电：“中央过去决定野战军转入川西创立苏维埃根据地的根本方针，现在已有实现的可能了。”

"应利用目前有利的时机，争取迅速渡过金沙江，转入川西，建立起根据地。"

当天，红军兵分三路，直扑金沙江，并于5月2日在皎平渡偷渡成功，控制了渡口。红军主力除一个团之外，全部在皎平渡渡过了金沙江，由此摆脱了国民党几十万大军的围追堵截，为与四方面军在川西北会师创造了条件。

草鞋没样，边打边像

我为什么花这么大篇幅叙述四渡赤水的过程？因为这是一个最真实、最鲜活的战略案例。

显然，四渡赤水并不是事先设计出来的。一渡赤水的时候红军并没有想到要二渡，二渡赤水的时候也没有想到要三渡。但是，三渡赤水的时候想到了四渡。四渡赤水是一个不断试错与学习的过程，是一个不断根据环境调整方案的过程，也是一个不断在机动中寻找新的机会的过程。

这就是不确定环境下的战略。在不确定的环境下，战略不可能完全事先设计好。就像四渡赤水一样，战略的形成是一个开放的、探索可能性的过程，进而是动态的演化过程。

有句话叫：草鞋没样，边打边像。战略一开始只能是一个框架，是一个假设，是一个初步的计划，最终的战略路线是在打的过程中一步步明晰起来的。

战争的特点是什么？战争充满了不确定性，而人的理性总是有限的。没有人从一开始就能看到结果，没有人对大势的理解能够一步到位，更没有人能一次性地看清所有的过程和细节。同时，战争必须有计划，没有计划或者计划漫不经心，从来都是战略的大忌。但是，在战争史上，完全按照计划来实现的战略，只能是例外，而不可能是常态。

这就是战争中最大的悖论。

所以，好的战略计划必须具备两方面的要素。一方面，一定要提供清晰的战略意图作为行动的基本框架。就像四渡赤水的战略意图，是要北渡长江。有了这样的战略意图，就可以为组织的行动提供一个大致的范围和总体的方向。

但是另一方面，在行动方案中，还要给种种偶然性和不确定性留出足够随机应变、临机处置的空间。你必须适应环境，必须随着情况的变化而不断调整，必须随时准备迎接意外。就像四渡赤水，如何达成北渡长江，要因敌、因地、因时而动。

在这样一种环境中，你的战略和计划不可能是事先做好的一次性决策，更不可能是仅靠逻辑推导甚至凭空想象基础上的决策。不要奢望一次性就可以制订出一个深思熟虑的计划，然后完美地执行到底。你一开始能明确的，最多是总体的战略意图和大致的战略方向。你能提出的，最多是基本的战略假设和初步的行动计划。你的总体战略意图要保持不变，但最初的行动计划，在真正执行的过程中，大概率是需要修正的，甚至可能全部放弃。

因此，在动态的、不确定的环境中，更需要依靠对变化环境的感知、对未来走势的前瞻，而不只是依靠此前制订的战略计划来取胜。明茨伯格曾经警告说：千万不要把战略变成马的眼罩。战略可以使组织直线前进，但僵化不变的战略思维，会让组织失去观察周围世界的眼光。

回顾一下第五次反“围剿”以及长征的初期，就会发现，共产国际军事顾问李德的指挥，最鲜明的特点就是特别强调战略过程中的计划与控制。他一旦制订作战计划，就会以命令的形式，下达给部队去执行。而他自己接下来的事情就是检查、督促和纠正，防止下属在执行命令的过程中出现偏离。他要求部队像一台精密的机器一样，有条不紊、严丝合缝、分毫不差地按照他的计划执行他的命令，从而实现他的战略意图。

这就是李德的悲剧：他企图让动态的环境适应自己的计划，而不是让自己的计划适应动态的环境。僵化的战略思维，真的像明茨伯格所说的那样，使过早敲定而又拒绝修改的战略计划，变成了遮住李德眼睛的马罩。李德式的指挥因此就变成了一场彻头彻尾的灾难。

真正的机会从来不是你能事先计划出来的。机会是在不断地试探与行动过程中逐渐清晰起来的。在这样的情况下，战略就不可能是一次性的决策过程。战略形成的过程是一个持续决策的过程，是一个逻辑渐进的过程，是一个不断明晰的过程。

从认知角度来说，战略的明晰过程，又注定是一个不断试错和探索的过程。这就需要你的战略计划必须保持弹性，保持柔性，保持灵动性，更主要的是，对未知的机会保持开放性。

詹姆斯·奎因讲过一段非常精彩的话："战略并非一个线性的过程，战略的有效性并不在于它的清晰性或它的严密结构，而在于当新机会或新的推动力出现时，它捕捉新事物、处理未知事件、重新利用和集中资源的能力。这样才能在选择时最有效地利用资源。因此，好的战略一定要鼓励主动性、积极性、创造性地把握机遇的能力。"

在长征这样充满不确定性的环境中，对于红军来说，有时候生死就在一线之间。哪怕是些微的机会，可能就会让你突围成功，哪怕是些微的威胁，就足以让你全军覆没。所以，你能做的，就不是单纯依靠此前制订的计划，更要依靠对稍纵即逝的机会的敏锐嗅觉，以及对机会的迅速响应。洞察力和行动力的重要性，一点不亚于计划力。

小敌之坚，大敌之擒也

孙子在谈到用兵时，有一段精彩的话："用兵之法，十则围之，五则攻之，倍则分之，敌则能战之，少则能逃之，不若则能避之。故小敌之坚，大敌之擒也。"核心思想就是，要根据对手的情况、双方的实力对比，来决定打不打、如何打，避免计划与行动的僵化。

共产党和国民党抗衡，共产党为什么最终取胜？一方面，共产党有清晰的组织理念，有突出的政治优势；另一方面，就是战略战术的机动灵活。

相比国民党军队的正规战、阵地战，共产党军队更擅长游击战、运动战。什么叫游击战？"游"而后"击"。什么叫运动战？"运动"之后再"战"。把"走"和"打"结合在一起，"走"是为"打"创造条件，"打"是建立在"走"的基础之上。共产党军队的战争，从红军时期，到抗战时期，再到解放战争时期，都是这样打的。

在四渡赤水的过程中，毛泽东给各个军团发过一封电报：必须经常地转移作战地区，有时向东，有时向西，有时走大路，有时走小路，有时走老路，有时走新路，而唯一的目的是在有利条件下求得作战的胜利。

所以，这种打法展现了红军高度的随机应变、灵活机动、流动性和响应能力。更主要的是，这种打法还可以让对手陷入更大的不确定性之中。

战争永远是不确定的，这对战争双方来说都是如此。所以，关键是谁能够尽量减少自己的不确定性，同时增加对手的不确定性。给自己尽可能大的确定性，把最大的不确定性给对手，就可以增加自己取胜的概率，尤其是对弱者来说。

如果一切都是确定的，战争就成了拼资源、拼实力、拼消耗。在这种环境下，弱者很少有颠覆对手的机会。而在不确定的环境中，弱者反而可以充分利用不确定性带来的机会，通过机动灵活的行动、虚虚实实的策略，给对手造成更大的不确定性，让对手发生更大、更多的错误，使对手的整个作战体系陷入崩溃，从而为自己打败对手创造条件。

四渡赤水中，红军的机动，从自己角度来说，是寻找机会的过程；从对手角度来说，则是制造混乱、让对手防御体系在手忙脚乱之中出现大漏洞的过程。红军抢渡金沙江的机会，就是这样涌现出来的。

当然，这样的机动并不是轻轻松松就能做到的。从土城战败后一渡赤水，到抢渡金沙江后突围成功，红军作战方向的变更先后达到十多次。对于部队来说，这意味着什么？不断地走，不断地变；刚往左走，又往右跑。这可能会让执行变成一件令人痛苦的事情。上面的命令不断地变来变去，下面的人体力上会很疲劳，头脑中会很不解，心理上会很沮丧，甚至可能怀疑领导到底知不知道要去哪儿。

然而，今天回头看，忽东忽西的红军战士当然辛苦，但更苦的是跟在后面追的国民党兵。用国民党军队自己的话来说，“共军拐个弯，我们跑断腿”。

所以，真正的高手从来不排斥不确定性，相反会接纳、拥抱、顺应、利用不确定性，甚至有意给对手制造更大的不确定性，由此把不确定性带来的收益发挥到极致。这样的不确定性，就成了打败对手或拉开和对手差距的最好机会。

不过，要想做到这一点，你就不能依靠常规的、线性的战略思维，你的战略思维必须是弹性的、开放的、灵动的、随机应变的，不能陷入偏执与片面。

在真正的战争中，形势永远是易变而不稳定的，它就像水一样，会持续不断地流淌演变。正是因为形势的这种易变性，所以在真正的高手看来，任何失败都可能是一个潜在的机会，任何成功也都可能是一个潜在的风险。这就需要你的思维高度灵活。

打造水一样的组织

要想真正做到战略上的机动灵活，除了思维的弹性，还有一个条件，就是必须有一个柔性的、灵活的、敏捷的、适应性的组织。

游击队最大的组织特点是什么？机动灵活。游击队中往往没有一个多余的人，所有人员都是战斗员。游击队往往是扁平化的，极为高效。作战指挥也往往是分布式的，做决策的人都是听得见炮声的人，一有情况，马上就可以做出最有效的反应。

长征的时候，红军在组织上最大的特点就是敏捷。尤其是扎西整编以后，3 万人红军，除一军团之外，其余军团全部取消了师的编制，由军团直接辖团。整编后多余的机关工作人员也全部下放到团里，充实一线作战部队。所以，红军基本上就是三级指挥体制：中央—军团—团。用今天的话来说，就是扁平化。而且，中央与军队一起行动，中央做了决策，马上就可以行动，所谓“头过身就过”，机动应变能力极强。

更重要的是，在这个组织中，上下沟通效率极高。一线的信息可以迅速传到中央，一线指挥员的建议也可以迅速成为中央决策的参考和依据，甚至在关键的时候改变中央的决策，使中央的决策更加符合实际。

红军第四次渡过赤水后，3 月 24 日晚上，中央给各军团下达了 25 日的作战部署：迅速通过遵义和仁怀一线的国民党防御，向西南寻求新的机动，到达黔西和大定地区。3 月 25 日，三军团军团长彭德怀和政治委员杨尚昆给中央致电：目前向西南寻求机动，首先要突破周浑元、王家烈、孙渡几个纵队，对红军来说完成这样的任务很困难。而根据侦察到的情况，乌江上的茶山关、桃子台一线，如有准备，两岸可以架设浮桥。所以，红军转向东南的乌江流域比较有利。他们的建议立即被中央采纳，于是才有了四渡赤水之后的南渡乌江。

让听得见炮声的人参与决策，决策就不再是某个人或某一小部分人做出，然后交给其他人来执行这样一个僵化呆板的过程，而是一个上下不断互动和反馈的过程。组织也因此可以高效地将一线的真实变动迅速纳入自己的决策之中，并做出最优选择，从而在最大程度上保证对动态环境的适应能力。

商业管理中有一个著名的帕金森定律。随着组织规模的扩大，行政人员会越来越多，组织成员会越来越忙，而组织效率却越来越低下。再优秀的组织，一旦出现官僚化，就注定会走向平庸，而平庸化的组织又注定会走向衰败。

所以，在今天，大企业面临的最大挑战，大概就是如何在保持正规军规模优势的同时，保持游击队那种敏捷与活力。任正非就警告华为说：方向可以大致正确，组织必须充满活力。

用德鲁克的话说，在动荡的环境中，一个组织“必须做到既能够经受住突如其来的打击，又能够充分利用突然的意外的机会”。这是一种典型的敏捷型组织，它可以随时在行动中调整计划和改变目标，可以适应多种作战环境、作战条件、作战形态，也可以完成多种作战任务。它具有强大的适应能力和迅速调整资源配置的能力。

这也就是孙子所说的水一样的组织。这样的组织才能有效地应对各种不确定性的挑战。

找到那些不变的东西

当然，你可能会想到一个问题：随机应变，不断调整，那还要战略干什么？战略是不是就没有意义了呢？

不是的。行军路线不断调整和变化的背后，第一个不变的因素，是一定时间段内相对稳定的战略意图。四渡赤水是一个不断调整方案的过程，但是四渡赤水有一点没有变，就是北渡长江到四川去。

战术层面所有的变化，都是围绕更好地实现相对稳定的战略意图而展开的。这样的变化就有了不变的轴线。也只有在战术层面根据环境做出灵活机动的调整，你才能更好地适应环境的变化，从而更好地实现组织的战略意图。

当然，战略意图只是相对稳定，是阶段性的，从长远来说也会根据形势的变化而调整。所以，不同的战略阶段就会有不同的战略意图。就像第五次反“围剿”时期红军的战略意图是挫败国民党的进攻，保卫苏区；长征时红军的战略意图是寻找落脚点，重建根据地；抗日战争时期八路军、新四军的战略意图是抵抗日军，巩固和发展壮大根据地。

在组织阶段性的战略意图背后，还有一个更重要的不变因素，就是组织的使命与愿景。

回头看四渡赤水，我们会发现，在不断转换作战方向的过程中，虽然部队有情绪、有困惑，甚至有质疑，但是即使在最不确定的情况下，红军也没有散掉，全体将士始终坚决执行命令。为什么？因为有一个最深层的东西从来没有变，就是共产党军队的政治目标和追求，以及对于这个目标一定能实现的信念与信心。

当所有的探索和与此相伴的痛苦都是为了实现一个伟大的目标，为了完成一个伟大事业的时候，不断调整就变得完全可以接受，眼前的痛苦也变得完全可以忍受。这就是孙子所说的“与之生，与之死，而不畏危”，也是毛泽东所说的“前途是光明的，道路是曲折的”。

这也是为什么在同样一场战争中，在同样的战争环境下，红军可以以惊人的意志完成四渡赤水，并通过四渡赤水摆脱追敌，而占有绝对优势的国民党军队，却怨声载道，士气低落，意志消沉，行动消极，双方在执行力上表现出如此大的差距。

环境是不确定的，人的理性是有限的。当一切都是不确定的时候，唯一可以确定的就是对未来的强大信念，所能依靠的只能是坚定的使命、愿景、价值观。

马云讲过一句话：“因为相信，所以看见。”真正的远见往往来自强大的信念。当有了清晰的使命和愿景，就会拥有足够的穿透不确定性迷雾的眼力和定力。只要有助于实现“让天下没有难做的生意”这个使命，挑战再大也要做，比如云计算。而只要与这个使命无关，机会再好也不做，比如自营电商。

我们不妨看一下组织进行战略决策的全过程：组织在对大势做出判断的基础上，找到自己清晰的使命。因为有了强烈的使命感，就会比别人看得更远，知道所要达到的终局，也就有了愿景。有了愿景，就知道要到哪里去，也就明确了大致的战略方向。大的战略方向有了，组织上下就会形成战略共识，并明确阶段性的战略意图。有了阶段性的战略意图，就可以根据当前的战略环境，制订计划，并采取行动。

再反过来看，在不确定的、多变的环境下，组织的行动必须随机应变，计划也必须随时调整。随机应变与调整计划是为了更好地实现阶段性的战略意图，走向要去的大的战略方向，而战略方向的终点就是在远见中所见的终局。这一切，都是为了实现清晰的使命。

这其中有三个关键的层次：根本性的使命、阶段性的战略意图、眼前的行动选择。使命是不变的，战略意图是相对稳定但又要阶段性调整的，而当下的行动则要随机而变。

从使命到行动再回到使命，就形成了一个完美的闭环。你的变化与调整不再是无目的、无方向的随波逐流，而是使命和战略意图指导下的灵活应变，你就能真正做到变与不变的统一，你的灵活应变就会为组织上下所接受，并且变成组织文化的组成部分。

所以，组织的信仰与使命越坚定、越清晰越好，而实现组织战略目标的手段与路线越灵活、越敏捷越好。坚定的使命与灵活的路线相结合，是所有好组织的共同特点。

兵无常势，水无常形。在不确定的战略环境中，最大的战略能力就是感知、驾驭和利用不确定性的能力，甚至包括给对手制造更大的不确定性的能力。这就要求我们把不确定性作为常态，并且主动地去塑造未来和创造未来。在不确定的环境中，创造未来永远比预测未来更为重要。

所以，我们要做的是学会与不确定性共舞，并把战略变成利用不确定性来创造机会的过程，让不确定性变成我们的朋友。这样，我们就可以成为不确定环境的最大受益者。

主要观点

好的战略计划必须具备两方面的要素。一方面，一定要提供清晰的战略意图作为行动的基本框架。另一方面，在行动方案中，还要给种种偶然性和不确定性留出足够随机应变、临机处置的空间。

真正的机会从来不是你能事先计划出来的。机会是在不断地试探与行动过程中逐渐清晰起来的。在这样的情况下，战略就不可能是一次性的决策过程。战略形成的过程是一个持续决策的过程，是一个逻辑渐进的过程，是一个不断明晰的过程。

给自己尽可能大的确定性，把最大的不确定性给对手，就可以增加自己取胜的概率，尤其是对弱者来说。

在今天，大企业面临的最大挑战，大概就是如何在保持正规军规模优势的同时，保持游击队那种敏捷与活力。

组织的信仰与使命越坚定、越清晰越好，而实现组织战略目标的手段与路线越灵活、越敏捷越好。坚定的使命与灵活的路线相结合，是所有好组织的共同特点。

管理者为什么很难看清真相[①]

李德·哈特有一部不太为人所知的著作，叫《山的那一边》。这个书名来自著名的威灵顿公爵，就是那位在滑铁卢之战中打败拿破仑而名留青史的英国元帅。

威灵顿公爵有一位挚友叫约翰·威尔逊·克罗科尔，是英国第一任海军部长。有一次，威灵顿公爵和克罗科尔一起旅行，因为旅途漫长而无聊，两人就以猜测山的那一边是什么地形来消磨时光，威灵顿公爵屡猜屡中。克罗科尔非常惊讶。威灵顿公爵就对他说："你知道这是为什么吗？为了猜测山那边的情况，我付出了一生的精力。"

李德·哈特说，猜"山的那一边"是什么，在军事上，就是指分析和判断对手情况。这种能力往往只有在久经沙场的老手和高手身上才能看到。

军事理论家若米尼讲过一段非常精彩的话："如果要我选将才，对于能够把敌人行动判断得清清楚楚的人，我会把他列入第一名，而对于深通战略理论的人，则摆在次一等。因为这种理论听起

① 本文刊于《商业评论》2020 年第 9 期。

来头头是道，应用起来却非常困难。”

不幸的是，尽管几乎所有的将军都知道“知彼知己”的原则，但真实的战争历史，无数次验证了“知易行难”这句格言是多么正确。

滑铁卢之战当天早上，拿破仑信心满满地对参谋人员说：“我们获胜的机会至少是90%，而失败的可能性不到10%。”在他眼里，威灵顿公爵的杂牌军不堪一击，只需一拳就可以将其打得粉碎。结果是，拿破仑输掉了这场战役，并输掉了整个帝国。

当希特勒启动巴巴罗萨计划入侵苏联时，得到了几乎所有高级将领的支持，包括号称最具有战略头脑的曼施坦因。而事实上，巴巴罗萨计划依据的全是一些不切实际的假设。在那一天，德国在二战中的悲剧命运就已经注定。

国民党发起内战时，做过战略评估。在对双方的军队规模、装备水平、经济基础等方面进行比较之后，陈诚给出的判断是国军占据绝对优势，三到六个月即可解决中国共产党问题，而何应钦的评估结论是需要两到三年。蒋介石选择了相信陈诚的判断。三年之后，战败的国民党被赶到了台湾。

麦克阿瑟也不能幸免。仁川登陆之后，著名的美国专栏作家约瑟夫·艾尔索普来到麦克阿瑟身边，向他发出中国可能参战的警告。麦克阿瑟嗤之以鼻：“艾尔索普，实际上如果你还准备待在这儿的话，我觉得你在浪费自己宝贵的时间。”但是，最终麦克阿瑟为此付出了惨重的代价。

这样的错误数不胜数，可以列出一大串。人类总是不断在错误的时间、错误的地点，以错误的方式，选定错误的对手，打那些错误的战争。失败的结局往往是因为错误的决策，而错误的决策又往往是因为错误地认知和判断了形势。

看不清真相的根源

为什么这么多战略认知会错得如此离谱?

这当然跟战争本身有关。战争的特点是复杂、易变、模糊、不确定，用军事理论家克劳塞维茨的话来说，军事行动所根据的因素总有 3/4 隐藏在迷雾之中。在这样的环境下，形成正确认知确实不容易，永远会有预料不到的事情发生。

高估自己

不过，这并不是问题的全部。复盘上面讲到的各个案例就会发现，在这些错误认知的背后有一个共同的地方，就是决策者高估了自己，低估了对手。而过度自信从来就是人性的组成部分。

心理学中有一个名词，叫“优于平均效应”，也就是每个人都认为自己的能力和表现要超出人类的平均水平。有学者做过一个研究：他向 1000 名工程师发了调查问卷，请他们评估一下自己和同行的业务水平。你猜结果如何？超过 33% 的工程师认为，自己的水平处在行业的前 5%。

企业家也好不到哪儿去。多项研究表明，企业投资项目的成功率只有 33%，也就是说失败的概率是 2/3。然而，调查显示，有 1/3 的企业家认为自己成功的概率是 100%，也就是毫无疑问会成功。再加上其他数据，平均算下来，认为自己成功概率在 70% 以上的企业家一共占到了 80%。

将军们呢？恕我孤陋寡闻，还没有看到过相关的研究数据。但是，我可以告诉你这样一个史实：第一次世界大战爆发的时候，几乎所有参战方都认为自己会是赢家，几乎所有参战国都兴高采烈地投入战争。

心理学中还有一个概念，叫“基本归因错误”。它说的是，当我们评价自己时，通常会把成功归因于自己，而把失败归因于环境。但当我们评价别人时，恰恰相反。

对于战争或者竞争中的决策者来说，这种高估自己优势的心理倾向，会带来一个严重的问题，就是让决策者的认知充满错觉，甚至产生一种一切都在掌控之中的虚幻，因而无法对所处的态势形成真实的感知。无知不可怕，可怕的是我们自以为知道。

认知偏见

让你看不到真相的，不仅仅是过于乐观。研究表明，人类的认知还有一个弱点，就是以自己喜欢或者希望的样子来观察世界，而不是以其本来面目来看待它。换句话说，人对世界的认知是有选择的。人往往只看到自己相信的东西，或者希望看到、愿意看到的东西，从而对很多信号视而不见。

这种认知局限和上面所说的过于乐观结合在一起，就会形成所谓的认知偏见，蒙蔽决策者的眼睛。尤其是对那些曾经很成功的决策者来说，一帆风顺的经历让他们越发自信，甚至志得意满，导致他们的认知偏见往往更加严重，并最终形成致命的战略盲点。

在战争中，为什么会有那么多的人对正在发生的真实情况视而不见？原因就在于决策者过于相信自己原来的认知与判断。尤其是当这种自信发展到狂妄的地步时，决策者就不可能相信那些跟自己的判断不相符合的东西。

在孟良崮战役中，张灵甫其实有很多机会可以逃过覆亡的命运，大量情报都显示华东野战军已经准备对他下手。但是，张灵甫始终认为解放军根本没有能力吃掉 74 师，因此将华东野战军准备围歼他的情报一概斥为虚妄。当一个指挥官因为偏见而失去基本判断能力的时候，最好的情报也没有价值。

拒绝倾听

雪上加霜的是，那些不愿意相信与自己的认知不相符的情报的决策者，还往往会发展到这样的地步：不仅闭上自己的眼睛，还堵住别人的嘴巴。因为不喜欢坏消息，所以连带不喜欢带来坏消息的人。

你肯定听说过“花剌子模的信使”这个故事吧？据说，中亚古国花剌子模有个奇怪的风俗：凡是给君王带来好消息的信使，就会得到提升；而那些给君王带来坏消息的人，则会被送去喂老虎。

在这样的组织中，慢慢就会形成这样的机制与文化：那些看到真相的人也不会再说出真相；决策者越来越听不到真实的声音，组织对真实世界的认知与反应能力，也就会越来越迟钝。

曾经有历史学家评论说：如果希特勒能够听取与他的判断不同的忠告，比如布劳希奇在敦刻尔克问题上、加兰在不列颠之战期间、曼施坦因在斯大林格勒战役时、隆美尔在阿拉曼战役之前、古德里安在库尔斯克会战之前，以及其他许多将领在其他场合提出的积极建议，德国将在战争中处于更加有利的地位。

但事实是，那些试图提出逆耳忠言的高级将领——哈尔德、蔡茨勒、古德里安、曼施坦因、克卢格——一个个都被希特勒革了职。越来越多看到真相的人开始保持沉默，德军的战争也越来越成为希特勒“一个人的战争”。希特勒的自欺欺人，最终将德国引向无可挽回的败局。

所有屏蔽刺耳声音的组织，最终一定都会付出惨重的代价。遗憾的是，这样的一幕在不同时代、不同类型的组织中，总在不断重现。

曾经的手机巨头诺基亚在手机业务上失败了，原因究竟是什么？欧洲工商管理学院（INSEAD）的研究者对76位诺基亚原高管人员、中层管理者、工程师和外部专家进行了访谈，得出的结论是：诺基亚是被“个性很强的领导人和胆小怕事、害怕说出真相的中层管理者”毁灭的。

一位中层经理讲了自己的经历。他在制作一个图表时，上司告诉他，要把小数点向右移动，这样才不会被骂。然后，上司就拿着这个改动后的图表，向高层做了汇报。这位经理说，有些时候，每个人都知道出了问题，但我们会想，为什么要向高管们报告这些呢？它不会使事情变好。

一层一层地隐瞒，一层一层地过滤，信息未能上达，坏消息都被屏蔽，真正的问题被掩盖。为了KPI，人们开始作假，中层向高层报喜不报忧，高层被蒙在鼓里，陷入信息茧房。核心决策层几乎丧失了基本的现实感，不清楚外面的世界正在发生什么，当然也就无法做出正确的决策。

直到诺基亚把自己卖给微软时，CEO还很困惑而委屈地说：我们没有做错什么。

高估自己优势导致的错觉、认知偏见导致的战略盲点，再加上听不到真实声音的组织文化，这三项之中有了任何一项，就可以让你无法看清真相。如果三项加起来，再好的组织也足以被毁掉。

管理认知的三条忠告

让你看不清这个世界的，更多的不是世界本身，而是人性。认识到人性的局限和人在认知上的非理性，反而会让你更好地看清自己以及你所在的世界。

要想实现准确的管理认知，你需要注意三条。

第一，始终保持清醒的危机和风险意识

李德·哈特曾警告将军们：“在战争中，最重要的一点是，不要低估敌人。”明茨伯格也警告企业家们说：“实验证明，企业的实际优势比想象的要小得多，而实际劣势却比想象的要大得多。”

过于谨慎和胆小当然成不了事，但更多的领导者沦为了狂妄与傲慢的牺牲品。几乎所有领导者都有一个共同的特质，就是他们向来不缺乏自信。所以，决策的失败，大部分不是因为高估了对手，而是因为高估了自己。

战争最大的特点就是，所有决策都关系到生死。孙子在他的兵法开篇就发出了这样的警告：“兵者，国之大事，死生之地，存亡之道，不可不察也。”要么生，要么死；要么存，要么亡。非常残酷，也非常直接，没有什么中间的余地。所以，你对背后的风险一定要高度清醒、高度冷静、高度理智，不能有半点儿马虎和大意。

很少有人会在商业世界中面临战争那样的生死问题，但在商业社会中，失败同样无所不在。商场与战场比起来，当然算得上温

情脉脉，但对于失败者来说，结果同样残酷无情。

所以，战争也好，商业也好，清醒地把握形势都是关系到组织生死存亡的关键。尤其是对于环境中潜存的危机与风险，一定要有足够的警惕、足够的估计。

志得意满从来是决策的大忌，危机意识才能使你保持清醒的头脑。曾国藩讲过自己打仗的亲身经验：“每介疑胜疑败之际，战兢恐惧、上下怵惕者，其后常得大胜；或当志得意满之候，各路云集，狃于屡胜，将卒矜慢，其后常有意外之失。”所以，曾国藩一生用兵，时时刻刻用“敬戒恐惧”提醒自己，保持一种如临深渊、如履薄冰的紧张与清醒，不敢骄，不敢怠，不敢慢。这使他始终可以对形势有着超出常人的清醒认识，从而保证在决策上不出现问题。

孙子也讲过一句话：“不尽知用兵之害者，则不能尽知用兵之利也。”如果你不能清醒把握行动背后可能存在的问题与风险，就没有办法真正把握行动可能带来的机会与利益。

贪婪是人性的组成部分，过于乐观也是人类的通病。二者叠加的结果是，人首先看到的往往是有利的、可行的方面，因而被貌似辉煌的前景所吸引，却忽略了那些不利的、不可行的因素。而最后让你一败涂地的，恰恰是那些为你所忽略的东西。只有清楚那些让你做不成事的因素，你才能真正享有该得的收益。

所以，孙子强调，在认知的时候，一定要先知“害”，再知“利”。在有利的因素面前，更要提醒自己有足够的风险意识。保持清醒，安不忘危，对困难和不利的因素有足够的估计，在最乐观的气氛中也能保持适度的悲观，这是高手在战略思维上的共同特质。

投资界有一句名言：永远不要以安全的未来收益来评估现在的价值。当你分析环境的时候，对困难的估计宁可充分一些。只有做好最坏的准备，你才能争取到最好的可能。

所以，好的管理认知，一定要从最困难、最复杂的情况着想，要估计多种可能，并制订多个方案，做好多手准备，从而保证不管遇到什么情况，都可以从容而积极地应对。

第二，始终保持对真实世界的感知能力

无论是在军队还是在企业，往往有这样的现象：领导者的层级越高，离真实世界就越远，就越难听到或看到真实的情况。所以，领导者要想掌握真实的信息，做出正确的判断，深入一线、与现实保持血脉相通的联系，就尤其重要。

对于战争中的将军们来说，战场是最好的情报来源，优秀的将军必须深入一线，因为战场的现场感觉远远要比成堆的抽象数据更有价值。

刘伯承拥有非凡的直觉判断能力。在这种能力的背后，是他久经沙场所积累的战争经验、在此基础上对现场事物的清晰体感，以及由此带来的对对手行动的深刻理解与洞察。因此，只需要一点点信息，刘伯承就可以激活自己的思维，仅凭直觉就可做出正确的判断，做到洞若观火。

在商业竞争世界里，保持对市场的真实感觉，对于决策者同样至关重要。

明茨伯格曾尖锐地指出："信息可以在不失真的情况下，集中起来发送给上级。这其实是一个经常实现不了的假设。"在信息层层反馈的过程中，领导者总是最后一个知道真相的。要打破这种信息的牢笼，领导者必须走到一线。在战争中，一线战场是最好的情报来源，同样，在商业竞争中，最好的情报来源一定是一线市场。

所以，尽管有了最先进的信息技术，沃尔玛的首席执行官还是会花相当多的时间去走访自己的门店，审视竞争的情况。索尼的出井伸之也喜欢在周末出没于东京的各个电器商店，与售货员、顾客谈论自己和竞争对手的产品。马云则习惯于到各个办公室转转，用他自己的话说，就是“闻味儿”。

《追求卓越》的作者汤姆·彼得斯把这种管理方法称作“走动式管理”。通过这样的走动，管理者就可以像优秀的将军一样，敏锐地把握市场的潜在变动和对手的深层意图，从而始终保持对真实情况的感知能力。

明茨伯格曾说：“只是坐在办公室里臆想战略，而不是在与实实在在的产品和顾客的接触中总结战略，是非常危险的事情。”

对于所有决策者来说，这都是极好的忠告。决策者一旦发现自己已经失去了对真实世界的体感，最好的办法就是，要么赶紧走出去、沉下去，要么赶紧辞职走人。否则，你注定离真相越来越远，同时带给组织的一定会是灾难。

第三，把认知变成一个持续、动态、开放的组织认知过程

战争的特点是什么？相信你已经很熟悉克劳塞维茨的那句话了：充满了不确定性。

1986 年，对克劳塞维茨思想情有独钟的美军，提出了一个描述当代战争环境的经典概念，这个概念今天也已被商界普遍接受。它就是所谓的 VUCA，有人把它翻译成“乌卡”。

第一个字母 V，代表的是 volatility，也就是易变性。事情变得非常快，变化又在催生新的变化。高度动荡和不断迭代，成了这个时代的基本特征。

第二个字母 U，代表的是 uncertainty，也就是不确定性。越来越多的事件难以被预先发现和提前准备，没有意外才是真正让人意外的，你无法把握和掌控所有的可能性。

第三个字母 C，代表的是 complexity，也就是复杂性。各种力量在相互影响，充满了矛盾和错综复杂的缠结。

第四个字母 A，代表的是 ambiguity，也就是模糊性，相互影响的方式和关系并不明确。因果关系混杂在一起，边界越来越模糊不清，泾渭分明、非黑即白越来越成为奢望。

环境是动态的、不确定的、复杂的，而人的理性与认知能力总是有限的。在充满变数的不确定环境中，人们对于大势的理解不可能一步到位。没有人能从一开始就看到结果，更没有人会一次性看清所有的过程和细节。但是，我们可以在行动中不断获取新的信息，从而调整自己的认知与策略。这才是我们在不确定环境下的认知常态。

在这种情况下，人的认知和行动不可能是割裂的，相反在很大程度上是一体的。认知的同时行动，行动的过程中产生新的认知。因此，人的认知过程注定是一个反复和持续的过程。你必须持续不断地调整和修正自己的认知，当你这样做的时候，对认知就会有一个更动态的看法。

在这种动态的认知过程中，你当然需要一个对大势的初步判断，以此作为认知的起点和框架。但是，你要清楚，这个判断是模糊的，也可能是错误的，还可能有多种不同的发展方向。所以，你需要去试探、去修正，根据环境的反馈不断调整预期方向，始终对多种可能性保持开放的心态，直到真正的方向开始逐步显现，你就可以一步步地收敛方向。然后，你根据所收敛的大方向去收集更多的信息，细化认知的颗粒度，最后做出真正准确的判断，形成真正可行的方案。

把认知看成一个持续进行的过程，而不是一蹴而就的过程，这个观点其实并不新鲜。毛泽东很早以前就讲过，在战争中，为了获得正确的认识，往往要经过“实践、认识、再实践、再认识”这样的反复循环。所以，认识战争情况的过程，不仅存在于军事计划建立之前，也存在于军事计划建立之后。计划作战是战争认识的第一个过程，实施作战是战争认识的第二个过程，两个过程同样重要。

计划作战就是作战计划建立之前对战争情况的认识过程。在制订军事计划时，首先要使用一切可能和必要的侦察手段，对敌我双方各方面的情况进行必要而周密的侦察和了解，要对得到的材料进行“去粗取精、去伪存真、由表及里、由此及彼”的思考分析，从中得出判断，定下决心，做出部署。

计划确立并付诸实行之后，就开始转入认识的第二个过程。毛泽东强调，“从开始执行起，到战局终结止，这是又一个认识情况的过程”。在这个过程中，第一个过程的认识是否符合实际情况，需要重新加以检查。“如果计划和情况不符合，或者不完全符合，就必须依照新的认识，构成新的判断，定下新的决心，把已定计划加以改变，使之适合于新的情况。”①

在毛泽东看来，战争中的各种矛盾有一个展开和暴露的过程，而且是不断变化的。因此，对战争中各种矛盾的认知，就不可能一次完成，而是必须通过战争的实践，使你的认知不断深化，并使你的认知过程贯穿于战争的始终，这样才能使你的主观认知与判

---

① 《中国革命战争的战略问题》，见《毛泽东选集》（第一卷），人民出版社，1991年。

断最大限度地逼近客观实际。

在这个过程中，每个人都可能犯错，也可能出现认知与判断的失误，哪怕是毛泽东这样的高手。1941 年下半年，毛泽东一度判断苏联到 1942 年可以打败德国，中国到 1943 年可以打败日本。1946 年，毛泽东也曾乐观地认为，国共之间有可能避免内战。

错误和失败本身就是动态环境中人的认知的组成部分。你所能做的，是尽量少犯错误，尤其是少犯根本性错误。更重要的是，万一犯了错，你能马上改正，并从错误中吸取教训。任正非讲过一句话："什么叫失败？你走了此路发觉不通，你告诉你的同志这条路走不通，咱们换条路走，那也是成功。在人类长河中，对未知的探索没有失败这个词。"

要做到这一点，前提是你必须始终保持开放的心态。苏格拉底说："我唯一知道的，就是我一无所知。"孔子也说："知之为知之，不知为不知，是知也。"

放下在认知上的"我执"，不要把自己的判断变成不可冒犯的东西。你要清醒地认识到，你肯定受制于人类固有的认知偏见。你得把自己的权力和角色意识以及由此带来的自尊心放到一边，否则它们会封闭你的心智。你还要把自己的认知与判断看成是开放的探索与学习过程，并根据不断变动的环境，经常审视自己的认知结论，同时也要学会允许别人挑战和质疑你的认知。所有的挑战、质疑和问题，都是帮你修正自己认知的好机会。能证明你的判断是对的，固然可喜。证明你错了，可能更加可贵。明智地承认自己的错误，坦然地接受自己的局限，恰恰是你突破认知偏见、打开认知边界的开始。

带领诺基亚"咸鱼翻身"的李思拓，在《偏执乐观》一书中说："永远不要迁怒于事实，尤其不要对那些指出事实的人勃然大怒。人们带来的消息越糟糕，你就越应该表示感激，这样才会鼓励他们今后也及时跟你分享'坏消息'。"

当然，这并不是说每一个质疑都一定正确，每一条意见都非得被认可，这正是你需要判断和决策的。一定有人看得比其他人更清楚、更正确，如果你是决策者，你必须对认知的结论做出决策并承担责任。

所以，在认知的过程中，你应该关心什么是对的，而不是谁是对的，更不是你才是对的。形成人人都可以参与认知的组织机制和文化，你就可以把你一个人的认知过程，变成组织的共同认知过程，进而变成组织学习和成长的过程。在一个持续、动态、开放的组织认知过程中，你和组织的认知也就会越来越接近事物的真相。

孙子有句名言："知彼知己者，百战不殆。"清醒的"知"永远是成功的"战"的前提。然而在现实中，"战"的过程总是激动人心的，"知"的过程却总让人觉得无聊。所以有太多人过多地关注了"战"这样的高光环节，却忽略了去反思自己和组织在"知"的层面上可能存在的问题，因而在管理中也就总是无法看清真相，从而犯了一个又一个致命错误。战争历史的教训告诉我们，作为管理者，在动荡而不确定的环境中，始终警惕人性中的认知局限，始终保持组织清醒的认知能力，比什么都重要。

主要观点

当一个指挥官因为偏见而失去基本判断能力的时候，最好的情报也没有价值。

所有屏蔽刺耳声音的组织，最终一定都会付出惨重的代价。

如果你不能清醒把握行动背后可能存在的问题与风险，就没有办法真正把握行动可能带来的机会与利益。

战场是最好的情报来源，优秀的将军必须深入一线，因为战场的现场感觉远远要比成堆的抽象数据更有价值。

没有人能从一开始就看到结果，更没有人会一次性看清所有的过程和细节。但是，我们可以在行动中不断获取新的信息，从而调整自己的认知与策略。

远离短期目标的陷阱：确定战略目标的三条原则

目标是战略的第一要素

二战时期有一个著名的“敦刻尔克大撤退”，但很多人并不知道，“敦刻尔克大撤退”还被人称为“敦刻尔克奇迹”。

1940 年 5 月 10 日，德国发起了对法国的攻势。德军迅速突破北部法军防线，然后势如破竹，先头部队 5 月 20 日便推进到了英吉利海峡，切断了南部的法军主力与北部边境地区盟军之间的联系。包括英国远征军在内的约 40 万盟军被德军三面包围，被迫退守敦刻尔克地区。敦刻尔克港因而成了被围盟军的唯一退路。

这个时候，德军的先头装甲部队离敦刻尔克只有 18 英里，甚至比被包围的盟军主力离港口还要近。对德军来说，攻占敦刻尔克、切断盟军的唯一退路，进而一举全歼这 40 万盟军，是分分钟的事情。

然而，就在胜利唾手可得的时候，戏剧性的一幕出现了：5 月 24 日，德军前线指挥官意外收到了希特勒下达的地面部队暂时停止前进的命令。这一停就是两天。

这项命令让担任突击任务的前线德军指挥官十分吃惊和沮丧。

德军先头装甲部队不得不在敦刻尔克城前停止前进，眼巴巴地看着英国人乘坐各种各样的大小船只，络绎不绝地从这个要塞撤走。

对于本来已经处于绝境中的盟军来说，这却是一个天下掉下来的逃生机会。希特勒的命令让被围盟军获得了关键的 48 个小时喘息时间。他们利用这个宝贵的时机加强周围防御工事，并开始从敦刻尔克海滩上大批撤离。

到 6 月 4 日，英国将 40 万盟军中的 33.8 万人从敦刻尔克撤到了英国，从而为 4 年后盟军的反攻保存了强大的有生力量。一旦远征军被全歼，将对英帝国形成致命的打击。因为这个时候英国本土没有值得一提的军队来代替他们。英国情报机构认为德军侵英迫在眉睫，而一旦德军入侵，英国根本没有陆军来抵挡德军。

古德里安后来回忆说："如果不是国防军总司令部反复阻止 19 军前进，那么敦刻尔克早就被我占领了，胜利也早就到来了。如果当时能在敦刻尔克俘虏英国远征军，那么战争的进程也就很难预言了。"另一位德军军官威廉 · 托马上将也痛心地说："希特勒毁掉了我们胜利的机会。"

4 年后，当英国首相丘吉尔从敦刻尔克上空飞过时，他回头对随行人员说了这样一句话："我永远也无法理解，为什么当初在敦刻尔克德国人没有消灭英军。"

这就是所谓的"敦刻尔克奇迹"。

希特勒的这一暂停前进的命令，后来被称为二战史上的一个难解之谜。希特勒为什么下了这样荒唐的命令？有解释说是希特勒有意放走英军，以便诱使英国与他签订停战协议。但正如不少学者早就指出的那样，这样的推断并不符合逻辑和事实。

其实德军发起攻势后，早在到达敦刻尔克之前，希特勒就下达过停止前进的命令。自从德军突破法国防线，希特勒就一直非常紧张，因为德军突破得太顺利了。德军前进得越顺利，敌人的抵抗越少，他也就越感到不安—— 一切似乎都太好了，简直不像是真的。

从德国陆军总参谋长哈尔德的日记，可以追踪希特勒的这种心理变化。5 月 17 日，也就是德军突破法军防线的第二天，哈尔德在日记中写下了这样的话：“相当不愉快的一天。元首神经紧张到了可怕的程度。他被自己的成功吓坏了，他害怕接受任何的机会，并尽量控制我们。”

也就在这一天，率领先头装甲部队向前突击的古德里安突然接到命令，要求他的部队停止前进。

5 月 18 日，哈尔德的日记记载，希特勒“对于南面侧翼的安全不断地表示忧虑。他大声怪叫着说我们会把整个战役都搞砸”。

直到哈尔德向他保证：后续的步兵军团已经构成了一道侧面的屏障，希特勒才同意让装甲部队继续前进。

当我们了解了开战以来希特勒的这种心理，就可以理解他为什么会在 5 月 24 日下达停止前进的命令了。

德军部队已经连续作战两周，大量的坦克出现了机械故障，装甲部队的实力遭到了严重削弱。加上装甲部队一直在以惊人的速度推进，把负责协同的步兵远远抛在了后面，孤军深入的装甲部队很容易受到盟军的南北两面夹击。而且在希特勒看来，敦刻尔克附近的地形不利于坦克作战，不利的地理条件很可能会给他的装甲部队带来重大损失。

希特勒向来非常珍惜他的装甲部队，他还要保存足够的坦克供未来作战使用。所以开战以来一直非常紧张的希特勒，到这个时候已经不敢再冒任何风险了。

一句话，不是消灭盟军被围的军队，保证德军装甲部队的安全才是此时希特勒优先关注的目标。

战争的目的有两个：消灭敌人，保存自己。这两个目的有时候是矛盾的，因为要想消灭敌人，你一定会付出代价。但经常又有这样的情况：只有消灭了敌人，你才能更好地保存自己。

如果此时希特勒优先选择的战略目标是消灭敌人，那么他所看到的将是极好的机会，德军也就会大胆地向敦刻尔克推进，切断盟军退路，直到全歼盟军。

然而当希特勒此时优先选择的战略目标是保存自己的时候，他所看到的全是各种各样的风险和不利因素，下达暂停前进的命令，也就不足为奇了。

敦刻尔克之战结束后，德军装甲兵团司令克莱斯特上将鼓起勇气对前来视察的希特勒说，德军在敦刻尔克失去的是一个天大的良机。希特勒的回答是：也许吧，但我当时的考虑是担心坦克部队会陷入佛兰德附近的沼泽地带，况且英国军队再也不会回来了。

希特勒错了，4 年之后，英国军队从诺曼底打回来了，并最终毁掉了他的帝国之梦。事实证明，在敦刻尔克叫停，是希特勒一生最大的错误。一位德军军官在若干年后回忆希特勒的决策时曾一语中的："在敦刻尔克，他贻误了整场战役的重要战机，忘记了这场战争的真正目的是不顾一切抢占英吉利海峡的海岸地区并封锁海峡。"

美国参谋长联席会议前主席麦克斯韦尔 · 泰勒将军给战略下过一个定义：战略 = 目的（追求的目标）+ 途径（行动方案）+ 手段（实现目标的工具）。这个定义非常简洁地揭示了战略的三大基本要素：目标、方案和手段。用通俗的话说，战略就是解决三个问题：做什么，怎么做，用什么做。

在这三大要素中，第一个要素就是首先你得知道你的目标是什么。手段和方案都是为目标服务的。战略目标的确定对战略成败至关重要。目标是战略制定的第一要素。目标是战略的起点和终点。战略是围绕目标而展开的。正确的目标选择，是正确的战略决策的第一步。目标选择错了，再好的方案和手段也没有用。目标的错误必然带来战略的错误，目标的混乱必然带来战略的混乱，目标的犹豫必然带来战略的犹豫，目标的不清只能将战略引入歧途。好的战略一定是清晰的目标导向的。

希特勒的故事告诉我们：首先要有一个远大而明确的战略目标，其次要持之以恒地动员所有资源，义无反顾地去实现这一目标。没有明确的目标，就很容易迷失在多变的环境中，糊里糊涂地丧失最好的机会。

在实际的管理中，你总会有多个目标，但一旦确定了核心目标，你就要不惜一切代价去完全实现它，不能两边顾。没有明确、坚定的目标，你就无法制订长期和短期计划，更谈不上有效的执行。目标摇摆不定是无法让你成功的。

战略决策本身就具有两难性，总会给你带来犹豫不前的理由。一方面战略具有很强的前瞻性，因而一定带有冒险的性质，一旦失败或失误，大量的资源就可能血本无归；但另一方面，如果你不集中力量全力投入，你就可能无法形成战略上的优势和突破。所以克劳塞维茨曾说，战争总是带有赌博的性质。对一个人来说，掌握好大赌的时机和分寸，是对战略能力的巨大考验。所有人都会经历大赌的时刻。而是否敢于在关键的时刻全力以赴，往往是大成者与平庸者的区别之所在。

可行性是战略目标的首要标准

从战争的角度来看，确定战略目标，你应该遵守三条基本的原则：可行性是战略目标的首要标准，切忌同时追逐多个目标，一定要远离短期目标的陷阱。

确定战略目标的第一条原则是：可行性是战略目标的首要标准。美国为什么输掉了越南战争？就是因为它违背了这一条。

越南战争是美国历史上持续时间最长的战争，历时 12 年。美国先后派遣了 250 多万人到越南，其中 54 万是地面部队。美军战死 5.8 万多人，受伤 10 多万人。整场战争美国耗费近 3000 亿美元，消耗弹药 760 万吨，相当于二战时美军消耗弹药的 3 倍。

可以说，美国除了没有动用原子弹外，什么样的高尖端武器都动用了。这样的优势，足以保证美国在战役上的胜利。然而，美国打赢了几乎每一场战役，最终却还是输掉了整场战争，一个重要的原因是，美国人是为了一种不现实的目标而进入战争的。无论赢得多少场战役，一旦战略目标错了，结果都只能是满盘皆输。

基辛格曾经说过，越南战争是美国历史上“最漫长”、“最遥远”、与美国的“直接利益最没有明显关联”的战争。美国在越南实际上并没有重要的经济和战略利益，南越倒向共产主义并不会对美国的安全构成危险，也不会改变全球战略平衡。从美国本身的利益来说，本来是可以不介入，也不应该介入这场战争的。

美国之所以介入越战，原因是二战以后，美国把自己当成了所谓“自由世界”的领袖，从而把保卫“自由国家”、遏制共产主义扩张的责任揽到了自己身上。因此，美国决心对任何地方出现的所谓“共产主义威胁”进行干预。在美国看来，如果美国不能帮助南越阻止共产党的“侵略”和“颠覆”，就会鼓励共产主义的“侵略”气焰，使其更加“胆大妄为”，“征服”其他国家。

美国总统艾森豪威尔曾经提出著名的“多米诺骨牌”理论：“你竖起一排多米诺骨牌，推倒第一块，最后一块肯定也会迅速倒下。因此一旦开始瓦解，就会产生最深远的影响。……这一损失（也就是南越被共产党控制）带来的后果对自由世界来说将是难以估量的。”

所以美国不能让第一块骨牌倒下。打着遏制共产主义扩张的旗号，美国自身在越南并没有直接利益，却在法国殖民者撤出越南之后，承担起了维持南越政权的重担。然而，越南现实的复杂程度远远超出了美国人的想象。

在军事上，美国的军事力量没有办法对付越南共产党所发动的人民战争，什么叫人民战争？除非你把人民统统消灭，否则你永远也赢不了。

在政治上，南越政府的黑暗统治使其完全失去了人心，甚至连出家人都用自焚来抗议这个政府。美国人发现自己所支持的是一个完全扶不起来的反动政权，有再强的军事手段、再多的战场胜利也没有用。把自己同南越政权绑在一起，只能使美国人与南越政权一起失去民心。由此出现的悖论是什么呢？美国越干预，共产主义反而越受欢迎。

在外交上，由于担心中国和苏联的干涉，美国人只能进行战略轰炸，却不能把地面战争扩大到越南北部。但没有地面战争，美国就征服不了越南共产党，征服不了越南共产党，美国也就结束不了战争。

所以美国人进入越南之后才明白，他们所打的竟然是一场注定无法赢，但又绝对不能输的战争。因为输掉战争就意味着美国无敌的声望，在盟友以及追随者中会受到极大的伤害。

既不能赢，又不能输，美国就只有一个办法，在越南投入越来越多的资源，以至到了孤注一掷的地步，目的就是向全世界和他们自己证明美国强大无比。这样一来，不断投入资源以维持美国力量的可信性，维护美国在盟友面前的信誉，便代替最初的遏制共产主义，成了当时美国唯一的战争目的。

美国由此犯了二战结束之后最大的一个战略错误：任何一个理性的决策者都会权衡代价和收益，并选择性地、有重点地使用自己的力量，但遏制共产主义扩张这个雄心勃勃的目的，让美国人把自己的战略资源，不是投放在全球真正具有战略价值的核心地区，而是投放到了越南这样一个对全球战略平衡几乎没有什么影响的边缘性地区。

更要命的是，一旦开始了投入，在明知无法取胜、代价远远超出收益的情况下，为了维持信誉，美国就不得不咬着牙不断地加大赌注，由此就在战略上深陷越南而不能自拔。

然而任何国家的资源都是有限的，美国这种以不惜代价维护面子为目的的政策注定是不可能持久的。在越南资源的消耗削弱了美国在全球范围遏制苏联的能力，并导致美国全球战略地位的下降，国内的反战压力也越来越大。

面对对越南的干涉已经不可能持续的现实，既退出战争又避免失败丢脸，就成了美国在越南的首要目标。尼克松时期的国务卿基辛格说:“在我看来，重要的是美国不被羞辱，不被打垮，选择一种反战者事后也会认为体现了美国的高贵和自尊的方式离开越南。”尼克松的“越南化”的战略就是这样提出来的。

在尼克松政府的盘算中，“越南化”战略可以制造一个美国撤军和南越倒台之间的间歇期，让南越而不是美国承担失败的责任，从而维护美国的国家自尊和在盟友面前的面子。为此，美国不能在战事不顺时撤出越南，相反，应该通过短期强有力的军事行动制造战事顺利的表象，迫使越南共产党坐到谈判桌上签订停战协定，给美军以体面离开越南的台阶。这实际上是一种自欺欺人的战略，并不是为了，也不可能挽救南越政权，只要美国能够避免丢脸的失败就行。

1973 年，美国在签订停战协定两个月之后，不顾一切地全面撤出了越南。两年之后，越南共产党发起总攻，南越政府随即垮台，越南战争最终结束。

从开始宽泛的遏制共产主义的扩张，到中间维护美国自身的声誉，到只求避免丢脸的失败，再到最后不顾一切脱身，美国在越南战争中的目标越来越降格以求，越来越颜面尽失。这场雄心勃勃的战争，最终还是以耻辱性的退出而告终。

在美国历史上，越南战争是时间最长也最不得人心的一场战争。越南这个被基辛格称为四等国家的小国，让美国付出了沉重的代价。越南战争大大地消耗了美国的实力，改变了冷战的态势，使美国在美苏冷战中，由强势的一方变成了弱势的一方。越南战争给美国人留下了巨大的精神创伤，很多老兵出现了所谓的越战综合征，在很长时间里难以痊愈。越南战争还结束了美国战后 25 年的经济繁荣，使美国的经济状况急转直下。越南战争是美国人的滑铁卢。

越南战争的关键决策者是1961—1968年担任美国国防部长的麦克纳马拉，以至美国有人把这场战争称为“麦克纳马拉的战争”。这位被称为“生活在无所不能的社会和无所不能的时代中的无所不能的人”，是在越南战争注定失败的无限沮丧中离开五角大楼的。在沉默了近20年后，他在回忆录中以这样的形式表达了他对进入越战的忏悔：“我们错了，大错特错。”

李德·哈特曾经说：“军事智谋的第一个特征，就是要有能力区别哪些能够办到和哪些不能够办到。”所以，区分能办到的和不能办到的，是确定理性的战略目标的前提。目标要远大，但只有建立在合理判断的基础之上的目标才能实现。美国人在越战中之所以失败，首先是因为他们的目标从一开始就错了。

所以，战略的艺术，不仅仅在于找到实现目标的手段，更要首先确定你的目标是现实可行的。可行性是确定战略目标的第一条要求。确立目标首先需要理性的分析，理性的目标才有实现的可能。不切实际的目标只会让你进入一场你付出惨重代价却永远无法打赢的战争，甚至会让你成为笑话。

切忌同时追逐多个目标

确定战略目标的第二条原则是：切忌同时追逐多个目标。在这个问题上，巴巴罗萨计划提供了最好的教训。

巴巴罗萨计划是二战时期希特勒入侵苏联作战计划的代号。入侵苏联在希特勒征服世界的战略构想中是至关重要的一个环节。在希特勒看来，打垮苏联，占领苏联的国土，可以从苏联取得德国在战争中急需的巨大资源，包括粮食、石油还有廉价的劳动力，可以极大改善德国的地缘战略困境，还可以进一步孤立大英帝国，迫使英国放弃抵抗的最后希望而不得不屈服于德国。

然而，不祥的预兆在制订计划的过程中就已经出现了。关于战略目标的选择，希特勒和他的将军们从一开始就出现了巨大的分歧。

按照陆军总部以及军方高级将领的设想，德军对苏作战的目标，首先应该是摧毁苏联红军的作战能力。而要摧毁苏联红军，就要以莫斯科为主要打击目标。

军方的理由是这样的：莫斯科是苏联的权力中心，丢掉莫斯科将给苏联的统治者带来极大的震撼，苏联人是绝对不敢冒丢失莫斯科的风险的；莫斯科还是苏联的工业中心之一，莫斯科周围及其东部地区的装备工业一旦丧失，苏联的战争经济将会遭到严重的损失；从战略上讲，莫斯科又是苏联最重要的交通枢纽，一旦丢失，苏联的军队调动就会陷入极大的困难；因此，苏联人一定不得不集中尽可能强大的部队来保卫首都。向莫斯科发动决定性打击，是摧毁苏联军事力量的最佳选择。

但是希特勒并不同意这种判断。与将领们关注军事目标不同，他更关注政治和经济目标。

从政治上来说，他认为应该占领苏联北部的列宁格勒。这里是布尔什维克的摇篮，攻占列宁格勒会对布尔什维克形成致命的精神打击，同时可以与盟友芬兰的军队会合。

从经济上来说，目标应该是占领苏联南部的主要粮食产地乌克兰和主要的工业基地顿涅茨地区，以及苏联的主要石油产地高加索油田。占领这些地区，就可以使苏联的战争经济陷入瘫痪，同时使德国取得最宝贵的战争资源。

军方关注的首先是军事目标，希特勒关注的首先是政治目标和经济目标。军方想在战线的中央寻求决战，而希特勒则希望从南北两翼发起进攻。争论的结果，是采取了折中的方案：把三个目标都纳入作战计划之中。

由此形成的作战方案是组建三个集团军群。北方集团军群由冯·勒布元帅指挥，下辖第 16、第 18 集团军，以及第 4 装甲集团军，目标是占领列宁格勒。中央集团军群由冯·博克元帅指挥，下辖第 4、第 9 集团军，以及第 2、第 3 装甲集团军，目标是进攻莫斯科。南方集团军群由伦德施泰特元帅指挥，下辖第 6、第 17 集团军，以及第 1 装甲集团军，目标是攻占乌克兰和高加索地区。

你一定能看出这个兵力配置的问题吧。同时追逐三个目标，除非德军在每个方向上都对苏军有绝对的优势，否则一定会有目标无法实现，甚至最坏的情况是一个目标也达成不了。

对于军方所关注的目标而言，尽管进攻莫斯科的中央集团军群得到了两个装甲集团军，因此作战能力要超出其他两个集团军群，但按照陆军总部原来设想的应该主要用来进攻莫斯科的兵力，由此也被分散到了三个方向。这无疑会对军方的目标，也就是给苏军决定性打击，造成不利影响。

然而这还没有完。对军方的战略目标来说更致命的是，在斯摩棱斯克会战以后，中央集团军群的兵力再一次被分散。

德军对苏联的入侵是 1941 年 6 月 22 日发起的。由于苏联完全没有准备，德军长驱直入，势如破竹，三个集团军群的进展都非常顺利。到 7 月中旬，中央集团军群已经攻占了战略要地斯摩棱斯克，此时到莫斯科的距离已经走完了三分之二，陆军总部摧毁苏军作战力量的目标看起来即将实现。

然而，就在斯摩棱斯克会战还在进行的时候，希特勒就迫不及待地颁发了第33号训令。训令的内容是调动中央集团军群所辖的两个装甲集团军去执行新的作战任务。其中古德里安的第2装甲集团军与南方集团军群合作，向南运动，对基辅附近的苏军进行包围。霍斯的第3装甲集团军则向北转进，切断列宁格勒和莫斯科之间的交通线，并帮助北方集团军群进攻列宁格勒。

对于陆军总部和中央集团军群来说，这打击简直不能再沉重了。因为这意味着中央集团军群将不得不只依靠步兵部队扼守大约450英里宽的正面，而把自己最精锐的两个装甲集团军交给北方和南方两个集团军群。这也意味着中央集团军群本来已经分散的兵力，会更加分散，由此必然导致原定的在莫斯科给红军以决定性打击的目标完全无法实现。

集团军群司令博克元帅在两位装甲集团军司令古德里安和霍斯的支持之下，力主继续集中全力向莫斯科进攻，但希特勒却坚持他的意见。而且，他还提出来，为了保护罗马尼亚的油田不被苏联的空军轰炸，德军还有必要再占领克里米亚。

从1941年8月4日到21日，连续17天内，宝贵的时间都浪费在对目标问题的反复争论上了。可是希特勒依然固执己见。

8月31日，希特勒发出了第34号训令。前线的将领不得不遵从元首的指令。于是中央集团军群的兵力再次被分散，用于完成三个完全不相关的目标。

最后的结果大家应该知道了，由于兵力不足，希特勒夺取列宁格勒和高加索油田这两个战略目标都没有实现，而陆军总部原定的攻占莫斯科、摧毁红军主力的目标也落空了。

空军元帅凯塞林后来在回忆录中说："假设斯摩棱斯克会战结束之后，只停留一个合理的喘息时间而后继续向莫斯科前进，那么照我的意见看来，在冬季来临之前和在苏联西伯利亚部队赶到之前，莫斯科可能已经落入我们的手中。莫斯科的被占领是具有决定性的，整个的苏联欧洲部分都已经与其亚洲部分的基础切断了联系，于是在1942年再攻占列宁格勒的重要经济中心顿涅茨盆地以及迈科普油田，都将会是一个不难解决的问题。"

这个观点基本代表了军方的普遍看法。背后的战略逻辑是：占领苏联的政治和经济目标无疑也具有重要的战略意义，但要想占领和守卫这些地区，前提是要给苏联红军以决定性的打击。而对红军主力的决战，只能在通往莫斯科的路上才有机会实施。

但是这一切都不可能了。巴巴罗萨计划失败的结果是，德国对苏联的入侵不但没有改变其战略态势，反而使自己陷入更为艰难的两线作战的困境之中。

在有强大对手存在的情况下，同时追逐多个目标，是战略的大忌。战略上的一条原则是，你要知道自己要什么、不要什么。你要知道你先要什么、后要什么。你必须识别出什么才是你当前真正的关键性战略目标，然后按照轻重缓急进行目标排序。为此，要暂时放弃其他目标，才能保证关键性战略目标的达成。

因此，在资源相对有限的情况下，在同一个时间，主要的战略目标只能有一个，不能有两个或两个以上。你可以有两个或两个以上的目标，你可以在实现一个目标之后再实现另一个目标，但关键性的目标，在同一个时间，只能有一个。什么都想得到的人，很可能什么都得不到。

远离短期目标的陷阱

确定战略目标的第三条原则是：一定要远离短期目标的陷阱。在这方面得到教训最深刻的，可能是太平天国的决策者们。

太平天国从广西金田起义之后，一路所向披靡，从广西打到湖南，从湖南打到湖北，并占据了湖北省城武汉。在武汉，太平军内部围绕下一步的战略目标产生了分歧。当时主要有两种意见：一是以天王洪秀全为代表，主张北进中原，“欲取得河南为业”，也就是以河南作为大业的基础；一是以东王杨秀清为代表，主张进军南京，“专意金陵，据为根本”，一心打下南京，作为根据地。

两种意见相持不下，最后杨秀清假托上帝下凡，才结束了争论，决定采取第二种意见。

实事求是地说，当时河南方向清军兵力较强，长江下游兵力空虚，而且太平军在前面的作战中，刚刚获得了数以万计的船只，编成了水营，沿着长江顺流而下向东发展，正好可以充分发挥这些战船的优势。如果北上中原，那么水营的优势就无法发挥，反而只能丢掉，显然不是最佳的选择。所以东下江南、夺取南京，在当时来说，应该不失为一个稳妥、有利、可行的战略选择。

果然，太平军沿江东下后势如破竹，很快就一举攻下南京，并将之改名为天京，定为太平天国的都城。这就是太平天国历史上的定都天京。

然而，让人没有想到的是，匆匆忙忙定都天京，却给太平军带来了巨大的问题。

定都本身不能算错，定都可以释放出与清政府正式分庭抗礼的信号，可以鼓舞人心，可以号召天下。那么错在哪里呢？错在太平天国的领袖们定都背后的动机和目标。

洪秀全急于建都，一个根本的原因，就是急于享受皇帝之福，用洪秀全自己写的诗说：“一统江山图已到，胞们宽草任逍遥。”一统江山的宏图已经实现了，兄弟们可以放心逍遥自在地享受了。

已经一统江山了吗？太平军所占的南京，当时只是孤城一座而已，周长只有50多里。就连南京周边的大部分地区都不在太平军控制范围之内，更不用说当时中国90%以上的国土还在清政府的统治范围之内，所以有人嘲讽说“一统江山五十七里半”。五十七里半的首都，算哪门子首都？五十七里半的江山，算哪门子江山？

太平军过早定都天京，带来了一系列严重的战略后果。

第一，天京既然成了太平天国的首都，拱卫天京从此就成为太平天国整个战略决策的出发点。所以定都天京后太平军所有的军事行动，除虚晃一枪的北伐之外，基本上都是为拱卫天京而战。太平天国从此以后，就由起义之初的战略进攻，过早地转入了战略防御，从而失去了当年的凌厉攻势。这就给了清军一个宝贵的喘息之机，清军因此从最早的混乱之中恢复过来，开始利用掌握全国资源的优势，从容不迫地调集各地的兵力，组建新的军队，组织新的防御。尤其是曾国藩的湘军练成之后，成了太平军最致命的对手。

第二，定都之前，太平军采取的是流动作战方式，清军始终无法把握太平军的战略方向，只能跟在太平军的后面跑，步步被动。但定都天京之后，太平军的作战方式由流动变为固定，清军也就有了明确的打击目标。清军由此确定了以天京为主攻方向的战略部署，集中全国的兵力进攻南京，曾国藩更是制定了“顺江而下、以上制下、克复金陵”的战略。太平军也就由此失去了战略主动权，陷入全面被动的困境。

第三，更要命的是，定都天京之后，太平天国自己反而陷入大业已成的虚幻之中。在整体上敌强我弱的大格局还没有改变的情况下，太平天国内部却滋生了严重的骄傲轻敌情绪，以为定都之后天下便可传檄而定，从而志得意满，失去了当年的进取之心，从此开始在所谓的“小天堂”争相享受荣华富贵，进而争权夺利，自相残杀，上演了一幕天京事变的悲剧。好端端的事业，最终毁于一旦。

其实当时太平军占领南京后，战略机会是非常好的，当时清军根本来不及调动足够的兵力防卫北京。如果太平军能够乘胜北上，很可能会直捣北京，推翻清朝的统治。

有人曾经分析说：“洪秀全陷金陵，欲长驱北犯，斯时河以北未设防，一无坚城，大局几不堪设想。”曾经参加太平天国革命的一位英国人也评价说，太平军占领南京后，“如果天王不让敌人有时间喘息，从惊慌失措中恢复过来挽回颓势，而集中兵力直捣北京，那么毫无疑问，他的光辉灿烂的胜利进军就会使他几乎不遇抵抗地占领京师。”

太平军内部有一个将领叫罗大纲，这个人是有战略头脑的。他曾经坚决反对定都天京。他警告说：“天下未定，乃欲安居此都，其能久乎？吾属无噍类矣！”天下还没有底定，就想在这个地方定都享受，哪是长久之计？我们这些人都要完了！

可惜洪秀全看不了那么长远。还没有取得决定性胜利，他就以为大业已成，最终的结局是城破家亡，他的天国事业，也以悲剧性的失败而画上句号。

定都天京，是一个典型的因为短视而白白糟蹋了最好的战略机会的例子。可惜的是，洪秀全式的短视，无论是在战场上还是在商场上，都屡见不鲜。

当年项羽占据关中后，有一位叫韩生的人给项羽献策说："关中地区地势险要，有山河为屏障，又土地肥沃，在此建都，霸业可成。"项羽却说了这样一句话："富贵不归故乡，就好像穿着锦绣的衣服却在夜间走路一样，别人怎么能看得出来呢？"韩生当时就知道项羽成不了气候："人家都说楚人沐猴而冠，果然如此！"

刘邦手下的英布后来起兵造反，有一位叫薛公的谋士给刘邦分析说，英布有上中下三策可选，取上策刘邦就危险了，取中策鹿死谁手不好说，取下策就不足为虑。但英布当年是骊山刑徒出身，并没有长远的眼光，肯定是会取下策的。后来果然正如薛公所料，英布取了下策，很快兵败身死。

你看，眼光决定命运，眼光短浅的人是不会有未来的。

商场也是如此。苹果公司的目标曾经是"改变世界"，但董事会和管理层的短视迫使乔布斯离开了苹果。乔布斯离职后，苹果的目标变成了赚钱：赚大钱，赚快钱，什么钱都赚，怎么赚钱怎么做。在4年内，苹果确实成了美国最会赚钱的公司。但"只会挣钱"的结果是苹果很快在战略上迷失了方向，沦为一家用品牌换市场的公司，差点被人收购，直到乔布斯重新回归。

德国名将曼施坦因曾经警告军人们说："一个军事指挥官的眼光必须要越过第一次的接触，而把它定在最后目标之上。"战略的短视一定会带来急功近利的短期行为。只看到眼前的利益，缺乏长远的眼光，会让你糟蹋掉最好的战略性机会。一味地追逐短期目标，就会成为投机者，即使精于算计、苦心经营，也无法走得长远。目光短浅永远与战略思考背道而驰，远见才是战略家最宝贵的品质。与战术性的选择不同，战略性的决策意味着围绕长远目标进行长期的投入。要有长远的眼光和控制能力。没有眼光，眼前就是你的世界。拥有眼光，世界就在你眼前。远离短期目标的陷阱，对管理者们来说也就至关重要。

主要观点

战略就是解决三个问题：做什么，怎么做，用什么做。

确定战略目标，你应该遵守三条基本的原则：可行性是战略目标的首要标准，切忌同时追逐多个目标，一定要远离短期目标的陷阱。

战略的艺术，不仅仅在于找到实现目标的手段，更要首先确定你的目标是现实可行的。可行性是确定战略目标的第一条要求。

在资源相对有限的情况下，在同一个时间，主要的战略目标只能有一个，不能有两个或两个以上。什么都想得到的人，很可能什么都得不到。

战略的短视一定会带来急功近利的短期行为。只看到眼前的利益，缺乏长远的眼光，会让你糟蹋掉最好的战略性机会。一味地追逐短期目标，就会成为投机者，即使精于算计、苦心经营，也无法走得长远。

平庸的方案产生不了伟大的胜利：如何构思一个好的行动方案

你为什么需要一个好方案

战略决策涉及三个问题：一是分析事物的当前状况，二是思考事物应达到的理想状况，三是找到最有效的办法来实现该理想状况。战略其实就是用你可得的手段，采取最佳的方案，来达成你理想的目标的艺术。

如果说战略的第一要素是目标，那么第二要素就是方案。目标解决的是“做什么”，方案解决的是“怎么做”。要想顺利达成你的战略目标，一定需要好的行动方案。好的方案是成功的一半。好的方案才能让你更好地达成目标。战略的艺术，很大程度上就是构思行动方案的艺术。

曼施坦因计划的例子，很好地告诉我们，好的方案为什么这样重要。

1940 年，德军即将发起对法国的入侵。当时德军的主要突击方向从南向北，可以有三个选择：南部的法德边境，中部位于法国、卢森堡、比利时之间的阿登山区，北部的比利时、荷兰和德国边境。德军陆军总部的分析是这样的：

在南部的法德边境，法国早就构筑了著名的马其诺防线，德军肯定不能从这个方向发起进攻。

中部是阿登山区，这一带山路崎岖，遍布森林，不利于德军发挥大规模装甲部队的优势，也不适合作为主攻方向。

北部的比利时、荷兰和德国边境，比利时和荷兰是低地国家，地形以平原为主，非常适合装甲部队从这里突破。

陆军总部根据这个分析，制定出了德军入侵法国的作战方案。具体来说，就是从北向南，将进攻部队分为三个集团军群：

以 B 集团军群配属强大的装甲集群主力为进攻的右翼，从北部的比利时、荷兰方向实施主攻。

以 A 集团军群为进攻的左翼，从中部的阿登山区方向实施助攻，掩护 B 集团军群的攻势。

以 C 集团军群部署在南部的马其诺防线实施佯攻，以牵制正面的法军。

这个方案从战略的角度来说，几乎是无懈可击的。德军的闪击战能否成功，要取决于装甲部队的行动。而比利时、荷兰这些低地国家的地形最利于装甲部队突破。因此，无论是德国陆军总部，还是盟军统帅部，当时的敌对双方都不约而同地认为，对于德军的进攻来说，这是唯一的选择，不可能有别的方案。

所以，英、法、比、荷四国组成的盟军在战争爆发之前，就已经做好了准备，将 40 万大军部署在法国北部和比利时境内，准备在这里挫败德军的主要进攻。

但就在这个时候，德军内部有人对这个方案提出了不同意见，这个人就是当时担任 A 集团军群参谋长的曼施坦因。

曼施坦因的全名是埃里希·冯·曼施坦因。你要是喜欢二战史，一定读过或者听说过他的回忆录《失去的胜利》。曼施坦因被公认为是二战时期德军中最具有战略头脑的一个人。

曼施坦因对陆军总部的作战方案提出了质疑。在战争中，如果你的方案已经被敌人猜中了，那么你的主攻方向必然会是敌人重点设防的方向，结果也一定会是一场硬碰硬的消耗战，很容易打成僵局。进攻这一方即使取胜，也要付出惨重的代价。这样的方案也就只是一个平庸的方案，而平庸的方案最多只能取得平庸的结果。

你看，这一点很重要：平庸的战略方案，一定不会产生出最伟大的胜利。

前面说过，陆军总部制订这个方案的一个前提，就是坦克集群不可能在阿登山区进行大规模的运动。曼施坦因却偏偏从这个常人认为的不可能中看到了机会。

他请教了坦克专家古德里安，并得到了一个明确的回答：坦克集群通过阿登山区的问题，从技术上来说完全可以解决。

在此基础上，曼施坦因提出了一个大胆的方案——将原来配属给B集团军群的装甲集群主力，转给A集团军群，并改为以阿登山区为主要突击方向。突破法军防线后，直插大西洋海岸，从而将法国一分为二，并切断法国北部和比利时境内的盟军的后路，进而与B集团军群一起，包围并全歼盟军主力。

陆军总部认为曼施坦因的这个想法简直是异想天开，原因很简单，阿登山区根本不适合坦克作战。陆军总部因此断然拒绝了曼施坦因的建议。曼施坦因反复与陆军总部争论，结果陆军总部烦得不得了。为了彻底断了他的念头，干脆解除了他的A集团军群参谋长的职务，让他做了步兵第 38 军的军长。

依照惯例，上任之前曼施坦因要谒见希特勒接受训示。不甘心的曼施坦因乘机将自己的方案面呈给希特勒。希特勒非常欣赏，曼施坦因计划起死回生，德军攻击的重心移到了 A 集团军群。

后来的故事大家都知道了，英法军队认为，德军是无论如何都不可能从阿登山区发起主攻的。所以，当阿登山区的德军已经突破马斯河的时候，英法军队还坚持认为，德军在这个方向的行动只是小股渗透而已。德军的主攻，一定会从北面的比利时方向发起。英法军队是如此自信，以至直到德军发起进攻的 10 天以后，丘吉尔还在向英国人保证：一切都在控制之中，法国的战线是坚固的。

但丘吉尔很快就意识到德军的所谓“小股渗透”远远不是一小股，而是由 8 个装甲师组成的 3 个集团军。渡过马斯河后的德军装甲部队像潮水般涌入法国。丘吉尔差一点不能及时下达敦刻尔克撤退的命令。

在 1940 年的法国战役中，德军并不像人们所想象的那样具有压倒性的优势，实际上法军无论从兵员规模还是坦克数量上，都优于德军。但因为采取了曼施坦因计划，德军的行动完全出乎盟军意料之外，从而充分发挥出了闪击战的优势，最终仅用了 36 天的时间，就一举打垮了法国。

战争既是力量的对抗，更是智慧的对抗。战争史上那些伟大的胜利，往往不是依靠强大的实力，而是依靠战场的选择、战机的把握、战术的灵活以及行动的突然性等等，一句话，依靠高明的方案，最大限度地发挥出自己的优势，最大限度地利用对手的劣势。

这就是战略方案的价值。方案的核心是行动的序列和资源的分配。在很大程度上，方案的选择最终决定了你达成目标所要付出的成本。差的方案会让你无法达成目标，即使达成目标也要付出惨重的代价；平庸的方案产生不了伟大的胜利；而好的方案不只可以让你赢，而且赢得漂亮。

了解你的对手，了解你自己

制订一个好方案并不简单。合理地分配和使用资源，形成可以打胜仗的行动方案，是战略决策的核心。这个环节最能考验你的战略水平。

好的行动方案有三个要素：好方案的前提是知彼知己，好方案的灵魂是出其不意，好方案的原则是简单易行。

方案制订的第一条要求，是知彼知己。只有在充分吃透双方优势劣势的基础之上通盘考虑你的目标，才能找出达成目标最有效和最实际的方法。知彼知己是形成好方案的前提。要形成好的方案一定要在知彼知己的基础上进行仔细计算，而不是漫无目的地碰运气。

西方战争史上最经典的战例，是坎尼会战。

公元前 216 年，罗马共和国两名执政官保卢斯和瓦罗，率领 8 个罗马军团以及同等数量的同盟军队一共 8.7 万人，与迦太基统帅汉尼拔率领的 4.4 万人左右，在意大利半岛东南部的坎尼附近对峙。

罗马人在坎尼城外一块小平原上摆出了决战阵形。除留守大营的一个军团之外，其余的 7 个罗马军团分别依托左边的山地和右边的河流，组成了厚实的步兵方阵，并以6000骑兵作为两翼，保护中间的步兵主力。左翼是2400名罗马骑兵，右翼是3600名同盟骑兵。

这是一个经典的罗马方阵。目的就是在两翼骑兵的掩护下，以步兵组成的罗马军团发起强大的中路攻击。罗马军团装备精良，训练有素，几乎所向无敌，只要发起正面攻击，没有军队能够抵挡他们的攻势。

汉尼拔面临着巨大的挑战。战争已经不可避免，罗马人有两倍人数的优势，并且已经主动选择了战场。汉尼拔以前赢罗马人，靠的都是出奇制胜，但这次他既没有办法伏击，也没有办法迂回，只有一个选择，就是正面作战。

问题是，汉尼拔只有3万多步兵，其中久经沙场的老兵只有1万人，其余的步兵战斗力都很弱。面对近7万人的罗马军团，不用说突破罗马人的战阵，能挡住罗马人的冲击就已经是万幸了。

罗马人的意图很明显，就是打一场罗马人最擅长的步兵战，迫使汉尼拔的弱势之旅承受罗马军团的正面碾轧。形势和力量对比对汉尼拔很不利。

但是汉尼拔也有优势，那就是他的骑兵。罗马向来以步兵见长，骑兵力量相对薄弱，但骑兵却是汉尼拔的撒手锏。从人数上来说，汉尼拔的骑兵也以1万人的规模胜出罗马的6000人。这就使罗马人的布阵也存在着一个致命的弱点，就是尽管它的正面非常强大，但它用骑兵来掩护的两翼却是薄弱的。只要清除了罗马人的骑兵，罗马人步兵方阵的两翼也就完全暴露了出来。

汉尼拔决心利用自己的骑兵优势，从打败罗马的骑兵下手，设计出打败整个罗马军团的作战方案。

但摆在汉尼拔面前的最大挑战，是如何部署自己的步兵，才能保证自己的方阵不被优势的罗马军团冲垮，进而打败罗马人。这显然是作战方案的关键。

汉尼拔把他的步兵，摆出了一个奇怪的新月形战阵。他把相对较弱的那些步兵部署在中路，并形成了一个向前突出的新月阵形，准备承受罗马军团最强大的中路进攻的压力。战斗力最强的一万老兵，则分为左右两翼，分别以梯次配置，部署在了中路的两侧偏后。

汉尼拔很清楚，他放在中路的这些步兵是挡不住罗马人的正面攻势的。在罗马军团的压力之下，他的中路必然会步步后退。而汉尼拔的步兵人数有限，他没有多余的部队在中路部署二线、三线的兵力。

这个向前突出的新月阵形就是为了给中路提供足够的纵深，从而形成足够的防御弹性，使中路步兵通过且战且退，以空间换时间的方式，最大程度上延长中路防线所能坚持的时间。

为什么要把战斗力最强的老兵部署在中路的两侧偏后呢？随着汉尼拔中路的后退、罗马人的前进，两侧老兵的位置便会相对自动向前，正好处在进攻的罗马人左右两个侧翼的位置。

这样一来，两侧的老兵就可以与后退的中路形成对罗马军团的包围，整个罗马军团便会被装进一个大口袋之中，而最精锐的老兵，正好可以从两边夹击罗马步兵的侧翼。

罗马步兵的两翼不是有骑兵掩护吗？汉尼拔的优势就在于骑兵。在罗马军团得手之前，汉尼拔一定要先用自己的骑兵打败罗马的骑兵，使罗马军团处于没有侧翼保护的状态。对汉尼拔来说，这是有把握的。

等到骑兵打败了罗马骑兵，正好又可以从后面发起对罗马军团的进攻，从而与步兵一起，形成对罗马人的四面合围，全歼罗马军团。

为此，汉尼拔把自己 1 万名骑兵中的 7000 名部署在了左翼，对付罗马右翼的 2400 名骑兵。而另外的 3000 名骑兵部署在右翼，对付罗马左翼的 3600 名同盟骑兵。他的意图是，在左翼以 3 倍人数的优势发起进攻，在右翼则以同样的兵力牵制住敌人。当左翼迅速打垮罗马的右翼骑兵之后，再配合右翼，全力扫清剩下的罗马骑兵。

一个优秀将军的标志是什么？就是在精细了解双方力量对比的基础上，善于从各种复杂的因素和手段中，选择此时此地最有效的方法和手段，让自己的优势充分发挥出来，让对手的优势无法发挥。

坎尼会战由此爆发。不出汉尼拔所料，汉尼拔中路的步兵果然抵挡不住强大的罗马军团的压迫。罗马军团奋力向前推挤，汉尼拔的中路不得不且战且退，向前突出的新月阵形很快被压成一条直线，接着又在压力之下逐渐变成一个向后弯曲的新月。

弯曲越来越厉害，汉尼拔的中路即将被突破，他的整个方阵也即将瓦解。罗马士兵在下意识的驱使之下，向汉尼拔军队最弱的部分压去。冲垮汉尼拔的最后防线就是胜利。

然而就在这个时候，汉尼拔的方案开始突然发挥作用。事先安排在两侧的老兵迅速向前移动，占据了罗马两翼骑兵先前的阵地，然后集体转向，猛攻罗马人的两个侧翼。罗马人突然发现自己陷进了一个大口袋之中。

与此同时，汉尼拔的骑兵击溃了罗马骑兵，并运动到罗马大军的背后，从那里发起猛烈攻击。

突如其来的侧翼和后方攻击，使罗马军团一下子陷入混乱，向前冲击的势头也顿时减弱。而汉尼拔中路的步兵趁机反守为攻。罗马大军陷入四面合围之中。

随着汉尼拔大军步步进逼，罗马人的空间越来越小，士兵越挤越紧，最后到了连武器都无法使用的地步，完全不能动弹，被汉尼拔的士兵像剥洋葱一样，从外到里一层层地切割屠杀。

会战的结果是，8 万多人的罗马大军只有 1 万多人侥幸逃出。战争史上经典的坎尼模式，由此诞生。

从会战的角度来说，战略其实就是在对自己有利的态势下将对手引入战斗的艺术。而战略方案的着眼点，就是要通过行动的设计和资源的分配，创造出这样一种有利的态势。

2200 多年前的这场会战，汉尼拔巧妙构思，精心安排，根据罗马军队的力量与战术特点，有针对性地拿出了优秀的作战方案，从而让实力处于绝对优势的对手陷入了完全无法发挥优势的困境，打破了弱者不能取胜的理论，创造出战争史上千古不朽的传奇。

但是，汉尼拔只有在充分吃透了双方的优势和劣势的基础上，才能设计出这样一个最有效、最实际、最有针对性的方案，创造出抵消对手优势、发挥自己优势的典范。知彼知己，才是他在坎尼会战中取胜的前提。

所以，好的方案是能打胜仗的方案。而优秀将军的标志，就是在精细了解双方力量对比的基础上，选择此时此地最有效的方法和手段，形成最好的作战方案，从而让自己的优势充分发挥出来，让对手的优势无法发挥出来，进而把胜利掌控在自己手中。

颠覆性的突破机会往往蕴藏在打破常规里

方案制订的第二个要求，是出其不意。在战争中，让对手意想不到的方案，才能最大程度上保证你目标的达成。颠覆性的突破机会，往往蕴藏在打破常规之中。

1950 年 6 月 25 日，朝鲜战争爆发。朝鲜人民军迅速越过三八线，势如破竹，不断向南推进。到 8 月中旬，人民军已经占领了朝鲜半岛 90% 的土地和 92% 的人口。当时的韩国军队和美军被压缩在朝鲜半岛东南端以釜山港为核心不到一万平方公里的地区。

“联合国军”总司令麦克阿瑟提出了一个一举扭转整个朝鲜战局的作战方案：一方面，以第 8 集团军在釜山加强正面防御，另一方面，在整个朝鲜半岛的蜂腰部仁川实施登陆作战，一举切断朝鲜军的补给线和退路，与第 8 集团军一起，对朝鲜军队形成腹背夹击之势。这一行动方案代号为“烙铁计划”。

然而麦克阿瑟的这一方案却遭到了包括美国参谋长联席会议主席布莱德利上将、陆军参谋长柯林斯上将和海军作战部长谢尔曼上将等在内的军方最高首脑的一致反对。因为在美军高级将领们看来，仁川这个地方，根本就不适合进行登陆作战。

仁川港的潮汐落差是亚洲第一、世界第二，最大落差可达 10 米。涨潮时所有船只都可以进港，但退潮时所有船只都会搁浅。退潮时千百年来淤积的烂泥，形成了宽几千米、长几万米的滩涂。烂泥就像融化的巧克力般黏黏糊糊，所有的车辆、人员、物资都会完全陷在烂泥之中，动弹不得。在这样的滩涂上登陆，无异于成为敌人的活靶子。

此外，仁川港中还有一座小岛，就是月尾岛。月尾岛上有朝鲜的守军，控制了进出港口唯一的一条航道。而且这条航道非常狭窄，只要有一艘船在航道内被击沉，就将彻底堵塞整个航道。

正因如此，美国参谋长联席会议认为，仁川具有不适合登陆作战的几乎所有条件。甚至有人直言，如果仁川登陆能够成功，有关登陆作战的教科书都必须重写。

事实上，就连麦克阿瑟在事后的回忆中也不无夸张地说，这个方案的胜算，只有1/5000。

布莱德利派出柯林斯上将、谢尔曼上将和爱德华空军中将专程前往东京，企图说服麦克阿瑟放弃这个疯狂的方案。

然而，麦克阿瑟却不为所动，他对将军们说："你们提出了关于无法登陆的种种因素，恰恰是我登陆成功的根本依据。因为既然你们都不相信这个地方会登陆成功，敌人就不可能会预料到我会在这里行动。"

他还举了当年英国人在加拿大的魁北克突袭成功的例子。就是因为英国士兵爬上了别人认为根本不可能爬上去的高岸，才使法国的守卫猝不及防。仁川正是这样可以出奇制胜的地方。

他还说，他相信海军胜过海军相信自己，因为美国海军在二战的多次登陆作战中都克服了看起来无法克服的困难。海军肯定可以完成仁川登陆。

况且，麦克阿瑟分析说，别的地方虽然登陆的危险性小，但价值也小。而仁川登陆可以把敌人的腰部斩断，敌人漫长的战线就会因此瘫痪。

麦克阿瑟最后说：不登陆就只剩下一条路，就是在釜山继续防御，"你们愿意让我们的部队像牛羊一样在屠宰场似的那个环形防御圈里束手待毙吗？谁愿意为这样的悲剧负责？当然，我决不愿意”！

并且麦克阿瑟保证说：“假如我的估计不准确，陷入无力应付的防守局面，那我将亲自让我们的部队撤退下来。那时唯一的损失将只是我个人的职业名誉而已。但仁川之战绝不会失败，必将胜利，它将挽救十万人的生命。”

在场的所有人都被他的演说打动了。

其实麦克阿瑟绝非莽撞之徒。为了解仁川港的情况，他曾经派出了大量侦察机以及情报人员、海洋专家和蛙人对仁川港进行了周密的侦察，以详细了解仁川的潮汐和泥潭情况、海岸的高度以及月尾岛的防御部署等。

经过分析，麦克阿瑟得出了结论：由于潮汐的变化，仁川这个地方，一个月里有一天，一天里有早晚各三个小时，是可以完成登陆作战的。

在麦克阿瑟的坚持下，美国参谋长联席会议以及杜鲁门总统，都批准了麦克阿瑟的行动方案。

9月15日，经过充分准备的美军发起了仁川登陆。正如麦克阿瑟所料，朝鲜军队根本没有想到美军会在仁川登陆，仁川地区的防守非常薄弱，只有一支1000多人的缺乏训练的地方部队。因而美军以极小的代价便突破了仁川防线，仁川登陆取得了完全的成功。

美军乘机向汉城发起攻击，汉城离仁川只有37公里，也很快落入美军之手，朝鲜军队的补给线被彻底切断。

对于朝鲜军队来说，仁川登陆是灾难性的。这让朝鲜军队腹背受敌，陷入合围。当朝鲜军队调转方向与后方对手交战时，正面战场上当时的韩国与美国军队随即发动全面反攻。朝鲜军队在夹击之下，兵败如山倒，全线崩溃，只有不到 25000 名朝鲜人民军士兵撤回到了三八线以北，而美军则乘胜长驱直入，一直打到了鸭绿江边。朝鲜战争的战局由此出现了戏剧性的逆转。

1950 年 9 月 16 日，也就是仁川登陆的第二天，发生了一个小小的插曲。麦克阿瑟登上仁川海岸后，说的第一句话就是："我想寻找一个叫刘易斯 · 普勒的上校，是一个陆战队的团长。我想亲自为这位团长授一枚勋章。"

正在忙着进攻一个山头的刘易斯接到通知后，对前来请他去接受勋章的军官说："我没工夫！如果他打算授勋，就让他来这里好了！"

麦克阿瑟不但不生气，反而高高兴兴地立即乘上吉普车，向着枪炮声不断的方向前进，不管部下如何劝阻都不听。

在一个炮声隆隆的草棚子里，麦克阿瑟见到了满身硝烟的刘易斯，他们"愉快地互相敬礼"。随行的记者们高兴得都快疯了，因为世界上没有比这更能激起读者兴趣的英雄故事了。

你看，麦克阿瑟的方案，和他随后的表演，都大获成功。

麦克阿瑟的传记作者贝雷特曾经说：对任何一位伟大的将领来说，总有一场战役要比其他战役更加重要，这场战役的考验会让他跻身于那些不朽的将领之列。对于麦克阿瑟来说，这场战役就发生在仁川。

那么，仁川登陆给我们什么启示？

管理学家明茨伯格说过："商战和战争中的一些最著名的战役，之所以取得胜利，不是依据已有的知识正确地做事，而是通过打破既定的模式，首先建立一个范式来获胜的。"丘吉尔也说："一个指挥官的成功，并不在于遵循某些规则或模式。"

在战争中，所有的作战理论都是公开的，根据既有的作战理论制定出来的方案，往往就只能是常规的方案。而常规的方案一定是对手同样了解的方案。

因此，在战争中，一种打法一旦成为常规，就不可能再给你带来优势，相反只能使你越来越陷入硬碰硬的恶战之中。

仁川登陆的故事告诉我们一个道理：颠覆性的突破机会，往往恰恰蕴藏在打破常规的方案之中；只有通过颠覆式的方案，才能颠覆现有的格局、颠覆对手的优势，才能为取得决定性的突破创造最佳的机会。

真正的好方案，一定是充满想象力的、摆脱常规思维束缚的、出乎常人意料的，正因为如此，才能取得超出常规的伟大胜利。

太复杂的计划必然失败

方案设计的第三个要求，是简单易行。设计越复杂，环节越多，出漏洞的机会也就越多。简单可行的方案才是好的方案，太复杂的计划必然失败。

1803 年，拿破仑开始了他上台之后最大规模的对英战争准备。拿下英国，统治欧洲，一直是拿破仑的心愿。但英吉利海峡这道天然的屏障挡了拿破仑的道。要想征服英国，就必须消灭英国舰队，或者至少把其赶出英吉利海峡。

“只要有三天下雾，我就可以成为伦敦、英国议会和英格兰银行的主人。”拿破仑曾这样说。

尽管英国海军非常强大，但拿破仑深信法国舰队能够完成这项任务。事实上他非常有信心，他已经开始在布洛涅（Boulogne，或译为布伦港）集结他的英格兰军团，也就是著名的大军团。他对将军们说:“英吉利海峡就是一条小沟，只要敢于尝试，就能跳过去。”

到 1803 年 9 月，他已经集结了 11.4 万人，不久又增加到 16 万人，马匹 7100 匹，大炮 432 门。他还征集了 1400 艘船只负责运输。英国陆军向来很弱，没有人认为英国人能在陆地作战中打败法国的大军团。法国陆军在训练和战备上都做好了准备，现在就等法国舰队的到来，掩护他们渡过英吉利海峡。而没有舰队的掩护，几艘英国护卫舰就可以摧毁法国整个运输船队。如果大军团想灭掉它的敌人，就需要法国舰队把英国军舰从 60 英里宽的英吉利海峡清理干净。

对拿破仑来说幸运的是，1804 年 12 月，西班牙加入了法国一方，强大的西班牙舰队也归拿破仑指挥。到 1805 年，他手里已有战列舰 103 艘、巡洋舰 55 艘，远远超过了英国。打败英国舰队，夺取英吉利海峡的制海权，掩护陆军侵入英国，似乎已经有了实现的可能。

但这些战舰被分散在不同地区的港口中。布雷斯特舰队在法国西海岸的北部，罗什福尔舰队在西海岸的中部，土伦舰队在地中海。西班牙的两支舰队，加迪斯舰队靠近直布罗陀，费罗尔舰队在西班牙的西北海岸。所有这些港口，都处于被英国封锁的状态。

如果不把它们集中起来，那么这种数量上的优势就起不了作用。集中的前提是突破英国的封锁。

1805 年 3 月 2 日，拿破仑下达了集结舰队的训令。训令要求布雷斯特舰队突围后就近救出西班牙的费罗尔舰队，土伦舰队突围后就近救出加迪斯舰队，尔后由东向西横跨大西洋，在加勒比海西印度群岛的法国海外领地马提尼克，会合此前已经突围的罗什福尔舰队，完成舰队的集结。

随后由布雷斯特舰队的司令冈托姆中将担任联合舰队总司令，由西向东横跨大西洋后向多佛尔海峡进发，以优势兵力清除那里的英国舰队，完成输送法国陆军横渡英吉利海峡的任务。

1805 年 3 月 30 日，土伦舰队司令维尔纳夫，根据拿破仑的训令率领舰队从土伦突围。4 月 9 日，维尔纳夫按计划救出了加迪斯港的西班牙舰队，两支舰队会合后开始横跨大西洋。

然而接下来，一连串的问题出现了。1805 年 5 月 14 日，维尔纳夫率领舰队到达了西印度群岛，却发现早就应该到达的罗什福尔舰队却没在那里等他。

原来罗什福尔舰队由于受风暴影响，已经返回了原来的罗什福尔港。

而另一支主力，冈托姆中将的布雷斯特舰队，还被封锁在原来的港口动弹不得。冈托姆是要担任会合之后的联合舰队司令的。

显然，情况已经开始偏离拿破仑的设想。

维尔纳夫等到了 6 月 4 日。这个时候他接到了拿破仑的最新命令，要他在接获命令之日起，在西印度群岛停留 35 天。假使没有法国舰队来与他会合，就应该返航，接出被封锁的费罗尔舰队和布雷斯特舰队，随后共同开往英吉利海峡。

拿破仑显然还没有完全放弃在西印度群岛集结的方案。

然而 3 天以后，新的情况又出现了。追击维尔纳夫的英国舰队已经赶到了西印度群岛，留在这里已经不安全。

6 月 10 日，维尔纳夫决定率舰队返回欧洲。在西印度群岛集结的方案由此失败。

8 月 1 日，维尔纳夫到达了费罗尔。在这里，他又接到了拿破仑的新命令，命令他解除费罗尔的封锁之后，与罗什福尔舰队和布雷斯特舰队会合，或者与其中的任何一支舰队会合。假如因为会战或其他原因，维尔纳夫不能完成任务，就应该驶往加迪斯。

然而这个时候又一个问题出现了。此时罗什福尔的法国舰队已经从封锁中突围，并奉命前来与维尔纳夫会合。但是，维尔纳夫却没有得到这个通知。

悲剧性的一幕发生了。维尔纳夫遇到正在寻找他的法国舰队时，他还以为这是英国舰队。为了避开英国舰队，他立即下令向南行驶。而事实上，如果这两支法国舰队会合，战舰就可以达到 34 艘，再继续向北，就可以解除布雷斯特的封锁，与冈托姆会合在一起。拿破仑关于主力舰队集中的设想，也就可以实现了。

然而维尔纳夫却已经掉头向南。8 月 20 日，他南下到达加迪斯，这是他 4 个多月之前接应西班牙舰队的地方。经过 4 个月的折腾，他基本回到了原来的出发地点。

随后英国舰队赶了过来，把他封锁在了加迪斯港口之内，维尔纳夫再也没有办法出海。最终在特拉法尔加海战中，他的舰队全军覆没。拿破仑征服英国的梦想也由此破碎。

拿破仑后来把失败的责任都归在了维尔纳夫身上，他甚至说维尔纳夫连当一名船长都不配。维尔纳夫当然难辞其咎，尤其是他消极自保，错失了最后的会合机会。但是真正导致计划失败的，是拿破仑的方案本身就有问题。

拿破仑的舰队要完成任务，需要经过几个环节：突围，从英国人的封锁中成功突出来；解救，解救被围的其他舰队；航行，从大西洋的此岸航行到彼岸；会合，在马提尼克会合其他的舰队；返回，从马提尼克返回英吉利海峡；作战，在英吉利海峡打败英国舰队，取得哪怕是暂时的制海权。这其中任何一个环节出了问题，就会打乱整个计划。

而且，这5支舰队的任务是相互绑在一起的，一支舰队的行动要依靠另一支舰队的行动，一支舰队的命运要取决于另一支舰队的命运。只要一支舰队出了问题，其他舰队就会全部受到影响。

更要命的是，战争中的一个规律是，该出的问题一定是要出的，该犯的错误一定是会犯的。尤其海上作战不比陆地作战，风向、洋流都会对舰队造成巨大的影响，更不用说恶劣的天气、敌人的破坏，更是增加了不确定的因素。再加上指挥官必然会犯错误，最后的结果就更不乐观了。

事实上在拿破仑的5支舰队中，只有维尔纳夫的舰队在解救加迪斯舰队之后，按计划到达了集结地马提尼克岛，其他三支舰队中，关键的布雷斯特舰队直到最后就连突围这第一步都没有完成，应该由它解救的费罗尔舰队，最后还是维尔纳夫返回后解救的，而罗什福尔舰队也没有能够按计划执行拿破仑的方案。

拿破仑的方案，只有在运气极好、组织极其严密、配合极其默契且不犯错误的情况下，才能实现。事实上，在战争中，方案设计得越复杂、环节越多，出漏洞的机会也就越多。要想每个环节都天衣无缝是不可能的，太复杂的计划注定会失败。

战略要处理的，从来都是复杂的事务，但战略本身又必须简单易行，因而战略方案的价值就在于以简驭繁。用若米尼的话来说："一位主将最重要的能力，就是要会拟定一个良好的计划。其次就是所发出的命令都能够清楚明白，不拖泥带水，以使部下便于执行。"

简则易行。简单是一切高级艺术的本质，战争中行动方案的制订也是如此。从拿破仑的教训中我们可以得出这样的结论：简单而可行的方案，才是最好的方案。

主要观点

合理地分配和使用资源，形成可以打胜仗的行动方案，是战略决策的核心。

好的行动方案有三个要素：好方案的前提是知彼知己，好方案的灵魂是出其不意，好方案的原则是简单易行。

从会战的角度来说，战略其实就是在对自己有利的态势下将对手引入战斗的艺术。而战略方案的着眼点，就是要通过行动的设计和资源的分配，创造出这样一种有利的态势。

在战争中，让对手意想不到的方案，才能最大程度上保证你目标的达成。颠覆性的突破机会，往往蕴藏在打破常规之中。

战略要处理的，从来都是复杂的事务，但战略本身又必须简单易行，因而战略方案的价值就在于以简驭繁。

上级的命令，该怎么执行[①]

先讲一个孟良崮战役的故事。

1947 年 5 月中旬，华东野战军以 5 个纵队的兵力将张灵甫的整编 74 师包围在孟良崮，但国民党随即以 10 个整编师的兵力对我军形成反包围，企图以“里应外合、中心开花”的战术，歼灭华东野战军主力。

华东野战军在围歼 74 师主力的同时，必须挡住外围国民党增援军队的进攻。一旦外围国民党援军与 74 师打通联系，华东野战军的作战计划就会落空，甚至出现形势的大逆转。

在孟良崮战役中，华东野战军 1 纵 1 师师长廖政国的任务，是率领 3 个团的兵力，扼守 60 多公里的阵地，挡住国民党 25 师、65 师两个整编师的增援部队，以保证主力拿下孟良崮。

5 月 16 日，在 74 师即将被歼的关键时刻，孟良崮战役中最惊险的一幕出现了。在蒋介石的连电催促下，黄百韬指挥的国民党 25 师向 1 纵 1 师的阵地发起了疯狂的进攻。到中午时分，三山店、交界墩等地我军阻击部队伤亡殆尽，阵地失守。到下午 4 点，

---

① 本文刊于《商业评论》2021 年 8、9 期合刊。

界牌也落入 25 师之手。随后，25 师以重兵向天马山、蛤蟆崮一线我军主阵地发起了猛烈的攻势，并且已经攻上了天马山的山腰。天马山是最后一道防线，一旦被攻破，25 师即可打通与 74 师的联系，华东野战军也就会输掉这场战役。

廖政国派出了最后一个连驰援天马山，但黄百韬又将两个营的兵力投入天马山。廖政国手中已经没有任何预备队可用，天马山眼看就要失守。

就在这一紧急时刻，廖政国发现，后方山沟里，有我军的一支部队在向东运动。这是华东野战军 4 纵 10 师 28 团的第 2 营，正在奉上级命令进攻孟良崮。

廖政国立即赶过去拦住了这支部队，对 4 纵的这位营长说："我是 1 纵 1 师师长，我命令你们立即增援天马山。"

营长很为难地说："我营奉命跑步赶去攻击孟良崮，我们的任务也非常紧急。"

廖政国向天马山一指说："天马山阵地的得失，关系重大。如果敌人打通联系，我们就全局皆输。我手里只剩下七八个警卫员，你的部队要听我的指挥。"

这个营与廖政国所在的 1 纵在建制上并无隶属关系。但营长稍微考虑了一下，便坚定地说："好，为了整体的利益，我们执行你的命令。"说完，便率领部队回过头来，向进攻天马山的国民党军侧翼发起了猛烈反攻。

2 营的突然出现，改变了阻击阵地上的敌我态势，进攻天马山的国民党部队一下子垮了下去。天马山被牢牢地控制在了我军阻击部队手中。国民党 74 师突围的最后一丝希望，也由此破灭。1 个小时后，74 师全军覆没。

再讲一个滑铁卢之战的故事。

1815 年 6 月 17 日，也就是滑铁卢之战的前一天，拿破仑交给格鲁希元帅一个命令：追击去向不明的普鲁士军队，以防普军回头与威灵顿公爵率领的英军会合，从而保证拿破仑在滑铁卢歼灭英军。拿破仑给了格鲁希 3.3 万人，占到法军主力的 1/3。

格鲁希按照命令，开始向预计方向发起了追击，但始终没有发现普军的踪影。

6 月 18 日上午，正在用早餐的格鲁希听到远处的炮声。所有人都意识到，皇帝那边发起了进攻，一场重大的战役打响了。格鲁希的副司令热拉尔急切地要求，立即向开炮的方向前进。第二个军官也赞同赶紧向开炮的方向转移。

格鲁希很不开心。他说，在皇帝撤回成命前，他绝对不能擅离职守。

热拉尔只好请求说，至少让他率领自己的部队和若干骑兵，赶到那边的战场去。格鲁希只考虑了一秒钟——用斯蒂芬 · 茨威格在其《人类群星闪耀时》一书中的话说，那是决定他的命运、拿破仑的命运和世界的命运的一瞬间——然后说，再分散兵力是不负责任的，我们的任务是追击普军，而不是其他。

军官们沉默了。部队继续往前走，普军始终没有出现。远处传来的低沉的隆隆炮声震颤着大地，所有人都明白这绝不是什么小小的遭遇战，而是一场大战役、一场决定性的战役。

格鲁希心里也越来越不安。他继续等待着皇帝要他返回的命令，可是命令没有来。这个时候，他离滑铁卢战场只有 4 小时的路程。

接下来的事情你肯定知道了，普军赶到了滑铁卢，得到增援的威灵顿公爵取得了胜利。历史学者感慨说，如果拿破仑赢了这场战役，他很有可能重新控制欧洲。

面对上级的命令，你会怎么去执行？是像2营营长一样，还是像格鲁希一样？

无条件的执行从来不是好执行

谈到执行，很多人会把军队的执行看成是无条件的执行，也就是所谓的“没有任何借口”，或者“保证完成任务”。这也是很多企业家热衷于向军队学执行的基本出发点。

然而，这实际上是对军队执行的最大误读。军人当然要强调坚决执行命令，但僵化机械的执行往往会使军队遭遇惨败。

在相对稳定的环境中，大部分战略要素都是可以控制和预知的，因而是可以计划的，而且，战略计划一旦做出来，在相当长的时间里都可以不变。所以，行动方案确定后，决策者所要做的，是保证结果与方案相符即可。

在这种环境下，战略的流程是非常清晰的：基于对战略环境所做的战略分析，决策者做出战略决策，然后根据战略决策，制订出行动方案。接下来，就进入战略执行和战略控制环节。下属按照上级的计划与指示执行，上级通过控制保证下属的执行不偏离原来的计划。不折不扣执行上级的指示，也就成了好下属最主要的标志。

然而，战争最大的特点就是充满了不确定性。军事理论家克劳塞维茨说：“战争是充满偶然性的领域，人类的任何活动都不像战争那样给偶然性这个不速之客留有这样广阔的活动天地，因为没有一种活动像战争这样在各方面和偶然性经常接触。偶然性会增加各种情况的不确定性，并扰乱事件的进程。”

在这种情况下，下属的执行至少面临两个重大挑战。

其一，并不存在完美的方案。

战争的环境是动态的、不确定的、复杂的，而人的理性和认知能力总是有限的，上级也是如此。没有人从一开始就能看到结果，没有人对大势的理解能够一步到位，更没有人能一次性看清所有的过程和细节。在不确定的环境中，哪怕是最高决策层，也很难拿出完美的行动方案和绝对正确的作战命令。

一句话，对于下属来说，并不存在由上级制定的、自己只需要不折不扣来执行的完美计划。

其二，再完美的计划也必须变化。

普鲁士总参谋长老毛奇说：“只有门外汉才相信，在一次战局中，一个事先决定的、考虑到所有细节、直到战局结束的思想，能够自始至终地加以贯彻。”因此，也就有了老毛奇的那句名言：“在遭遇敌人的时候，没有任何计划能够保持一成不变。”

意外和不确定性是战争的有机组成部分，在计划执行的过程中，一定会有太多的事情让你措手不及，你必须学会面对各种各样的意外事件。事实上，战争中唯一不变的就是变化本身。

战争必须有计划。没有计划或者计划漫不经心，从来都是战略的大忌。但是在战争史上，完全按照计划来实现的战略，只能是例外，不可能是常态。

而且，战争中有一个非常突出的现象：从战略到战役再到战术，越微观，计划的改变就越频繁。用毛泽东的话说，战术计划“常须一日数变”。战役计划“大体能终战役之局，但在该战役内，部分的改变是常有的，全部的改变也间或有之”。战略计划“有更大的固定的程度，但也只在一定的战略阶段内适用，战争向着新的阶段推移，战略计划便须改变”。[①]

在这样的环境中，不要奢望一次性就可以制订出一个计划，然后完美地执行到底。相反，好的执行必须承认上级计划的局限性和环境的不确定性。也正是在这种情况下，军队的执行就不可能完全是控制型的、指令型的，或者是绝对服从型的。创造性地执行，也因此成为好的执行不可或缺的组成部分。

军队当然要坚决执行上级的命令，但在不确定的环境中，坚决执行从来都不应该是机械执行，无条件服从的下属也从来都不是最好的下属。

在战争中，存在着两种执行。一种执行是对上级言听计从，上级叫干啥就干啥，丝毫不敢违背上级的决定。

这是机械呆板的执行，是低级的执行，是平庸的执行，是缺乏担当的执行。在战争史上，下属越是机械执行，就越被动，越打不了胜仗。

本质上，这是一种伪执行，是会给组织带来灾难与失败的执行。毛泽东早就尖锐地指出过这一点：“盲目地表面上完全无异议地执行上级的指示，这不是真正在执行上级的指示，这是反对上级指示或者对上级指示怠工的最妙方法。”[②]

还有一种执行是，下属不是简单机械地执行上级的指示，而是从全局的高度，根据所处的环境，去创造性地执行。他可能未必事事顺着上级，可能他的执行会有违上级的指示，但是他的所作所

---

① 《论持久战》，见《毛泽东选集》（第二卷），人民出版社，1991 年。

② 《反对本本主义》，见《毛泽东选集》（第一卷），人民出版社，1991 年。

为，是为了更好地帮助组织取得胜利。

这样的执行，才更符合组织的利益，才更有利于帮助达成上级期待的目标。这种执行，才是真正的好执行。

三条执行心得

商业世界同样充满了不确定性。所以，对于在不确定环境中下属如何执行领导的指示，军队有三条心得值得我们借鉴。

第一，实现上级的意图，而非单纯执行上级的具体命令。

正如我们上面所说的，在战争环境中，哪怕是最高决策层，也很难拿出完美的行动方案和绝对正确的作战命令。

在这种情况下，重要的就不再是上级具体的方案和命令，而是如何实现上级的整体意图。方案和命令只是实现整体意图的手段，方案和命令本身就是需要随机应变的。

下属所要理解的，就不应该仅仅是方案和命令本身，而要透过具体的方案和命令，真正把握上级的意图。

据说阿里巴巴的彭蕾说过一段话：当老板的命令是正确的，我们要不打折扣地执行；当这个命令是错误的，我们要把它正确地执行。

正确地执行，就是要理解你所受领的任务背后的上级意图，并根据这个意图来思考最佳的行动。

即使没有上级的命令，即使超出了自己的职责范围，也主动采取行动，去帮助实现上级和组织的意图。这是好下属最有识别性的一个特征。用北宋《百将传》作者张预的话说，是“见义而行，不待命也”。

所以，好的上级，看重的一定是能够达成自己意图的下属，而绝不是全无原则、只知顺从自己的下属。好的下属，追求的首先是全力达成上级的整体意图，而不是一味拘泥于上级具体的方案和命令。

对于上级来说，这需要格局，需要胸怀，需要境界，需要坦然地承认自己也会犯错，坦然地接受有时候下属比自己更了解情况，因而下属的意见有可能比自己更正确、更英明。

而作为下属，则需要全力理解上级的真正意图并融会贯通，从而从上级意图的角度，理解自己所受领的任务在战役或战斗中的地位与作用。

所以，美军对下属的要求是，所有的指挥官都必须对高出自己两级的指挥官的意图有充分的了解。也就是说，你不但要了解你的指挥官的意图，还要了解你指挥官的指挥官的意图，这样才能更好地从上级和组织的整体意图角度，理解你的任务的真正含义。你就不会只拘泥于任务本身，而是会更富有创造性地实现上级指挥官的意图，你也就不会像格鲁希那样，坚决执行了命令，却最终伤害了上级与整个组织。

对于上级来说，只要下属的行为是为了更好地达成组织的整体意图，哪怕没有遵守他的命令，他也要学会容忍，甚至肯定、鼓励和支持。

而对于下属来说，就一定要保证，你所做的一切都是为了更有利于实现上级的意图。当你决定不按上级命令行事的时候，你必须做好一个准备——如果因此产生了问题，你必须承担全部的责任，接受相关的处分。

所以，好的上级需要有格局，好的下属需要有担当。上级有格局，下属有担当，组织中才会形成卓越的执行文化。也只有这样的组织，才能在动态和充满不确定性的环境中，始终采取最明智的战略行动。

第二，从全局的高度思考自己任务的同时，从局部出发积极向上级提出建设性的建议和意见。

关于战争中全局与局部、上级与下属的关系，林彪说过一段很精彩的话："局部战斗要服从整个战斗的任务。整个战局不需要你那样打的时候，就是你能打也不要你打。如果整个战斗需要你打的时候，就是你情况怎样恶劣，不能打也要打。假使不这样，那就破坏了整个的作战。"①

辽沈战役中，林彪面临的最大挑战是：到底应该先打长春还是先打锦州？从东北的敌我态势这个局部来说，应该先打长春，而从全国解放战争的全局来说，应该先打锦州。林彪最终坚决执行了中央先打锦州的指示，即使对于自己领导的东北野战军来说，先打锦州的风险要远远大于先打长春。

在战争中，下属的主要任务就是帮助上级实现组织的整体目标。下属绝对不可以因上级规定的任务不符合本级的利益而拒绝执行，绝对不允许出现自己赢了局部而组织输了全局的局面。局部的利益必须服从全局的需要，下属的行动必须服从上级的意图。因此，下属必须从全局的高度思考上级赋予自己的任务，从而以符合上级意图的执行，全力推动上级和组织整体目标的实现。好的执行，固然不能机械呆板，但也绝对不可以随心所欲。

然而，全局又是由局部组成的，下属从局部、从一线看到的问

---

① 李德、舒云编著，《林彪日记》，香港：明镜出版社，2009 年。

题，往往又会对上级观察全局、做出决策有极好的参考价值。

因此，好的下属，在从全局的高度思考自己执行的同时，还会从所处的局部出发，积极向上级提出建设性的建议和意见，作为上级决策的参考和依据，甚至可以在关键的时候改变上级的决策，使得上级的决策更加符合实际。

1947年下半年，国民党向中原战场调集了80个旅的兵力，企图将我军赶出中原地区。1948年1月，中央军委致电粟裕，要他率领华东野战军3个纵队南渡长江，实行战略跃进，把战争引向国民党的深远后方，吸引中原敌军20~30个旅的兵力回防江南，以减轻中原战局的压力。

粟裕对中原战局进行思考以后，对中央的这一计划提出了不同意见。他认为，我军以区区3个纵队渡江南进，不仅不能调走国民党在中原的精锐之师，减轻中原我军的压力，反而会削弱中原我军的力量，不如利用中原解放区已经逐渐巩固的优势，集中兵力在长江以北大量歼敌，这对改变中原战局更为有利。

中央对粟裕的意见极为重视，毛泽东亲自召集书记处全体成员听取粟裕的汇报，并采纳了他的建议。此后战局的发展证明了粟裕意见的重要性。正是在粟裕意见的基础上，最终形成了淮海战役的决议。

让听得见炮声的人参与决策，决策就不再是某个人或某一小部分人做出，然后交给其他人执行这样一个僵化呆板的过程，而是一个上下互动的过程。让下属参与决策，下属就不仅仅是执行者，决策与执行也就不再脱节，从而形成持续反馈的共创过程。

对于上级而言，可以迅速高效地将一线反馈上来的真实变动迅速纳入自己的决策优化之中；对于下属而言，想法本来就是自己提出来的，一旦上级认可并追加战略性资源，执行起来就会极其顺畅。

第三，当上下级出现分歧时，一旦上级做出明确的决定，就要把上级的决定当成自己的决定来坚决执行。

上面粟裕改变中央决策的例子，其实还没讲完。在粟裕向中央提出不同意见的同时，他也准备好了中央要求的 3 个纵队。如果中央坚持原定的要他南下渡江的计划，他就会坚决执行中央的命令。

粟裕的做法很好地展现了什么叫作好下属。作为下属，在上级做出决策之前，应该充分表达自己的意见，而一旦上级做出了明确的决策，下属就要把它当作自己做出的决策一样坚决执行，而绝不能固执己见。

曾担任美国参谋长联席会议主席的鲍威尔上将在军中有着非常丰富的阅历。他注意到一个现象，有些军官的能力很强，但他们的军旅生涯并不顺利，前进的航船经常触礁搁浅。他发现这些军官有一个共同的特点，就是对待上级要做的事情过于固执己见。

他们抵制那些他们认为是愚蠢的以及与自己不相干的事情，结果他们自己也未能生存下来。鲍威尔认为，这些军官的做法本身就是愚蠢的。在军中，身为下属，当上级的命令非常明确的时候，首先要执行上级的命令，哪怕内心暂时并不完全理解。

在鲍威尔担任旅长时，美军中有一套所谓的现代管理测量评估标准，如无故缺勤率、酒后驾车率、年度体能达标率等。每个月，每个旅、营、连都会得到一张表，指出该部与其他单位相比表现如何。

鲍威尔并不完全认同这种管理方式，因为数字本身并不能反映诸如士气、领导水平、部队战备观念等因素。但他并没有与上级对着干，他的策略是，下大力气把所有评估指标都抓上去，然后着手抓他认为真正应该做的事情。

他幽默地说："把国王要求做的事做好，别让他再找你的麻烦，然后你就可以抓你认为重要的工作了。"这样做，既兼顾了命令的执行，又达到了管理的目的。

在谈到什么是对上级的忠诚时，鲍威尔曾告诫下属："当我们辩论某个问题的时候，忠诚就意味着把你的真实意见告诉我，不管你认为我会喜欢它还是不喜欢它。在这个阶段，有分歧对我是一种激励。但是，一旦做出了决定，辩论就结束了。从那时起，忠诚就意味着把我的决定当作你自己的决定来执行。"

对于下属而言，这大概是在执行上所能听到的最好的忠告。

主要观点

军队当然要坚决执行上级的命令，但在不确定的环境中，坚决执行从来都不应该是机械执行，无条件服从的下属也从来都不是最好的下属。

正确地执行，就是要理解你所受领的任务背后的上级意图，并根据这个意图来思考最佳的行动。

好的上级需要有格局，好的下属需要有担当。上级有格局，下属有担当，组织中才会形成卓越的执行文化。

让听得见炮声的人参与决策，决策就不再是某个人或某一小部分人做出，然后交给其他人执行这样一个僵化呆板的过程，而是一个上下互动的过程。

作为下属，在上级做出决策之前，应该充分表达自己的意见，而一旦上级做出了明确的决策，下属就要把它当作自己做出的决策一样坚决执行，而绝不能固执己见。

逆境突围的战略与领导力：长征启示录[①]

长征是在挫折和苦难中寻找重生希望的历史，是把走投无路的败退转为走向新的胜利起点的历史。

创业本身就是一个九死一生的过程。每一位创业者都有自己的长征。创业路上也会有湘江血战，有四渡赤水，有雪山草地。创业的本质就是个人和组织在现实中坚持理想、在逆境中不断成长的过程。对于今天的中国企业来说，长征可以说是最好的在逆境中打胜仗的战略与领导力案例。

逆境中的突围战略

回顾长征，逆境中的战略原则在于以下四条：以舍为得、因势利导、集中资源、主动灵活。

以舍为得

什么都想保住的人必然什么都保不住，在不利的环境下，为了

---

① 本文刊于正和岛《决策参考》2021 年 6 月号。

维护全局的、长远的利益，往往必须果断牺牲局部的、暂时的利益。逆境中的组织要想保全自己，就必须有敢于放弃与敢于收缩的勇气。

毛泽东曾说：“常有这样的情形，就是只有丧失才能不丧失，这是‘将欲取之必先与之’的原则。……我们在敌人第五次‘围剿’时期的蚀本正因为这一点。不愿意丧失一部分土地，结果丧失了全部土地。”①

第五次反“围剿”时国民党50万大军兵分6路进攻中央苏区，李德提出的口号是“御敌于国门之外”，寸土必争。最后的结果是70多个县只剩下6个县，中共中央被迫做出战略转移的决策。

长征开始的时候，我们什么都不想丢，坛坛罐罐全部带上，结果湘江一战，损失惨重，坛坛罐罐也全部被打碎。湘江之战用最血腥的方式证明了什么叫想保住一切的人什么也保不住。

毛泽东打过一个比方：一个背着金银财宝的人，遇到一个强盗，怎么办？如果他舍不得放下金银财宝，很可能会丢了命，也保不住财宝。但如果他能把财宝扔到一边，轻装上阵，打败强盗，财宝也就可以拿回来。这叫以舍为得。

战争的目的有两个，一个是消灭敌人，一个是保存自己。在形势有利的时候，目标一定是消灭敌人，对企业来说，就是迅速扩张、攻城略地；但是形势不利的时候，目标就应该是保存自己，活下来才是王道。

在逆境之中，首先要做的一件事，就是承认自己已经处于逆

---

① 《中国革命战争的战略问题》，见《毛泽东选集》（第一卷），人民出版社，1991年。

境这样一个现实。人总是会留恋过去的辉煌，但是在逆境中，不能因为留恋过去而影响了自己的理性决策。

这个时候，重要的是发展出一套撤退的策略，但是撤退不是落荒而逃，而是通过调整位置，重新取得有利的生存机会。所以舍本身不是目的，舍是为了找到更好的机会，舍是为了得，舍是为了更好地生存，而生存就是王道。

因势利导

"以舍为得"的目的是为了活下来，相对而言还是一个比较消极的目标。光是活下来还不够，接下来，还要在逆境中找到新的发展机会，这就需要"因势利导"，在不利的环境下找到新的大势。

势是力量的放大器，没有人能够与大势相对抗。所有高明的战略战术其实都是顺势而为。而势是不同趋势的组合，我们要做的就是在整体的逆势之中找到有利的态势，把整体的劣势转化成局部的优势，这样才能找到逆势之下扩张的动力。

孙子曾说："善战者，求之于势，不责于人。"真正的高手，一定是从势上去下功夫，去研究势，并利用势，顺势而为，而不是苛求自己的团队。

这就需要决策者有极大的主观能力，有战略眼光，有对形势的判断能力和把握能力，有在混乱之中寻找机会的能力。所以毛泽东说：要克服战争特性中的纷乱、黑暗和不确实性，而从其中找出条理、光明和确实性来。①

以长征为例。被迫长征，是中国共产党在土地革命战争中遭

---

① 《论持久战》，见《毛泽东选集》（第二卷），人民出版社，1991 年。

受重大挫折的标志：土地革命的高潮已经暂时过去。

但是就在这时，由于日本人入侵华北，民族矛盾迅速激化，抗日呼声空前高涨，一个新的大势正在兴起。

中国共产党非常敏锐地捕捉到了这样一个新的大势的到来。长征时中国共产党打出了一个非常关键的旗号——“北上抗日”。这就给一支已经处于失败状态的部队，找到了新的生存理由。

为什么毛泽东后来成为中国共产党本土产生的第一位领袖？在此之前，中国共产党的所有领袖都是共产国际任命的。因为在关键时刻，他对大势的把握确实超出一般人。

毛泽东曾说：“坐在指挥台上，如果什么也看不见，就不能叫领导。坐在指挥台上，只看见地平线上已经出现的大量的普遍的东西，那是平平常常的，也不能算领导。只有当着还没有出现大量的明显的东西的时候，当桅杆顶刚刚露出的时候，就能看出这是要发展成为大量的普遍的东西，并能掌握住它，这才叫领导。”[①]

对于管理者而言，最关键的就是审时度势，因势利导，把握大势的能力。这是一个管理者在这种逆境之中对组织的最大贡献，没有什么能够代替管理者对大势的判断能力和分析能力，这就是战略的核心。

今天新冠肺炎疫情对经济造成的影响，一定会让很多企业遭遇逆境。但在整体的逆境中，也一定会有新的机会、新的行业起来。每一次危机背后都隐藏着一个转折点，谁把握住这个机会，谁就可能在未来实现迅速成长。

---

① 《在中国共产党第七次全国代表大会上的结论》，见《毛泽东文集》（第三卷），人民出版社，1996年。

集中资源

一旦找到了大势，接下来要做的就是集中资源，用最核心的内外资源去解决最关键的问题。只有这样，资源才能得到最有效的利用，对机会的把握才能最大化。

毛泽东非常看重这一点，他说："在有强大敌军存在的条件下，无论自己有多少军队，在一个时间内，主要的使用方向只应有一个，不应有两个。我不反对作战方向有两个或两个以上，但主要方向，在同一个时间内，只应有一个。"①

第一次反"围剿"，国民党军队 10 万人，红军 3 万人；第二次反"围剿"，国民党军队 20 万人，红军 3 万人；第三次反"围剿"国民党军队 30 万人，红军还是 3 万人。10∶1，这仗怎么打？

毛泽东怎么打？他以小部分兵力伪装主力，吸引国民党的部队，分散力量。集中优势兵力在手边，抓住机会，一次就打国民党的一个师，甚至一个旅，保证每一仗都处于绝对优势，打完以后迅速转移，找机会打下一仗，打完后再转移，再打下一仗……

所以第三次反"围剿"，红军六战五捷一平，打破了国民党的进攻。

毛泽东讲过：要将敌军对我军的战略上的优势，改为我军对敌军的战役或战斗上的优势。②

飞夺泸定桥，毛泽东派出的是最精锐的一军团——林彪的部队。林彪又派出了最精锐的红四团——杨成武的团作为先头部队来夺取泸定桥。

---

① 《中国革命战争的战略问题》，见《毛泽东选集》（第一卷），人民出版社，1991 年。

② 同上。

关键时刻，用兵一定要狠。这样，才可以把战术性的机会变成战略性的突围。本来可能就是一个战术性的机会，但是你果断投入资源打开局面以后，就会迎来战略上的突破。

主动灵活

当方向明确、大势清楚、资源也具备了之后，第四条原则就是主动灵活。在逆境中一定要有灵活变通的能力，要保持一种战略的柔性、组织的弹性和决策的灵活性。

首先要主动，主动权要牢牢抓在自己手里边。

四渡赤水过程中，在国民党 40 万大军的围追堵截之下，毛泽东一直强调要寻找主动。为什么要二渡赤水？就是要杀回去，在被动中通过进攻来重新夺回主动权。到三渡和四渡的时候，共产党其实已经在主动调动国民党军队了。

这是毛泽东打仗非常重要的一条原则——无论形势怎么不利，主动权一定要在自己的手里边。所以他讲，无论处于怎样复杂、严重、残酷的环境，军事指导者首先需要的是独立自主地组织和使用自己的力量。被敌逼迫到被动地位的事是常有的，重要的是要迅速恢复主动地位。

主动的前提是什么呢？是灵活。毛泽东讲："你打你的，我打我的。"[①] 你用你的打法打，但是我绝对不能被动地跟着你的打法去打，我选择对我有利的战场，采取对我有利的打法。

他还有另一句话："打得赢就打，打不赢就走。"[②]

---

① 《先打弱的后打强的你打你的我打我的》，见《毛泽东文集》（第四卷），人民出版社，1996 年。

② 《中国革命战争的战略问题》，见《毛泽东选集》（第一卷），人民出版社，1991 年。

在四渡赤水的过程中，红军不断调整作战计划、改变作战方向。有时候想进两步，就必须先退一步。所以这就是一种弹性、一种柔性。

通过四渡赤水这个案例，我想让大家思考一个核心的问题：在不确定和动态的环境中，真实的战略究竟是怎么形成的？

四渡赤水根本不是事先设计出来的，长征开始时没有人想过要四渡赤水。遵义会议以后，土城战役失败，为了避开川军的压力，才一渡赤水，寻找第二方案。一渡时没有想到二渡，二渡时没有想到三渡，但三渡的时候已经想到了四渡。

四渡赤水其实是一个学习的过程，也是一个试错的过程，是在变化过程中寻找属于自己的方向的过程。德鲁克在《动荡时代的管理》里讲过一句话：一个组织必须意识到，既有突如其来的危险，也有突然出现的机会，这是动荡环境的特点，环境是塑造战略最大的变量，环境是动态的、不断变化的，所以战略必须具有弹性。

逆境突围的领导力

逆境中的战略能够制定出来，并执行到底，背后需要强大的领导力来支撑。逆境突围的领导力主要有4条：坚定信念、鼓舞士气、同甘共苦和价值驱动。

坚定信念

越是在逆境之中，管理者越没有沮丧的权利，越是在充满负面信息的环境之中，管理者越要给组织以充分的信心。但这一切的前提是管理者自己必须有坚定的信念和强大的意志。

人既有感性的一面，也有理性的一面。克劳塞维茨讲，紧急时刻，人们受感情的支配比受思想的支配更多一些。普通人在面对逆境时，很容易恐慌。“统帅必须用自己内心之火和精神之光，重新点燃全体部下的信念之火和希望之光。”也就是说，这个时候管理者光对员工讲道理没有用，关键在于要把自己的信心通过行动来传递给组织成员。

没有绝望的形势，只有绝望的人。形势永远不会绝望，除非自己放弃了希望。所以毛泽东说过，有利的情况和主动的恢复，产生于“再坚持一下”的努力之中。[①]

毛泽东在六盘山写过一首著名的词《清平乐 · 六盘山》：

> 天高云淡，望断南飞雁，
> 不到长城非好汉，屈指行程二万。
> 六盘山上高峰，红旗漫卷西风。
> 今日长缨在手，何时缚住苍龙?

当时的毛泽东刚刚经历了和张国焘之间的斗争，红军即将进入陕北，但没人知道陕北是什么情况，一切都是未知的。然而从这首词中，你感觉不到任何的沮丧、彷徨、迷茫、低落，你能感受到的是一种乐观，一种向上，一种信心，一种兴奋，一种未来就在我眼前，全局都在我的掌控之中的心态。

其实，管理者的特点就是在大家都迷茫的时候，能够用自己的内心之火燃起大家的信念。这种强大的意志力和信念，带来了革命乐观主义，这种精神对于整个组织来讲是至关重要的。

---

① 《抗日游击战争的战略问题》，见《毛泽东选集》(第二卷)，人民出版社，1991 年。

鼓舞士气

管理者除了自己有强大的意志力和坚定的信念，更重要的是要把整个团队的士气鼓舞起来。士气是一切战略战术的基础。

逆境之中领导艺术的核心就是在人们的心中重新燃起对战斗的渴望和对胜利的信心。对于企业来说，如果一个团队士气不振，再好的营销计划都是没有用的。所以，这时候鼓舞士气就成了管理者领导力的核心，甚至是整个组织逆转的前提。

四渡赤水中的娄山关战役为什么那么重要？其实，娄山关战役就俘虏了3000人，击溃了中央军2个师，外加黔军8个团，这个规模并不算特别大。但是，因为红军从第五次反“围剿”失败被迫长征以来，一直在经历失败。这时的红军急需一场胜利来提振士气，而娄山关战役就把胜利放在了大家面前，整个红军的士气就发生了根本性变化。

毛泽东特别看重士气。我们知道，共产党的部队长期以来物质资源都极其匮乏，靠什么坚持革命？靠精神，靠士气。毛泽东讲：“这个军队具有一往无前的精神，它要压倒一切敌人，而决不被敌人所屈服。不论在任何艰难困苦的场合，只要还有一个人，这个人就要继续战斗下去。”①

巴顿将军也讲过，一个好的指挥官，应该把重心工作的80%放到提高部属的精神状态上。

带兵的关键在于鼓舞士气。要先恢复组织的士气，他们才会释放出强大的能量。

---

① 《论联合政府》，见《毛泽东选集》（第三卷），人民出版社，1991年。

同甘共苦

同生死，共患难，生死与共、至死不渝的感觉对于逆境中的团队来说是至关重要的。管理者不能期望下属做自己不愿意做的事情。分担下属的苦难，和下属一起战斗，与下属同甘共苦……这样的行动，在困境之中比任何语言都要重要。

毛泽东在井冈山时给中共中央写过一份报告，讲井冈山那时候土匪出没，缺医少药，信息闭塞，特别苦，看不到希望……长期处于不利环境中的共产党这个团队，为什么没有散掉？其中一个原因是大家苦惯了，更重要的是，大家都一样苦。从军官到伙夫，零用钱发 2 毛就一律 2 毛，士兵也不怨谁。

就像我们小时候学的课文《朱德的扁担》，朱德作为军长亲自挑自己的粮食，上下同甘共苦，就是士兵愿意在一起共渡难关的重要原因。

百团大战后的冬天，日本发起了大扫荡。毛泽东判断接下来会更难，他特意给各个根据地发了一封电报说，务使全体官兵团结一致……在困难环境中，对待干部要有正确关系。有确实不负责因而不能完成任务者，当然应当加以指责与处分；有因客观困难或能力关系而不能完成任务者，就不应当加以打击。

毛泽东说，我们要吸取第五次反“围剿”失败的教训，当时因为客观困难不能完成任务的干部，受到了很多打击，他们感觉没有出路。而眼下困难增加，我们要强调干部同生死共患难的精神。①

今天，我们看企业中的人才管理，员工可以原谅领导决策的

---

① 《华北各部队今年冬季的任务》，见《毛泽东文集》（第二卷），人民出版社，1996 年。

失误，因为每个人都会失误，但他不能接受管理者把气、把责任推到自己身上，这是人品问题。如果员工对管理者的人品产生怀疑，那管理者就会失去员工的信任。

而信任是领导力的前提，没有信任根本谈不上领导力。同甘共苦背后的核心是什么？其实就是管理者对下属的忠诚，对组织中的每一个成员的忠诚。

巴顿将军讲过，我们讲忠诚，经常讲的是下级对上级的忠诚、个人对组织的忠诚，其实更重要的是组织对个人的忠诚、上级对下级的忠诚。

管理者只有忠于自己的下级，才会在关键的时候得到下级的回报。

价值驱动

今天我们回头看长征，离开苏区的 8.6 万红军，如果是一支军阀的队伍，离开苏区后不久就会散掉。为什么红军还有 3 万人走到了赤水河，有将近 8000 人走到了陕北？

这是一支有理念、有使命感、有价值观的部队。

越是困难的时候，越应该强化团队的凝聚力，但真正能够超越利害的凝聚力，一定源自组织的价值追求。

只靠利益来凝聚的团队只能是雇佣军，有利而来，利尽而去。形势不利的时候，散得比谁都快。在逆境中，共同的价值追求所形成的凝聚力比任何时候都更深刻。

在四渡赤水的过程中，先后十几次调整作战方向，有时候士兵也会很郁闷，也会怀疑：老大你知道要去哪儿吗？所以林彪到达会理后就提出："为什么非要四渡赤水？为什么不能二渡赤水？"这说明，下面的压力已经到了林彪——军团长这一级别了。

士兵不是没有质疑，他们也会郁闷，会有牢骚，却依然愿意跟着走，为什么？放到今天，如果一个企业的方向这样变来变去，员工早就不跟你干了，为什么红军的团队还是愿意继续走下去？

其实背后有不变的东西，就是这个组织的理念、使命和信仰，关键时候起作用的是这些。

马云曾经说：一支强大军队的勇气往往不是诞生在冲锋陷阵之中，而是表现在撤退中的冷静和沉着。

回头看长征，它就是一个逆境突围的过程，也是一个大浪淘沙的过程。长征为中国共产党选出了毛泽东这样的领袖，也为中国共产党打造出了一支铁的队伍。到达陕北后队伍剩下了不到8000人，但每个人都有了这样一种理念：这样的苦难都可以经历，还有什么样的苦难不能承受？

这就是逆境给一个组织留下的最宝贵的财富。

平时，组织和个人都会有惰性与惯性，巨大的挑战与压力却往往会让一个组织脱胎换骨。你的团队、你的文化、你的作风、你的战略、你的组织，乃至于更重要的你的自我认知，都是如此。

逆境是一个组织重组和升级的最好机会。逆境会突显企业最强和最弱的部分，突显出哪些人是你真正的精英和骨干，哪些人可以与你生死与共。这就是压力与挑战的价值。

伟大的组织往往是在逆境中成长起来的。在逆境中优秀的领导者可以最大程度调动和发挥自身和团队的潜能。最苛刻的环境反而会逼出企业内在的生存潜力，逼企业升级自己的竞争优势，杀出一条血路，从而将对手甩掉。

这样的组织，就可以走前所未有的路，打前所未有的仗，下前所未有的决心，找出前所未有的发展机会，去取得以前无法取得的胜利。

尼采曾经说过:“凡是杀我不死的，只能使我更强大。”

把逆境中的这种精神，融入你的团队，你的团队就会变成像红军一样的铁军。

主要观点

逆境中的组织要想保全自己，就必须有敢于放弃与敢于收缩的勇气。

舍本身不是目的，舍是为了找到更好的机会，舍是为了得，舍是为了更好地生存，而生存就是王道。

关键时刻，用兵一定要狠。这样，才可以把战术性的机会变成战略性的突围。

没有绝望的形势，只有绝望的人。形势永远不会绝望，除非自己放弃了希望。

管理者只有忠于自己的下级，才会在关键的时候得到下级的回报。

在逆境中，共同的价值追求所形成的凝聚力比任何时候都更深刻。

逆境是一个组织重组和升级的最好机会。逆境会突显企业最强和最弱的部分，突显出哪些人是你真正的精英和骨干，哪些人可以与你生死与共。这就是压力与挑战的价值。

科林·鲍威尔的 7 条领导法则[①]

科林·鲍威尔是美国历史上最具有传奇色彩的将军之一。他的父母是贫穷的牙买加移民，他出生于纽约的哈莱姆黑人区，青少年时代饱受种族歧视与侮辱。然而，就是这样一个出身贫贱的黑人青年，却成为美国参谋长联席会议第一位黑人主席、美国第一位黑人国务卿。这位四星上将的成功，很大程度上归功于他本人的品质、才能与杰出的领导艺术。在回顾自己戎马生涯的《我的美国之路》一书中，鲍威尔说过这样一句话："所谓领导，就是做出管理科学认为不可能的事情来。"读一读这位从军队的基层一步步成长起来的将军总结出来的领导法则，可以帮助我们理解一位优秀的领导者究竟是怎样走上成功之路的。

不要试图取悦所有的人

领导者很容易试图让每个下属都喜欢自己，试图谁也不得罪，

① 本文刊于《领导科学》2009 年 5 月（下），原标题为《科林·鲍威尔：一名传奇将军的领导法则》。

试图让所有人都满意。然而这样做反而往往会使自己成为一个平庸的领导，其结果不仅会得罪更多的人，而且最终会损害自己的权威。

鲍威尔的第一个领导职务，是他在纽约市立学院读书时所担任的后备军官训练团学员团团长、潘兴步枪会会长。在参加一次校际比赛时，他挑选的负责特技动作队日常训练的同学约翰·帕多因为个人感情问题而情绪不佳，影响了特技队的训练。鲍威尔尽管听到了一些反映，但还是抹不开面子，没有撤掉这位同学的职务，最终步枪会输掉了特技队列表演的金牌。鲍威尔非常后悔：他下不了决心解除一个人的指挥权，付出的是使整个特技队输掉比赛的代价。他由此得到了一个教训，这就是当主管就意味着必须做出决策，不论这是多么不愉快的决策。不能为了照顾一个人的面子而让多数人付出代价；负责任有时候意味着必须炒别人的鱿鱼。

卓越的领导有一个共同的特点，就是平时温和友善，关心下属，但该采取强硬措施的时候，一定会非常坚决，毫不含糊。鲍威尔说过一句很意味深长的话："使人们感到气恼，这是领导工作的一部分。"对于领导者来说，试图讨好所有的人，实际上是在逃避领导的责任。领导者不可能让所有人都对自己满意，花大力气去讨好所有人，只能导致领导活动的失败。领导者当然不应该有意给自己树立敌人，但是在需要的时候，领导者必须要敢于得罪那些应该得罪的人。领导成败的关键不是不去得罪人，而是不要得罪错人。领导者能做到的，只能是确保在组织之中，表现好的人总比表现差的人更为满意，而最优秀的人总是最满意的人。鲍威尔认为，事业的成败就在于干事业的人："只有将最优秀的人才吸引进来，你才能成就伟大的功业。"试图讨好所有人，反而是对优秀人才的最大不公平，也就不可能吸引、挽留和鼓励这些真正的人才，而最终受到伤害的，只能是整个组织和领导者本人。因此，在一个组织中，如果从来都没有一个人被得罪，这样的领导，往往也就离失败不远了。

学会倾听下属的想法

鲍威尔说："士兵们有问题来找你，说明他们相信你。……领导者的责任就是解决问题。倘若士兵们有问题不来找你，那就说明你失去了对他们的领导。他们准是不再相信你能帮助他们，或是断定你不关心他们。这都是领导人的失败。"对于领导者来说，真正重要的信息往往是自下而上的。领导才能的一个重要组成部分就是有效的倾听，要帮助下属清楚明白地说出他们的问题、他们的想法，甚至他们的抱怨。

好的领导者一定要学会倾听下属的真实想法。军队是一个等级制组织，等级制的最大风险是，领导的层级越高，离真实的世界就越远，就越难听到真实情况。鲍威尔对此非常清楚，他曾说，在军队里，当你成为四星上将，人们就会为你做一切，哪怕你只是无意中暗示了一下你想要什么。如果你说一面墙看起来有点脏，那么太阳下山前它肯定已经被粉刷一新。他因此深有感触地说：一个人职务越高，在接触真实的人和真实的数据方面就要付出越多的努力。

鲍威尔认为，要想打破与下属的隔阂，关键是要有一个坦率交流的氛围。在他看来，领导者置身于一张大办公桌的后面，是没有办法跟人进行坦诚交流的。有下属拜访他时，他宁可将下属引到只摆放着一个小圆桌和几把椅子的小角落里，进行促膝交谈。他的会议室里的所有桌子都是圆的，所以谈话的时候从来不会让人感觉到地位的差距。为了让下属说出他们的真实想法，他还强调领导者一定要真正用心来倾听下属的倾诉。当一个年轻的上尉进来见这位参谋长联席会议主席时，他会让这个年轻人坐下。他会说："尽管说吧，孩子，你有什么意见?"他会尽一切努力让上尉觉得他是在跟一个平等的对象进行讨论甚至争论。等到这位下属回去的时候，就会告诉他的朋友，他刚刚跟参谋长联席会议主席争论了一场……消息很快就会传开，所有的人都会明白，当他们到鲍威尔的办公室时，鲍威尔是真的想听听他们的想法。

的确，如果下属意识到领导者在乎他们的想法，他们就会认真地整理出自己最好的想法、最好的主意。而且，如果领导者能好好倾听下属们说话，下属回过头来也一定会好好地听你说话。许多领导者总是更喜欢发号施令，但是对于真正优秀的领导者来说，耳朵显然比嘴巴更为重要。

信任并支持你的下属

鲍威尔说："数百年来军官们就一直绞尽脑汁要在智力上胜过士兵，但至今还不明白这是不可能的。"在他看来，领导者要赢得战争的胜利，就必须依靠士兵们的才能和智慧。他认为，优秀的领导者必须信任自己的手下。他有一条著名的原则，就是"战地指挥官总是对的，后方指挥所总是错的，除非有证据证明情况相反"。

鲍威尔以中尉的身份在越南做军事顾问的时候，美国国防部长麦克纳马拉去了越南，并在经过 48 小时的访问之后宣布："各种定量分析的结果都表明我们在赢得这场战争。”然而鲍威尔说，他本人在越南山谷里见到的一切，却没有一件事能表明美国正在取胜，或者能够取胜。鲍威尔由此得出结论，战场上的人最贴近问题，最了解形势，因此那里才是真正的智慧所在。做了国务卿以后，鲍威尔依然相信这一条原则，他强调说，真正的智慧存在于他的大使中间，而不在华盛顿的官僚机构之中。因此，明智的领导者不是去约束和控制自己的下属，而是信任自己的下属，发挥他们的主动性，并积极引导他们有效而负责地运用他们的智慧与力量，来帮助组织达成目标。

除了充分信任下属之外，鲍威尔还强调要给予下属充分的支持。鲍威尔在任驻德美军第5军军长时，他特意告诉他的部下：“我会给你们每个人做好工作所需要的任何帮助。”他说，只要是他们执行任务所需要的东西，他都会尽力满足。“如果法兰克福没有，我就去找美国驻欧洲陆军总部。要是他们也没有，我就去华盛顿。反正我会始终支持你们。”他在做国务卿时，同样向国务院的雇员们传达了这样的信息：“我们中间那些待在这里的人之所以存在，不仅仅是为了支持总统，而且是为了支持正在工作的总统代表——那些在外执行任务的大使。”优秀的领导都明白一个道理：领导就是服务。只有积极帮助下属取得成功的领导，才能最终取得事业的成功。

永远不要忘记检查细节

鲍威尔认为：“一个人想要在大事上成绩卓著，他就必须在小事上注意习惯养成。”

鲍威尔年轻时参加过一个空降导航员训练班，在训练班接近尾声时，他和学员们计划乘直升机跳伞。经过一天的越野行军，在天黑时分，他们终于在风雨交加之中上了直升机。每个人都精疲力竭。直升机起飞了，鲍威尔作为机上军阶最高的军官，在直升机引擎的轰鸣声中，大声提醒每一个人系好固定开伞索。开伞索固定在舱底钢缆上，跳伞时可以自动将伞拉开。黑暗中，可以听到大家都在用双手顺着舱底的钢缆仔细检查。临近跳伞地点，鲍威尔再次大声喊叫，要每个人再检查一次。接着，鲍威尔又像一个唠唠叨叨的老太太一样挤到同伴中间，亲自检查每一根绳索。令他大惊失色的是，一名军士的开伞索竟然没有钩上。鲍威尔将未钩上的开伞索往这名军士面前一晃，这位军士顿时大惊失色。他要是这样踏出飞机，就会像石头一样直坠地面。那个差点送了命的家伙感激得热泪盈眶，鲍威尔也得到了教训，就是“千万不要忽视细节，哪怕是落到人人讨厌的地步。紧张、混乱与疲劳的时刻最容易犯错误。他人都头脑迟钝或思路不清时，领导者必须双倍地警觉”。“永远不要忘记检查细节”，也由此成了他的又一条行为准则。

做到美军最高首长的鲍威尔，还是坚持要求自己和下属要对细节保持警惕。他认为：“检查细节可以达到两个目的：其一，司令官可以了解战备的真实情况而不是表面现象；其二，将军对细节的重视可使基层官兵知道，他们在指挥心中的位置与其他环节一样重要。”

正确处理与上级的分歧

军令是联结军队上下级关系的重要纽带。军令如山，在军中，军令是非常严肃的事情，必须得到有效的执行。但作为下属，有时候对于上级的命令很可能会有不同的理解乃至分歧。如何处理严格执行上级的命令与坚持个人观点这一矛盾呢？

鲍威尔在军中有着丰富的阅历，他注意到一个现象，就是有些军官的能力显然很强，但他们的军旅生涯却并不顺利，前进的航船经常触礁搁浅。他发现这些军官有一个共同的特点，那就是对待上级要做的事情过于固执己见。他们抵制那些他们认为是愚蠢的以及与自己不相干的事情，结果他们自己也未能生存下来。鲍威尔认为，这些军官的做法本身就是愚蠢的。在军中，身为下属，当上级的命令非常明确的时候，首先要执行上级的命令，哪怕内心里暂时并不完全理解。

鲍威尔在担任旅长时，美军中有一套所谓的现代管理测量评估标准，如无故缺勤率、酒后驾车率、年度体能达标率等等。每个月，每个旅、营、连都会得到一张报表，指出你部与其他单位相比表现如何。鲍威尔并不完全认同这种管理方式，因为数字本身并不能反映诸如士气、领导水平和部队的战备观念这样一些因素。但鲍威尔并没与上级对着干，他的策略是，首先下大力气把所有评估指标抓上去，然后再着手抓他认为真正应该做的事情。他幽默地说：“把国王要求做的事做好，别让他再找你的麻烦，然后你就可以抓你认为重要的工作了。”这样既兼顾了命令的执行，又达到了管理的目的。

鲍威尔在谈到什么是对上级的忠诚时说：“当我们辩论某个问题的时候，忠诚就意味着把你的真实意见告诉我，不管你认为我会喜欢它还是不喜欢它。在这个阶段，有分歧对我是一种激励。但是，一旦做出了决定，辩论就结束了。从那时起，忠诚就意味着把我的决定当作你自己的决定来执行。”作为下属，在上级决策做出之前，应该充分表达自己的意见；但上级的决策一旦做出，对它就要像自己做出的决策一样坚决执行，绝不能再固执己见。鲍威尔说：“绝不要把你的自我同你的观点混为一谈，以免你的观点站不住脚时，你的自我也随之不复存在。”对于下属而言，这可能是能听到的最好的忠告了。

乐观是力量的倍增器

鲍威尔很愿意与人分享自己的领导法则，其中有几条法则是这样的：“事情并不像你想的那么糟。到明天早晨，情况就会好转。”“不要让不利的因素妨碍你做出明智的决策。”“永远乐观会使力量倍增。”

鲍威尔在驻韩美军担任营长时，曾经率领士兵参加为时一周的“颠倒时间训练”。训练结束时，士兵们个个精疲力竭，瘫倒在地上，等候卡车来拉他们回营。但就在这时，一个军官来报告，师部没有足够的汽油接他们回去，他们只能在寒冷的黑夜里再徒步行军 30 余英里返回营地。士兵们疲惫不堪地上了路，连抱怨的力气都没有了。穿过一个村庄，鲍威尔手下一名领队的作训军官找到他，带着与疲惫的气氛极不协调的兴奋神情说，他们还有 12 英里多一点的路要走，如果他们加快行进速度，便可在 3 小时之内走完 12 英里，而这个成绩可以用来获得特等步兵证章资格。当时鲍威尔一直在努力让尽可能多的士兵达标取得特等兵证章资格，但能获得这一殊荣的士兵一般不会超过 1/5。尽管如此，鲍威尔在部队里学会的一件事就是不要挫伤下属的积极性。他下达了加快步伐的命令。士兵们慢慢加快了速度。在接下来的时间里，士兵们纷纷解开了大衣扣子，在寒冷的夜晚里热汗直流，吸气和呼气的声音听起来像风一样。最后他们还剩几英里的山路。鲍威尔不知道士兵是怎样走完这段路的，他自己每走几百码都要停下来喘口气。这时，在队伍的前列，有人唱起了军歌，然后更多的人唱了起来，最后整个山里都回荡起他们营的歌声。队伍通过大门进入营区时，士兵们开始整队齐步走。被吵醒的师长埃默森将军穿着浴袍走出宿舍，笑逐颜开地看着部队像接受检阅一样在他面前走过。此时此刻，在韩国的深更半夜里，曾经疲惫不堪的700人，凝聚成了一个精神饱满、生气勃勃的整体。结果，他们营中，取得特等步兵证章资格的士兵人数，比另外一个旅所有3个营加起来还要多。

优秀的领导者即使身陷绝境，也要激发起组织的希望与信心。事实上，越是在遇到挑战的情况下，领导者越要具有强烈的乐观主义精神，并在组织中传播这种热情。鲍威尔是一个乐观主义者，他有一个信念，就是“只要开动脑筋，就可以把不利化为有利”。在他看来，人，特别是能干的指挥官，才是使部队取得成功的决定性因素。一个好的指挥官，能激励他的下属在任何条件下都表现出色。用他的话来说，乐观，永远是力量的倍增器。

掌握好决策的40/70法则

领导者必须做出决策，而决策必须依靠对信息的掌握。在信息不完全的情况下，如何在最合适的时机下定决心并采取相应的行动，始终是困扰领导者的一个难题。鲍威尔摸索出一套做决策的原则，这就是“40/70 法则”。

“40/70 法则”的前提首先是信息，因为信息是决策的前提。因此鲍威尔认为，在做决策的时候，领导者要尽可能挖掘信息。他说当面对一个需要做出决策的问题，例如要为某个职务物色人选或者选择行动方针的时候，他总是收集他可能收集到的所有信息。但是，时间是容不得领导者随心所欲地无限期收集信息的。鲍威尔认为，到一定时候，在我们尚未把每一个可能找到的事实掌握之前，我们就必须做出决策。关键并不是决策要快，而是要及时。他提出了一个判断时机的方程式，即 P=40~70，这里的 P 代表成功率，数字表示已获知情况的百分比。鲍威尔说：“如果我掌握的情况保证我做出正确决策的可能性只有 40%，我便不做决定。但是，我也不等到掌握的情况足以保证我做出决策的正确性达 70% 时才做决策，因为那个时候几乎肯定是太晚了。到我获得的情况能保证我决策的正确系数达到 40%~70% 这个范围时，我便凭我的直觉做出决断。”这就是他的“40/70 法则”。

在信息不完全的情况下，有的领导者很愿意将决策延至最后一刻，直到他可以获得所有能得到的相关信息，并认为这是将风险降至最低的好办法。鲍威尔说，根据他的经验，延迟到最后一刻才行动，往往反而会增加决策的风险。在鲍威尔看来，在未掌握足够的情报之前要谨慎从事，但一旦掌握了足够的情况，就要大胆地甚至凭直觉就采取行动。用他的话说，是“一停，二看，三听，而后再用所需的全部兵力快速而猛烈地实施打击”。

美国旧金山一位研究领导艺术的管理学教授曾经开玩笑说，

读完科林·鲍威尔的自传《我的美国之路》后，他就想把自己书房中关于领导学的那些书通通都扔出去了。的确，实践是最好的导师。鲍威尔的领导法则，是他从自己丰富的军事实践中总结出来的，是真实世界的活生生的领导艺术，因此也就比许多所谓领导学的专著具有更为鲜活的指导意义。

主要观点

对于领导者来说，试图讨好所有的人，实际上是在逃避领导的责任。

在一个组织中，如果从来都没有一个人被得罪，这样的领导，往往也就离失败不远了。

如果领导者能好好倾听下属们说话，下属回过头来也一定会好好地听你说话。

优秀的领导都明白一个道理：领导就是服务。只有积极帮助下属取得成功的领导，才能最终取得事业的成功。

把国王要求做的事做好，别让他再找你的麻烦，然后你就可以抓你认为重要的工作了。

优秀的领导者即使身陷绝境，也要激发起组织的希望与信心。

汉塞胡天：丝绸之路与企业家的生命重塑①

2014 年初春，我在国发院 EMBA 的两位校友程涛先生和王守良先生的陪同下，第一次来到敦煌和瓜州。从那以后，每年我都会与企业家学员们一起来到河西走廊，行走在这条古老的丝路上，有时候一年会来这里七八次。

风头如刀，流沙漫漫。天地之间，是无边的戈壁与沙砾，满目的荒凉与枯寂。骆驼刺、芨芨草还有红柳绝望地与干旱抗争，黄土夯成的玉门关和锁阳城默默承受着风沙的切割。终于进入生命得以繁衍的绿洲，路旁的水渠也大多是干涸的。与烟雨江南相比，你会发自内心地感慨上天真的是不公平的。

那么，为什么今天那么多的企业家都来走这条路？为什么很多人走了一次还想来？为什么这条路成为很多人魂萦梦绕的地方？这究竟是一条什么样的路？

这条路，张骞走过，霍去病走过，班超走过，玄奘走过，林则徐走过，左宗棠走过。一条古丝路，半部中国史。没有哪条

---

① 本文刊于《企业家的戈壁商学院》，机械工业出版社，2021 年版。原标题为《企业家为什么要走这条路》。

路，能与中原王朝的兴衰如此息息相关。也没有哪条路，承载了这么多的精神内涵。

这首先是一条血性之路

丝路的打通，用的是战争的手段。汉唐时期，中原王朝之所以要打通丝路，是出于自身安全的需要。

清代著名历史地理学家顾祖禹曾经对中原王朝的生存逻辑有一段非常精彩的分析："欲安中原，必保秦陇；欲保秦陇，必固河西；欲固河西，必斥西域。"

长期以来，中原地区农耕民族所面临的最大挑战，就是北方的游牧民族，如汉时的匈奴、唐时的突厥。游牧民族可以从北和西两个方向，对中原地区形成半包围之势，随时可以发起战略性的进攻。尤其是河西走廊，更是对关中一带中原王朝的政治中心形成了直接的威胁。

在这种情况下，中原王朝要想长治久安，就必须解决游牧民族带来的边患。而要解决北方边患，就必须向西北拓展边界，夺取河西走廊，进而经略西域，从而对游牧民族形成反包围之势。这样一来，才能主导周边的格局，保证王朝的安全。

这条路上一幕幕可歌可泣的历史大戏，正是这样拉开了帷幕：张骞出使西域，霍去病三次征战河西，班超经略西域，隋炀帝西征吐谷浑，唐太宗、唐高宗击败突厥……"犯我强汉者，虽远必诛"，无数的汉家将士从长安出发，就从我们脚下的这条路，向西，向西，向西，帝国的疆域也随之向西推进。直到今天，这条路上似乎依然回荡着当年帝国开疆拓土的脚步声。这是那个生机勃勃的时代留给历史的回响。

于是就有了玉门关，有了锁阳城，就有了“大漠孤烟直，长河落日圆”的辽阔，有了“征蓬出汉塞，归雁入胡天”的雄迈，有了“万里不惜死，一朝得成功”的慷慨，有了“黄沙百战穿金甲，不破楼兰终不还”的昂扬，有了“孰知不向边庭苦，纵死犹闻侠骨香”的豪放，有了“金带连环束战袍，马头冲雪度临洮。卷旗夜劫单于帐，乱斫胡儿缺宝刀”的出生入死，有了“男儿生世间，及壮当封侯。战伐有功业，焉能守旧丘”的价值追求，以及“功名只向马上取，真是英雄一丈夫”的快意人生。

那是一个开疆拓土的时代，也是一个英雄辈出的时代。无数渴望立功绝域的人放弃了中原的舒适生活，涌上了我们脚下的这条路，来为国家建功立业，为自己博取功名。朝气蓬勃的少年精神因此成为那个时代的最强音。他们蔑视困难，他们视死如归，他们壮怀激烈，他们士气高昂，他们充满了豪侠的气概和英雄主义精神。

所以我经常说，中国人不是没有血性的。中国人不是天生文弱的。中国有过尚武的时代，有过铁血的时代，有过豪情万丈的时代，有过英雄主义的时代。“骝马新跨白玉鞍，战罢沙场月色寒。城头铁鼓声犹振，匣里金刀血未干。”“大漠风尘日色昏，红旗半卷出辕门。前军夜战洮河北，已报生擒吐谷浑。”“一身能擘两雕弧，虏骑千重只似无。偏坐金鞍调白羽，纷纷射杀五单于。”这就是那个时代很多中国人渴望的人生。

而我们脚下的这条路，就是展示这样的英雄主义的最好舞台。这条路，也是我们这一代人，连接千年之前那种汉唐血性的路。它代表的，是那个时代我们这个民族的光荣与梦想。

这也是一条文明交流之路

这条路是用战争的手段打通的。然而它一旦打通，就支撑起了商业贸易和文明交流的动脉，从而塑造了亚欧大陆的面貌，造就了中原王朝的辉煌。

从文明的角度来说，丝路的意义是什么呢？它是一条巨大的文明传输带，带动了文明之间的交流。汉唐气象被远播至遥远的西方，中国人的四大发明，包括丝绸，大多是沿着这条路传入西方的。而丝路沿途各地的物产、文化、习俗也被带入中原，从而极大地丰富了中华文明。

丝路打通之前，中国人的物质生活是比较单调的。经丝路传入的物品，极大地丰富了中国人的物质世界。水果蔬菜中，中原人吃上了葡萄、石榴、西瓜、胡椒、胡萝卜……凡是名字中带有“胡”字的，多是从丝路传入的。核桃当年叫胡桃，芝麻最早叫胡麻，黄瓜一开始叫胡瓜，大蒜名叫胡蒜，香菜早年叫胡荽，蚕豆本名胡豆，菠菜则是波斯之菜，还有大头菜，叫作蔓菁。

动物也是这样，大象、犀牛、宝马、骆驼、狮子、鸵鸟……开始进入中原人的世界。食品中，改变了中国人生活的一种重要物品是糖。在唐朝之前，中国只有饴，所以有“甘之如饴”这个成语。以甘蔗为原料的制糖技术，通过丝路传入中国。季羡林先生专门写了一部《糖史》，通过糖的传播来看文明的交流。

物质的交流只是一方面，更重要的是文化的交流。大量的胡人进入中原乃至在中原定居，使得中原的长安和洛阳这样的国际化大都市出现了所谓的“胡化”风尚。胡风、胡俗、胡装、胡曲、胡食、胡舞、胡姬……《旧唐书·舆服志》说唐朝“太常乐尚胡曲，贵人御馔，尽供胡食，士女皆竞衣胡服”。这一点也不夸张。当年唐代十部乐即《燕乐》《清乐》《龟兹乐》《疏勒乐》《安国乐》《康国乐》《高丽乐》《西凉乐》《高昌乐》《天竺乐》，其中只有《燕乐》和《清乐》两部是中原本土音乐，其余全部来自异域。无怪乎唐诗中会有这样的句子：“女为胡妇学胡妆，伎进胡音务胡乐。……胡音胡骑与胡妆，五十年来竞纷泊。”甚至有诗说：“城头山鸡鸣角角，洛阳家家学胡乐。”

今天中国人所说的民族乐器，如琵琶、二胡、唢呐、箜篌，其实早先都是从丝路传来的异域玩意儿。尤其是在边地，这些乐器构成了当年中国人精神生活的主体。

我们不能想象如果没有这些来自异域的乐器，还会不会有那些著名的唐诗。“中军置酒饮归客，胡琴琵琶与羌笛。”胡琴、琵琶、羌笛，一句诗中就出现了三种乐器。“羌笛何须怨杨柳，春风不度玉门关。”这句中国人几乎从小就会背的唐诗，将人带入一种凄凉意境的是羌笛。“葡萄美酒夜光杯，欲饮琵琶马上催。醉卧沙场君莫笑，古来征战几人回。”没有了丝路传入的葡萄、葡萄酒、夜光杯、琵琶，也就不会有王翰这首脍炙人口的诗了。

文明都是在交流过程中发展起来的。没有哪个民族的文明是完全独立发展的，没有哪个封闭的文明会真正繁荣。是开放带来了中原王朝的盛世。大唐“词华典赡，无美不备”的雄阔气象，靠的是唐人海纳百川的胸襟。当丝路中绝的时候，文明的发展也会失去蓬勃的活力。

这还是一条信仰之路

经贸的往来、人员的流动，也带来了宗教信仰的传播。传入中原的宗教，尤其是佛教，改变了中国人的精神世界。

通过丝路东传进入中原的宗教，有佛教、三夷教（景教、袄教和摩尼教）以及后期的伊斯兰教。而对中国人影响最大的，就是佛教。

佛教传入中国，除了经海路和东南亚之外，最主要的一条道路，是从中亚传入新疆，从新疆传入敦煌，而后沿河西走廊进入中原地区，并形成了今天大乘佛教在中国占主导地位的格局。丝路因而又称佛教之路。今天中国的佛教已经完全中国化，并成为中国人精神世界不可分割的一部分。

来到敦煌莫高窟，你一定可以感受到当年佛教的影响。来到瓜州塔尔寺，你一定会听到玄奘西行求法的故事。以玄奘之路而闻名的这段路，更是赋予了丝路为追求信仰而百折不挠的文化精神。

所有来到这条路上的人，一定听过玄奘的故事，尤其是他在莫贺延碛身陷绝境时出于求生的本能，曾经动摇、曾经犹豫，但还是选择了“宁可就西而死，岂归东而生”，最终走出了大漠，并成为一个伟大的求法者。这段惊心动魄的经历，让无数人为之动容。

人生做事，其实有三层境界。

第一层境界是职业，做事是职业的要求，是当兵吃粮，是打一份工，这样的人做事是不会真正投入的，有利而来，利尽而散。

第二层境界是事业，有了事业心就会愿意奉献，愿意奋斗，就会愿意付出，愿意承受痛苦。

第三层境界是信仰，是理念。信仰是不可妥协的，是不讲代价的，信仰会让人付出百分之百甚至百分之两百的毅力，会让人历经苦难的煎熬而不动摇、不放弃，会让人为了信仰而燃烧自己、突破自己，从而迸发出强大的精神力量。

企业创业的过程本身就是九死一生的过程。在创业的过程中，多少人曾经遇到绝望、失败、沮丧，多少人曾经不止一次地想到放弃。但是最终支撑创业者走出绝望和困境的，往往就是在至暗时刻的意志、坚持、信念和毅力。

玄奘精神所体现的，正是信仰和毅力的力量。他的信仰、他的抱负、他的使命、他的毅力、他的意志、他的坚持、他的无畏、他强烈的救世意识，以及他执着地将自己的理念付诸行动所形成的强大的感召力，共同构成了独特的困境领导力。

德鲁克曾经提过三个经典的问题：我们的事业是什么？我们的事业将是什么？我们的事业究竟是什么？这三个问题所问的，其实就是你自己的信仰和价值观究竟是什么。

无数的商业实践都告诉我们：长期的成功，一定是价值观的成功；伟大的企业，一定是使命、愿景与价值观驱动的企业。

在复杂的经营环境中，企业经常会遇到“做什么、不做什么”这样的动摇与困惑。坚持自己的目标而不为一时的诱惑所动是很不容易的。企业当然是要追求利润的，但即使在商业这种以功利为特征的世界里，缺乏使命与愿景的企业注定无法走得长远。

短期与长远、局部与全局、利润与使命，当这些纠结出现的关键时刻，你究竟如何去抉择，最能暴露你的深层次追求究竟是什么，也最能决定你和组织的最终命运。清晰的价值观，可以给组织提供清楚的准则、明确的方向以及持续的动力。它是组织变得强大的无形的精神内核，是组织能够历经挫折而长期生存、不断发展的根本原因，这也是伟大与平庸的不同之所在。

正是因为有了这样的精神，这条路，就由一条物质上可能是世界上最贫瘠的路，变成了一条精神上可能是世界上最富足的路。

这是一条重塑生命之路

当年的戍边将士、中外使节、东西商人、求法高僧已经远去。重新走上这条路的，是当今的企业家们。企业家为什么要走这条路？没有人逼迫，没有人驱使，他们为什么会千里迢迢跑到这样一条路上来受虐？

一是感受宏大的格局。

汉唐为什么一定要开疆拓土？汉武帝、唐太宗这样一些伟大的帝王之所以伟大，在于他们绝不满足于一时的苟安和中原的舒适，而是为了王朝千秋万代的安全与发展，向着完全未知的世界进军，不断地突破传统疆域的界限，为此不惜付出巨大的牺牲。他们的长远意识、果断魄力、冒险精神，加上那个时代整个民族的血性与尚武精神，共同造就了汉唐的强大与辉煌，奠定了今天中华民族生存与发展的基本空间。

企业也是如此。企业停滞与衰落的背后，是精神上的自得自满、安于现状。开放、进取与不断突破，才能保证组织始终保持强大的活力，而这就需要企业家必须有宏大的格局和进取的魄力。

行走于天地之间，自我会变得非常渺小，但心胸会变得极为开阔。你会跳出眼前的苟且，跳出工作的局限，从更长远的视野、更宏大的格局，来重新思考你和组织的使命与方向。

二是激活自身的潜力。

企业家注定是孤独的，企业家在创业及企业发展的过程中注定会遇到各种各样的挫折、打击、逆境甚至失败。有没有强大的意志力，就成为能否支撑企业继续走下去的关键。

这条路，是考验体力，更是磨炼毅力、逼你突破自我、突破极限，从而脱胎换骨的一条路。在惯常情况下，组织和个人往往会都有惰性和惯性，最苛刻的环境反而会逼出你的生存潜力。走在这条路上是一个煎熬的过程，也是一个战胜自我的过程。你会体验到从痛苦，到绝望，到坚持，到蜕变的全过程，你会发现你的精神力量远远超出你自己的想象。你会在痛苦的经历中，在心性的层面完成真正的成人礼。

从本质上来说，这是一条重塑生命之路。

主要观点

文明都是在交流过程中发展起来的。没有哪个民族的文明是完全独立发展的，没有哪个封闭的文明会真正繁荣。

企业创业的过程本身就是九死一生的过程。在创业的过程中，多少人曾经遇到绝望、失败、沮丧，多少人曾经不止一次地想到放弃。但是最终支撑创业者走出绝望和困境的，往往就是在至暗时刻的意志、坚持、信念和毅力。

短期与长远、局部与全局、利润与使命，当这些纠结出现的关键时刻，你究竟如何去抉择，最能暴露你的深层次追求究竟是什么，也最能决定你和组织的最终命运。

企业停滞与衰落的背后，是精神上的自得自满、安于现状。开放、进取与不断突破，才能保证组织始终保持强大的活力。

管理学的战争视角

从战争理论看企业竞争的本质属性及指导原则①

战争是人类社会中最激烈的竞争活动，在所有的竞争理论中，战争理论也是率先产生、发展和成熟起来的。借助战争这种特殊形态的竞争实践及其理论，人们无疑可以更好地理解竞争的本质及其规律。从性质上来说，今天东方的《孙子兵法》和西方的《战争论》，都已经超出了单纯的战争著作的局限，其应用价值延伸到了包括企业竞争在内的几乎所有竞争领域。在不同的竞争领域，都有人在不断地从历史上的著名战例中、从经典的战争理论著作中、从传奇的战略大师身上，汲取竞争制胜的智慧。

从研究方法上来说，正如战争本质属性的研究是战争研究的起点一样，企业竞争本质属性的研究同样也是企业竞争研究的起点。然而在有关企业竞争的已有文献中，竞争本质属性的研究或多或少是一个被忽视的问题。应该说，这是竞争研究的一个缺项。

从战争理论的角度来说，克劳塞维茨关于战争本质属性的研究成果，直到今天还是经典的。他在《战争论》中所提出的战争本

---

① 本文刊于《滨州学院学报》2006年6期。

质属性的“三位一体”，对于研究竞争的本质属性，包括企业竞争，具有相当的启发意义。

三位一体：战争的本质属性

所谓的“三位一体”，即战争是暴烈性、不确定性（概然性和偶然性）与政治从属性的结合体。克劳塞维茨的《战争论》第一章，主要就是在阐明这一观点。

战争的这三个本质属性对战争的影响是不同的。在克劳塞维茨看来，暴烈性导致的是“盲目的自然冲动”，不确定性“使战争成为一种自由的精神活动”，政治从属性则使“战争因此属于纯粹的理智行为”。他还认为，这三种倾向像三条不同的规律，深藏在战争的性质之中，同时在起着不同的作用。研究者的任务，就是使理论在这三种倾向之间保持平衡。

克劳塞维茨的这个论断，是人类历史上第一个关于战争的本质属性的科学解释。暴烈性是战争的最本质的属性，是战争区别于其他社会冲突现象的最突出特征，也是战争逻辑的起点。它是暴力手段和敌对意图共同作用下的对抗性交互。不确定性的提出，则深刻地反映了克劳塞维茨战争哲学的历史与哲学深度。不确定性是由偶然性和概然性构成的，偶然性及其规律性的反应——概然性，是战争这种复杂性的社会行为的必然内涵，始终存在于战争进程的全过程，并成为导致“战争迷雾”的主要原因。政治从属性则表明不存在“为战争而战争”。战争的表象之后都有政治作用的痕迹，战争的起因、战争的范围和目标、战争的结束都是政治作用的结果，战争只是政治的另一种手段的继续，是政治用以实现其目标的工具。

克劳塞维茨的这些结论，对于我们理解企业竞争及其战略指导原则，无疑提供了极为有价值的线索。需要指出的是，与其他的竞争形态相比，“暴烈性”是战争的特殊属性。在克劳塞维茨看来，战争的要素就是“搏斗”：“战争无非是扩大了的搏斗。”由此克劳塞维茨得出了这样的结论：“战争是迫使敌人服从我们意志的一种暴力行为。”对于非战争领域的竞争研究者来说，显然并不能简单地照搬这一结论。实际上，从普遍竞争的角度来说，“搏斗”所揭示的正是竞争的对抗性特点。用克劳塞维茨的话说，是“两股活的力量之间的冲突”，是一种“斗争”，是“活的反应和由此而产生的相互作用”。在不同的领域中，斗争的手段显然是不同的。战争领域的基本斗争手段无疑是暴力性的对抗，这是战争之所以为战争。而在其他领域中，斗争手段则有很大的不同，但“对抗”则是所有“搏斗”的本质特点。因此，在研究非战争领域的竞争时，我们完全可以用“对抗性”来替换“暴力性”。这应该是符合克劳塞维茨的基本逻辑的。

由此，我们就可以从对抗性、不确定性、政治从属性（“政治”在这里是就广义而言的）的角度，展开我们对企业竞争的本质属性及其战略指导原则的分析。

对抗性与企业竞争

战争是对抗双方物质力量、意志和智慧的较量，战争行动的正确性及其效果必须取决于敌我双方行动的相互作用。对于作战行动方案的拟制和评估都必须在考虑双方对抗的前提下进行，以动态的战场环境和对抗态势为背景，以敌方可能采取的各种对抗行动为条件来制订己方的行动方案，而不能在封闭和静止的状态下进行。在决策过程中，对抗双方总是在相互揣摩对方的意图和行动，试图发现并利用对手的弱点，限制和控制对手的行动，通过运用谋略手段以夺取战场的主动权。一句话，战争就是一种敌我对抗的互动。

对抗性同样是把握企业竞争的一个重要视角。当经济进入过剩时代之后，在决定性的制胜因素中，产品或服务本身的质量当然很重要，和对手比较起来，该产品或服务的价值如何则更为关键。相对于竞争对手的优势，才是真正的优势。所以管理者无法满足于一个好产品，竞争对手的行动将会改变人们对原来产品质量的认识。在这种情况下，简单地为顾客创造价值已经无法满足竞争的需要，你还要比你的对手更好地为顾客创造价值。这就使得企业之间的竞争带有了相当的对抗性。

企业竞争的这种对抗性，直接导致了企业竞争战略的对抗性。什么是好的企业竞争战略？竞争的对抗性，决定了并不存在独立于竞争之外的最佳战略选择。所谓的最佳战略，永远是以竞争对手的行动为条件的。换言之，一个特定的战略或策略的效果，并不是由企业最初采取的措施决定的，而是在很大程度上取决于它对竞争者的行为和反应的预测的准确程度。那些看起来非常完美的战略或策略，即使开始时非常有效，也完全有可能被对手的反击行为破坏。

一个典型的例子是拥有万宝路品牌的菲利普·莫里斯公司的遭遇。20 世纪 90 年代，由于一些打折销售的香烟品牌的出现，万宝路的市场份额开始下降。为了夺回市场份额，菲利普·莫里斯公司决定将万宝路的价格每盒下调 20%。决策层的预期是这一行动可以从对手那里夺回 4 个百分点的份额。然而菲利普·莫里斯公司的决策层并没有充分考虑竞争对手的可能反击以及后果。结果很快就非常清楚了：尽管一开始公司夺回了一部分市场份额，但很快对手们同样开始疯狂降价，接下来就没有人能够赚到钱了。菲利普·莫里斯公司为此付出了股票价格下跌23%的代价。菲利普·莫里斯公司的失误，典型地反映了战略上的一厢情愿所带来的后果。实际上，商场上所发生的大部分恶性价格战，都是企业在没有充分考虑对手的反应及其后果的情况下引发的。

从企业竞争及其竞争战略的对抗性出发，我们至少可以得出三点启示：

首先，有效的战略，要将竞争对手的战略纳进来作为自身制定战略的重要的因素，并要充分考虑对手可能的后续反应。孙子说："水因地而制行，兵因敌而制胜。故兵无常势，水无常形，能因敌变化而取胜者，谓之神。"这一点同样适用于企业竞争的决策。对对手的战略方案、行为模式、思维特点以及未来行动方向的把握，无论是在战争中还是在企业竞争中都是很重要的。离开了这一点，就谈不上制定有效的竞争战略。

其次，在企业竞争中，战略方案的效果如何，一方面取决于自身的特点及执行，另一方面又在很大程度上取决于对手能否采取对己有利的方案。这也就是孙子所说的"不可胜在己，可胜在敌"。显然，无论是在战争中，还是在企业竞争中，这都是一个真理。

最后，谋略的运用，正是为了诱使对手采取有利于我的方案。战争与企业竞争都是一场博弈，博弈的结果在很大程度上取决于如何诱使对手采取错误的方案。这就为谋略的运用提供了广阔的空间。孙子说："兵者，诡道也。"一部孙子兵法，大部分内容是围绕着策略而展开的。在竞争中，高明的企业家同样可以像聪明的将军一样，通过一系列主动实施的策略行动，引导竞争向有利于自己的方向发展。

但是需要注意的是，战争与企业竞争毕竟是本质不同的领域。二者的一个重要不同在于，战争的对抗性要远远超出企业竞争。因此战争中的策略在合法的范围内可以无所不用其极，企业竞争的策略运用，则必须受到社会与行业规范的规定与制约。还要注意的是，战争的目的是打败对手，而企业竞争的目的是为客户提供和创造更好的价值。企业竞争的对抗性，必须从属于这样一个大前提。如果偏离了这个大前提，把企业之间的竞争变成了彼此之间的相互伤害，那就是恶性竞争了。

不确定性与企业竞争

不确定性是战争中最活跃的因素之一。克劳塞维茨说："战争是充满不确定性的领域。战争中行动所依据的情况有 3/4 好像隐藏在云雾里一样，或多或少是不确实的。""人类的任何活动都不像战争那样给偶然性这个不速之客留有这样广阔的活动天地，因为没有一种活动像战争这样从各方面和偶然性经常接触。偶然性会增加各种情况的不确定性，并扰乱事件的进程。""在人类的活动中，再也没有像战争这样经常而普遍地同偶然性接触的活动了。"造成战争的这种不确定性，重要原因之一是战争的对抗性特点。在对抗的环境下，对抗双方都在做着隐真示假的工作，对手的真实意图和决策常常被深深地掩盖起来。用克劳塞维茨的话说："战争中得到的情报，很大一部分是相互矛盾的，更多的是假的，绝大部分是不确实的。"由此便形成了所谓的"战争迷雾"。

孙子的“知彼知己”“知天知地”，就是尽量减少战争的不确定性的努力。

企业竞争同样是一个充满了不确定性的领域。美国前财长鲁宾曾经说过：“关于市场，唯一确定的就是其不确定性。”金融大鳄索罗斯在访问北京时也说：“我什么也不害怕，也不害怕丢钱，但我害怕不确定性。”而在20世纪30年代芝加哥大学的经济学家奈特看来，不确定性是企业经营的固有属性，解决不确定性的问题是企业家的天职和存在的合法性。他在1921年发表的《风险、不确定性和利润》中认为：不确定性的存在意味着人们不得不预测未来的需要，首要的问题和职能是决定做什么和怎样去做，因此出现了一个特殊阶层，他们向他人支付有保证的工资，并以此控制他人的行动，这正是企业和企业家存在的理由。也就是说，企业和企业家在世界上的存在，是不确定性这一事实的直接结果。

造成企业竞争的这种不确定性的原因，除了最基本的因素——来自竞争的对抗性之外，还很大程度上受到环境变革的不确定性的影响。在今天，技术的变革正在使得我们这个时代的商业环境的不确定性日益增强。而在转型时期的中国，企业竞争环境的这种不确定性表现得更为突出。

无论是战争领域还是企业竞争领域，不确定性都是无法从根本上消除的。相反，在战争领域中，人们早就认识到，战争永远是在迷雾中进行的，不确定性是敌我双方都共同面临的问题，关键是谁更善于把握这种不确定性，并利用这种不确定性。克劳塞维茨说：“要想不断地战胜意外事件，必须具有两种特性：一是在这种茫茫的黑暗中仍能发出内在的微光以照亮真理的智力；二是敢于跟随这种微光前进的勇气。”作战指挥的艺术，在很大程度上就反映为对不确定性的驾驭："作战决策的过程，从某种意义上说，主要是对各种不确定性因素的分析、认识、权衡、诱导和利用过程。"高明的指挥员，不是视不确定性为大敌，而是充分发挥其杰出的洞察力，在诸多的不确定因素中，找出对我有利、对敌不利的主导因素，加以诱导，把有利于我的概然性变为必然性，使之成为现实。而对我不利、对敌有利的不确定性因素，则设法加以限制，使之减弱乃至消失。

与此同时，还充分发挥主观能动性，以最大限度地增加对手的不确定性。孙子所谓的"示形""动敌"，所谓"形兵之极至于无形，无形则深间不能窥，智者不能谋"，所谓"形人而我无形"，从根本上来说，就是从增加对手的不确定性着手的。在作战中，最大限度地增加对手的不确定性，造成其判断的困难和错误，往往是取得胜利的重要手段。也就是说，对不确定性的利用，恰恰是高明的指挥员之高明所在。

正是从这个意义上说，不确定性的存在，使"战争成为一种自由的精神活动"，成为一种才智与勇气的艺术。也正因为如此，无论是克劳塞维茨还是孙子，都认为智力因素是对指挥员的最主要的要求。孙子论将之五德"智、信、仁、勇、严"，认为智力是第一位的；克劳塞维茨也认为，在充满不确定性的战争领域中，"如果我们进一步研究战争对军人的种种要求，那么就会发现智力是主要的"，"首先要有敏锐的智力，以便通过准确而迅速的判断来辨明真相"。

正如战争中的不确定性为高明的指挥员施展才能提供了广阔的空间一样，对于企业竞争来说，也正是因为不确定性的存在，才给优秀的企业家提供了发挥自己判断力和洞察力，从而获得经营溢价的机会。上面提到的经济学家奈特曾经指出，经营上的重大利润和损失，都来自不确定时期，不确定性是超额利润的唯一来源。“在一个竞争性市场上，从长期来说，所有的利润都会在竞争中烟消云散，除了这种无法预料的事件及其产生的利润——唯独它们会在充分竞争的洗礼之后留下来。”实际上在不确定性中，包含着的是巨大的风险收益。孙子说：“见日月不为明目，闻雷霆不为聪耳。”张瑞敏也说过：“一个机会当大家都看到的时候，其实已经不算机会了。”优秀的企业家，总是能够穿透历史与现实的迷雾，在迷惘中能看到出路，在利害交织中能看清本质，在微小的变动中能洞察到历史的走向，从而明辨制定战略所面临的优势和劣势、机会和威胁，并带领人们勇往直前，取得胜利。用克劳塞维茨的话来说，这就是在战争中战胜不确定性的两种特性——“眼力”和“果断”的价值。优秀企业家自身的独特价值，正是在不确定性中发现确定性而体现出来的。企业家所获得的经营回报，实际上是对企业家这种独特能力的报偿。而从竞争的角度来说，化不确定性为竞争中的优势，可以成为企业竞争中获得经营收益的一个重要着力点。

政治从属性与企业竞争

“战争无非是政治通过另一种手段的继续”，这被认为是克劳塞维茨提出的最伟大的命题之一。但人们往往忽视了克劳塞维茨的另一句话：“作为政治工具的从属性，战争因此属于纯粹的理智行为。”换言之，战争中的“理智”是由于政治的介入而产生的。战争只是政治的手段之一，政治才是战争的目的。战争的发起固然是由政治决定的，而战争一旦爆发，政治也必须牢牢掌握主动权而不能听任事态自然发展。脱离了政治控制的战争暴力，注定是一种非理性的破坏力量。显然在克劳塞维茨的命题中，内在地包含了这样的逻辑：在战争问题上，必须加强政治的作用。在国家的政策选择中，战争毕竟只是国家所运用的诸种力量之一，是国家战略的最终手段。

在克劳塞维茨命题的基础上，后世的战略思想家发展出了大战略的理论。大战略要求多重手段的综合运用，并且侧重于以非战争手段达到己方目标。2000 多年前，孙子已经提出了“上兵伐谋，其次伐交，其次伐兵，其下攻城”的大战略思想。大战略当然不排除暴力手段的运用，但是这种使用必须有助于而不是有损于大战略目标的实现。一国应当尽量避免在国际关系中简单地选择战争，除非情势已经达到非战争不能解决问题的地步。因为战争不是普通的博弈游戏，它通常违背预先设想而脱离人类控制。这要求国家在面临战争选择时慎之又慎。用孙子的话来说，战争的选择要“非利不动，非得不用，非危不战”，持一种“明君慎之，良将警之”的理性、谨慎态度。战争是一把双刃剑，战争是一种暴力的行为，战争充满了破坏性的能量，不管是对敌、对己，还是对整个战略环境。因此，不要轻易用暴力来解决问题，用暴力解决问题是战略的下策。

商业战争对市场环境的破坏，并不在战争之下。在很多行业中，企业竞争本质上被认为是零和游戏，一个企业的所得是以一个企业的所失为代价的；竞争越激烈，它就越可能成为一个负和游戏，竞争的进程将为每一个参与者增加额外的成本。这种恶性的竞争甚至最终会升级为一种参与者通通出局的真正的“战争”。

正如战争必须是一种“理智”行为一样，企业竞争也必须是一种理性的竞争。对于企业来说，生存和繁荣是企业最大的“政治”，是最终的目标，竞争只是一种手段。所有的行动，都必须为企业的生存和繁荣服务。正如不能单纯地为了战争而战争一样，企业也不能简单地为了赢得竞争而竞争。以战争为职业的军人对于“兵凶战危”有着深刻的体认，以竞争为职业的企业家，对于竞争尤其是恶性竞争所可能带来的负面影响也必须有清醒的认识。用孙子的话说：“战胜攻取而不修其功者，凶。”恶性的竞争，会迅速地毁掉一个行业，使所有参与者陷入零利润甚至负利润的苦海中挣扎求生。正如战争一旦打起来，没有人会知道它的最终结局一样，恶性的竞争一旦开始，也没有人会知道它会在什么地方停止。因此，仅仅盯住竞争胜利本身（“战胜攻取”）必然会带来严重的问题。只有极目放远，关注竞争行动可能的长远后果，真正明辨出到底什么是短期行为，什么是长期行为，什么是短期利益，什么是长期利益，企业家所采取的竞争行动，也才会真正符合自己的根本利益，也就是企业的最大“政治”——生存与繁荣。

因此，如果说兵家必须学会理性的战争，那么企业家也必须学会理性的竞争，学会跳出直接的竞争，超越直接的竞争，从更高的层次来理解竞争。从这个意义上说，孙子提出的“百战百胜，非善之善者也；不战而屈人之兵，善之善者也”的命题，正是兵家从战争的角度，为包括企业竞争在内的所有竞争领域提出的最高的境界与追求。

主要观点

什么是好的企业竞争战略？竞争的对抗性，决定了并不存在独立于竞争之外的最佳战略选择。所谓的最佳战略，永远是以竞争对手的行动为条件的。

有效的战略，要将竞争对手的战略纳进来作为自身制定战略的重要的因素，并要充分考虑对手可能的后续反应。

战争与企业竞争都是一场博弈，博弈的结果在很大程度上取决于如何诱使对手采取错误的方案。

优秀企业家自身的独特价值，正是在不确定性中发现确定性而体现出来的。

正如不能单纯地为了战争而战争一样，企业也不能简单地为了赢得竞争而竞争。

《孙子兵法》与中国特色的战略管理学派建构[①]

《孙子兵法》用于经济领域并非从今天开始。战国时期是《孙子兵法》在经济领域中应用的第一个黄金时期，出现了白圭等运用兵法原理总结经营理论的商业巨子。秦汉以后，《孙子兵法》在经济领域中的运用中断了2000余年之久。改革开放以后，《孙子兵法》在经济领域中的应用价值重新为中国人所发现，《孙子兵法》在经济领域应用的第二个黄金时期也由此到来。

从理论发展的线索来说，当前《孙子兵法》在经济领域中应用热潮的出现，既是对战国商家运用兵法原理建立经营理论的努力的赓续，也受到西方管理学界成功运用军事战略理论建构企业战略管理理论的启发，而从根本上来说，则是当代中国建构有自己特色的成熟的经营管理理论的需要。虽然在当前“孙子兵法热”的背后还存在着一些问题，但《孙子兵法》基本理论与当代企业经营实践的结合，必将对有中国特色的战略管理学派的形成产生深远的影响。

---

① 本文刊于《滨州学院学报》2005年第5期。原标题为《〈孙子兵法〉在经济领域中应用的历史性跨越》。

第一个黄金时期

在中国历史上，《孙子兵法》在经济领域得到应用的第一个黄金时期，应该是战国时期。战国时期，在中国传统社会内部，商品经济出现了一个迅猛发展的高潮。商人和商业资本迅速崛起，新兴的商人阶级挟着雄厚的资本登上了历史舞台，并呈现出异常活跃的状态，出现了像白圭、吕不韦等著名的大商人，一些大商人如吕不韦，其势力甚至达到左右国政的地步。这是中国历史上商人和商业发展的第一个黄金时期，也正是在这一时期，出现了兵法应用于经济领域的第一个黄金时期。

白圭是战国商人的代表性人物，所谓“天下言治生者，皆祖白圭”，而白圭经商的特点，据司马迁的记载，是“人弃我取，人取我与”，“趋时若猛兽鸷鸟之发”。这种经营之术，与《孙子兵法》的基本原理是完全契合的。“人弃我取，人取我与”正是兵法中的“避实击虚”，“趋时若猛兽鸷鸟之发”正是《孙子兵法》中的“激水之疾，至于漂石者，势也；鸷鸟之疾，至于毁折者，节也。是故善战者，其势险，其节短。势如彍弩，节如发机”。

更引人注目的是，白圭是自觉地以兵法的原理来经商的。他对人说过这样的话：“吾治生产，犹伊尹、吕尚之谋，孙、吴用兵，商鞅行法是也。是故其智不足与权变，勇不足以决断，仁不能以取下，强不能有所守，虽欲学吾术，终不告之矣。”孙子论将，曾提出“智”“信”“仁”“勇”“严”的要求，白圭提出“智”“勇”“仁”“强”来要求商家，不难看出孙子对他的影响。商战如兵战，真正的商家巨子，确实必须具备良将一般的雄才大略和管理艺术。

值得注意的是，司马迁在总结战国至秦汉时期的商家成功之道时，也在自觉地利用孙子兵法的原理。孙子兵法讲“以正合，以奇胜”，“战势不过奇正，奇正之变不可胜穷也”。在司马迁看来，兵家制胜离不开这个“奇”字，商家制胜同样也离不开这个“奇”字。在《史记·货殖列传》的最后一节，司马迁得出了这样的结论：“夫纤啬筋力，治生之正道也，而富者必用奇胜。”在司马迁的笔下，那些可“比一都之君”、可“与王者同乐”的“素封”巨富，大多数是“以末致财，以本守之”的：“掘冢，奸事也，而田叔以起；博戏，恶业也，而桓发用富；行贾，丈夫贱行也，而雍乐成以饶；贩脂，辱处也，而雍伯千金；卖浆，小业也，而张氏千万；洒削，薄技也，而郅氏鼎食；胃脯，简微耳，浊氏连骑；马医，浅方，张里击钟。”所以司马迁感慨地说：“富无经业，则货无常主”，就看谁能做到“以奇胜”了。

白圭以及其他《货殖列传》中的人物，大多生活在战国至秦汉初年这个大变动、大动荡的时代，同时也是兵学在商业中得到大量应用的时代。然而随着封建大一统局面的确立，统治者越来越采取重农抑商的政策。实际上从战国后期开始，工商之业就已经被定位为“末业”，农业则被定位为“本业”。与此相关的是，“重本抑末”越来越成为历代王朝的基本国策。从西汉中期至明代末期，这一思想作为传统的经济政策，在社会思想意识形态领域始终占据支配性的地位，处于绝对的优势，并不断地为历代统治者所奉行。在实践的层面，秦汉之后2000年中国封建社会的主导性经济形态，都是以自给自足的自然经济为主导的，商品经济只是自然经济的一种补充而已。从根本上来说，商品经济是一种竞争性的经济形态，而战争是人类历史上最残酷的竞争形态，这是商人之所以几乎天然地会对兵法产生兴趣的深层原因所在。实际上，越是在发达的竞争环境中的商人，越会对兵法所揭示的制胜原理有着越深的理解和感悟。然而随着秦汉大一统格局的确立，重本抑末政策的实施，以及政府所采取的打击、限制商人势力的政策，商品经济顺利发展的条件已经不复存在。《孙子兵法》在商业中的运用也受到了很大影响。本来在白圭身上，我们已经可以看到自觉用兵法的原理来建立经营理论的趋势，然而进入封建帝国时代之后，我们就很难再见到这样的例子了。

秦汉之后的整个中国封建时代，《孙子兵法》在经济领域中的运用几成绝响，这与儒家思想确立了其在整个社会文化中的核心地位也有很大的关系。儒家与兵家相比，代表的是中国文化中两种不同的价值趋向。如果说兵家代表的是中国文化中功利主义的发展方向，那么儒家所代表的则是中国文化中道德主义的发展方向。

实际上兵家文化与商业活动之间显然有着更多的契合之处。商战如兵战。兵家强调“合于利而动，不合于利而止”，强调“非利不动，非得不用”，强调“计利以听，乃为之势，以佐其外”，而这个“利”字，正是商家的性命所在。兵家强调“先胜”，强调“未战而庙算胜”，强调“见胜不过众人之所知，非善之善者也”，对于商家来说，能否在预见赢利上高出常人，也往往关系到经营的成败；兵家强调奇正多变，强调“因形而措胜于众，众不能知；人皆知我所以胜之形，而莫知吾所以制胜之形。故其战胜不复，而应形于无穷”，商家在经营策略上，同样需要根据市场变化而灵活多变，出奇创新……这也是白圭等人非常自然地用已经非常成熟的兵法理论来表述自己商业思想的原因所在。

然而秦汉之后，随着儒家思想地位的确立以及与之相关的道德主义在中国文化中的迅速膨胀，这种现实的功利主义受到很大的抑制。儒家讲究的是“义利之辨”，讲究的是“君子喻于义，小人喻于利”，讲究的是“何必曰利”。用董仲舒的话说，是“正其道不谋其利”，用朱熹的话说，是“取必于智谋之末而不循天理之正者，非圣贤之道也”。“利”“智”“谋”这些兵家和商家所共同津津乐道的价值判断受到了强烈的置疑。从道德评价出发，在“重本抑末”的社会环境中，商人的道德形象本身就是偏向负面的，商人必须向主流文化靠拢，才能为主流文化所接受。所以一个合乎逻辑的发展结果是，中国封建社会中商人的最高境界是成为“儒商”，儒家思想的道德观念也因此成为中国传统商业文化的核心理论。而在正统的儒生看来，“善战者服上刑”，就连兵法本身也成了“舍正而凿奇，背义而依诈”的流毒后世的东西。在这种文化判断中，是不可能再有像白圭那样的商人，公开将兵法作为自己经营理论的依据的。

商场与战场

与中国相比，西方的商品经济传统要更为久远和深厚，然而西方的军事理论却并不像中国那样早熟。因此一个非常有意思的现象是，谈到战争与商业之间的关系时，西方人不像中国的白圭那样把军事理论引入商业领域，而是将商业理论引入军事领域。西方现代意义上的军事战略概念的提出者、普鲁士学者海因里希·冯·比洛有一句名言，就是“要像对待商业一样对待战争”。在他看来，“一个国家所拥有的军事力量是它的资本，需要让资金处于流动状态；把资金和资产集中使用在恰当的地方会收到投资回报。资金需要很灵活，这样它就能在需要的地方迅速集中起来”。克劳塞维茨在《战争论》中分析战争的一个出发点，就是“战争是像交易那样的东西”。这一点恩格斯也深有同感，在写给马克思的信中，他说：“战争中的战斗，跟交易中的付现一样，虽然少有，却是实际发生的。一切都由它在左右。它们迟早一定实行，而且一定是决定性的。”

这种现象的出现，一方面说明西方商业活动的发达，以至于商业思维成为其分析和理解问题的一个驾轻就熟的独特角度；另一方面，也说明至少在比洛时代，西方的军事理论还相当不成熟，缺乏像中国的《孙子兵法》这样的经典理论著作。

然而这种情况在拿破仑战争之后发生了很大的改变。拿破仑战争之后，克劳塞维茨的《战争论》和若米尼的《战争艺术概论》问世，西方近代军事理论体系由此得以奠定。由于企业经营与战争活动之间所天然具有的内在联系，军事理论反过来影响企业经营理论的时代也由此开始了。

据企业经营管理史专家钱德勒考证，最早把“战略”应用于企业经营管理的成功者当首推第一次世界大战时美军军需部长，后成为美国西尔斯公司的董事长的罗伯特·E. 伍德将军。这位精通军事理论的美国将军，根据其多年从事经营管理的经验深有感触地说：“从某种意义上来说，企业经营就好像战争一样，如果公司的主要战略正确，那么即使有些战术性失误，也同样能获得成功。”企业战略理论的主要创立者安索夫的《公司战略》也明显受到作者所具有的军事理论背景的影响。实际上，西方战略管理理论从产生到发展，都明显在借鉴军事战略理论的既有成果。从概念到分析框架，到基本原则，战略管理学家都从克劳塞维茨、若米尼那里得到了无数的启迪。这一点，也是管理学界所公认的事实。

直到今天，企业经营者还在从军事理论中汲取营养。以营销战略而论，一位著名的营销学家曾经说过这样一句话：“营销方面的最佳书籍并非由哈佛大学的教授所写，也不是由通用汽车公司、通用电气公司或宝洁公司的人员所写。我们认为，关于市场营销的最佳书籍是由一位名叫卡尔·冯·克劳塞维茨的普鲁士退役将军写的。此书名为《战争论》，出版于1832年，书中描述了所有成功战役的战略思想。”另一位学者也说：“公司要找到商场获胜的秘诀的最好方法莫过于翻阅军事史，看看过去2500年来战争是如何进行、如何获胜的。通过研究伟大的将领的战役，理解他们所采取的战略，经理人不但可以学会如何在21世纪的激烈竞争中生存，而且学会如何脱颖而出。对他们的股东和雇员来说，亦是如此。”

引人注目的是，除了西方近代以来的军事理论被大量引用到商业领域之外，《孙子兵法》在经济领域的应用价值，也很早就被西方人发现。摩根·威策尔在《管理的历史》一书中以“通往胜利的道路”为题，概述了战略成为一门学科的发展历程。他认为战略成为一门高级艺术始于中国的《孙子兵法》，他提出，要想成为一名优秀的管理者，就必须阅读《孙子兵法》。美国研究《孙子兵法》的麦克内利在论述《孙子兵法》对西方经营理论的影响时有这样一段话：

> 现在，《孙子兵法》的魅力早已经超出了军事领域而应用到了工商业领域中，因为工商业的本质就是竞争，孙子的原则非常适合这种竞争的商业环境。在美国和欧洲，《孙子兵法》在无数关于战略、组织和竞争的书籍中被广泛引用。其中的精彩字句被论述工商业问题的无数文章所引用。……经商和

战争一样，都是建立在士气和装备基础之上的意志、活力和速度的竞争，都要高效率地、有效地使用稀缺资源，都是永恒的和不断变化的，全球的许多工商业人士都发现了孙子的教诲的价值。

在《孙子兵法》的商业应用领域，值得一提的是第二次世界大战之后日本人所做出的有益尝试。日本的军事理论自古以来就深受《孙子兵法》的影响，很多日本人对《孙子兵法》也推崇备至。日本企业家大桥武夫原来是一名炮兵参谋，后来从事商业经营，并成功地将兵法应用到企业经营活动中。他在总结自己成功经验的基础上，写了《兵法 · 孙子》《兵法 · 三国志》《用兵法经营》等著作，大力倡导“兵法经营论”，从而在日本经济界掀起了一股研究《孙子兵法》的热潮。

现代企业经营环境与战争情景相比，都具有复杂、多变、残酷、对抗等不确定的环境特征，所谓“商场即战场，竞争如战争”。在这种背景下，不论是军队还是企业，都必然面临着一个共同的生存问题，即如何捕捉环境机会、转化环境风险，进而求得自身的生存与发展。战争理论特别是其中的军事战略理论，是指导军队如何获胜的理论，企业竞争战略的理论也是这样。因此，军事战略理论与企业管理的战略理论在较高的层次上必然出现交叉和重合，形成兵战与商战共用的两栖理论。而且越是基本的战略原理、原则，越具有更强的通用性。这也是为什么代表东西方兵学最高成就的两部军事著作《孙子兵法》和《战争论》最为经营界看重。西方以及日本的实践表明，在存在着高度竞争的市场经济条件下，军事战略理论被应用到企业经营领域，是不以人的意志为转移的。

第二个黄金时期

从中国社会经济发展史的角度来说，20 世纪 70 年代末开始的改革开放是一场不折不扣的革命。这场革命的意义在于，它在中国历史上最终确立了市场经济的地位。从计划经济到计划经济和商品经济相协调，到有计划的商品经济，一直到建立社会主义市场经济，短短的二十年中，中国的社会经济形态发生了根本变化。商品经济、市场经济及其相关的价值观念得到正名。

在计划经济之下，《孙子兵法》是不可能有运用于经济领域的土壤的。只有在商品经济和市场经济的大背景下，《孙子兵法》在经济领域的应用价值才可能重新开始为人们所认识。改革开放之初，由于长期处于自然经济和计划经济之下，中国经济领域中的经营理论和竞争理论几乎是一片空白，人们迫切需要得到经营管理理论和市场竞争理论的指导。在这种情况下，人们将目光转向充分揭示了竞争之道的《孙子兵法》，并因此在社会上形成“孙子兵法热”，也就在情理之中了。因而从 20 世纪 80 年代开始，一些中国学者开始关注《孙子兵法》在企业经营领域的运用问题，并发表和出版了一系列有价值的论著。不少企业家也开始对《孙子兵法》产生浓厚的兴趣。正是在这一背景下，20 世纪 80 年代末出现了持续至 90 年代中期的全国性的“孙子兵法热”。这可以说是继秦汉以来沉寂 2000 年之后，《孙子兵法》在中国经济领域得到应用的第二个黄金时期。

从理论建构的角度来说，这一时期的《孙子兵法》在经济领域中的应用，既是对战国商家运用兵法建立商业理论的努力的赓续，也明显受到西方管理学界成功运用军事战略理论建构企业战略管理理论的启示。他山之石，可以攻玉。二战后日本和西方的企业界在应用《孙子兵法》方面的成功经验和理论成果，对于当代中国学术界和企业界将《孙子兵法》运用于经济领域，无疑起到了重要的促进和鼓励作用。

然而，我们也应该看到，从现实需求的角度来看，这一时期除了商品经济、市场经济所特有的竞争环境为《孙子兵法》发挥作用提供了必要的土壤之外，社会上的“孙子兵法热”还有另一个背景。就是在20世纪80年代到90年代初，计划经济向市场经济转轨的过程中，由于法律法规的不健全，确实存在着投机者钻体制与法律的空子而一夜暴富的情况。同时，市场经济初期所必然存在的市场不成熟、不完善，也给企业经营者提供了大量的机会。这是一个“机会主义”的时代，一个“机会决定成败”的时代。在这样的背景下，企业经营的成功，并不一定必须依赖高瞻远瞩的战略和高效优质的管理，而是看企业能否抓住关键性的稀缺资源，并充分利用眼前的每一次机会。在这种情况下，《孙子兵法》中关于对敌斗争的“权谋诡诈”自然也就被一部分人不加分析地派上了用场。换言之，《孙子兵法》几乎成了“机会主义者”的最好教科书。更有甚者，个别学者为了迎合这种需求，津津乐道于《孙子兵法》中一些低层次的内容，将《孙子兵法》与“三十六计”之类的东西混为一谈，大加渲染与滥用，啜其糟粕，弃其精华，这非但与孙子的原旨相违背，而且对市场经济的建设起到了一种错误的导向作用。这是《孙子兵法》在经济领域应用中存在的一个不可忽视的问题。

进入90年代中期，尤其是进入21世纪以后，市场经济体制逐步完善，市场经营逐步规范。与此同时，市场已经饱和或接近饱和，著名的外国企业大举进入中国市场，中国的企业也开始走向世界，市场竞争开始呈现出全面竞争的特点。在这种情况下，企业家的战略管理能力和企业的竞争力开始显示出其重要性，所谓的“诡诈”和短线的机会主义操作越来越失去市场。在这种情况下，《孙子兵法》还能不能有效应用于经济领域，就成了摆在学者和企业家面前的一个严肃话题。

对于这一问题，我们的回答是《孙子兵法》不但可以，而且应该更好地运用于经济领域，但前提是必须全面、正确地理解和运用。以“诡诈”为例，在《孙子兵法》中，“诡诈”是有严格的应用范围的，它是为以保存自己、消灭敌人为目的的军事斗争服务的，是对敌而言的，不能不加区别地应用于以赢得市场、赢得顾客为目的的商业经营活动中。更何况“诡诈”之道在《孙子兵法》中并不占主导地位。《孙子兵法》同样是讲“信”的。在将之“五德”（“智”“信”“仁”“勇”“严”）中，“信”的地位仅次于“智”。这里的“信”，强调的便是将帅要有威信、诚信。运用到商业经营领域，就是要求经营者必须讲究信誉，必须重视企业的道德管理。

更重要的是，兵学是有战略、战术之分的。《孙子兵法》的价值，在于其辩证的哲学思维、高远的战略追求、深刻的取胜理念，包括以“道”“天”“地”“将”“法”为内涵的“五事”，以“伐谋”“伐交”“伐兵”“攻城”为内涵的“全胜”等等。尤其是《孙子兵法》谈管理首重“道”，也就是作为组织灵魂的价值观；谈用兵首重“谋”，也就是深谋远虑的战略意识。这些内容才是《孙子兵法》的精华、核心与价值所在。可以说，《孙子兵法》是从战略的高度揭示了战争取胜的基本原理，是一部战略学的经典著作。今天的企业管理者，也应该从战略智慧的角度入手，体会《孙子兵法》总结出来的战略理念。

因此，将《孙子兵法》应用到经济领域的一个前提，首先是必须对其思想内涵进行全面的理解，而不能抓住一点，不及其余。但是长期以来，由于在理论上我们并没有真正建立起符合中国特色社会主义的兵法经营学，因此关于这方面的一些论著确实问题不少，负面影响较大。长此以往，不加以改变，那么所谓的“孙子兵法热”，也就只能热闹于一时，不可能长远。从长远来说，只会有害于孙子兵法研究事业的发展。

西方战略管理理论的发展历史表明，越是规范的、全面竞争的市场经济，越需要成熟的战略理论的指导。《孙子兵法》是大智慧，是大战略层次的经典之作。它以其深刻的理论思维、卓越的战略思想、独特的表述形式，对人们理解战略的真谛具有无可替代的指导意义。《孙子兵法》在经济领域中的运用，也必须定位在这个层次上。只有这样，才能真正把握住《孙子兵法》的实质，把握住《孙子兵法》中那些永恒的而非只具有一时一地短暂意义的东西，而不至于买椟还珠。也只有这样，才能使《孙子兵法》真正显现出其伟大的价值。

从现实的实践需要来说，今天中国的企业经营已经进入战略竞争的时代，战略成熟度如何，是决定一个企业最终能够走多久、能够做多强的关键。中国的市场经济正在走向正规，中国的企业家也正在走向成熟。时代在呼唤成熟而又具有中国特色的战略管理理论，也在呼唤真正有大气魄的战略思想家和战略管理人才。培养了无数有雄才大略的军事家的《孙子兵法》，毫无疑问是不会负于这个时代的，它必将对有中国特色的战略管理学派的形成产生深远的影响。

主要观点

不论是军队还是企业，都必然面临着一个共同的生存问题，即如何捕捉环境机会、转化环境风险，进而求得自身的生存与发展。战争理论特别是其中的军事战略理论，是指导军队如何获胜的理论，企业竞争战略的理论也是这样。

军事战略理论与企业管理的战略理论在较高的层次上必然出现交叉和重合，形成兵战与商战共用的两栖理论。而且越是基本的战略原理、原则，越具有更强的通用性。

《孙子兵法》是从战略的高度揭示了战争取胜的基本原理，是一部战略学的经典著作。今天的企业管理者，也应该从战略智慧的角度入手，体会《孙子兵法》总结出来的战略理念。

取胜之道：一个基于《孙子兵法》的企业竞争理论体系[①]

战争理论本质上是一种“强竞争”环境下产生的取胜理论。作为战争理论的巅峰之作，《孙子兵法》提出了以全胜、知胜、先胜、战胜为主要内容的取胜之道。从企业竞争的角度来说，全胜、知胜、先胜、战胜同样构成了一个完整的以动态竞争为特色的企业竞争理论体系，它从竞争的宗旨与竞争样式选择、竞争信息与情报分析、竞争的关键要素、竞争行动的基本原则等方面，揭示了竞争取胜的基本原理。

从战争到竞争

商业世界充满了各种各样的战争隐喻，如“总部制定新的战略！”“打入欧洲市场！”“大打价格战！”“在中国攻城略地！”“向对手发起突然袭击！”“守住我们的市场，挫败对手的攻势！”“构筑进

① 本文是作者《取胜之道：孙子兵法与竞争原理》一书的前言，刊于《滨州学院学报》2011年第1期。

入壁垒!”“商场如战场!”“赢!”

企业竞争理论的研究者对于军事与战争也并不陌生。正如丹尼斯·劳瑞说，战争为我们带来了“战略”这个词，每一个商业战略都能从历史上的某一场战役中找到其形成的基因。很多竞争理论的研究者都喜欢在自己的著述中引用孙子、克劳塞维茨或李德·哈特这些著名的军事战略家的名言来佐证自己的理论，甚至乐于将竞争理论的起源追溯到数千年前的战场上。亨利·明茨伯格认为定位学派的鼻祖是2000多年前中国的孙子和近代德国的军事理论家克劳塞维茨；何泰华和凯思·维吉特认为在2500年以前，中国的军事家就已经开始运用博弈论的基本原理了；“超优势竞争”理论的创建者理查德·达韦尼在自己的著作中特意向克劳塞维茨、孙子、李德·哈特等人表示感谢；动态竞争理论的代表性人物陈明哲承认，他的很多思想受到《孙子兵法》潜移默化的影响；詹姆斯·奎因也认为，军事—外交战略的史实为现代企业家们提供了很多有潜在意义的真知灼见；营销大师科特勒则非常肯定地宣称:“对于企业来说，开发出以竞争为中心的战略以赢得市场份额的需求越来越强烈，而这将引导管理者越来越转向军事学。”

企业家和竞争理论的研究者之所以对战争理论如此感兴趣，一个重要的原因是，长期以来，企业战略理论研究大多数提供的都是一种静态的分析框架，竞争者的行动通常是不需要被考虑的。然而竞争的一个关键特征是其动态、互动乃至于对抗的本质，离开了这一点，竞争理论的研究就缺乏实际的操作性，就难以反映现实竞争的实际，也就难以对现实的竞争活动提供明快而有效的指导。从20世纪80年代迈克尔·波特提出“竞争战略”的概念以来，这一情况逐渐开始改变。博弈论引入企业竞争，进一步增强了竞争理论的动态性。但现有的竞争理论，依然难以满足企业界的现实需求。尤其在竞争越来越激烈、越来越动态的今天，企业界非常需要以竞争者的互动为重心，研究企业间如何进行有效的攻防，从而在竞争中取胜的竞争理论。

正是在这一点上，战争理论弥补了竞争理论研究的不足。战争的本质是“两股活的力量之间的冲突”（克劳塞维茨语），战争理论研究的就是战争双方如何采取战略运筹、谋略运用与有效的攻防手段，在互动与对抗之中采取最佳的方案，以达到战胜对手的目的。战争又是人类最激烈、最残酷、最紧张的对抗形式，决策正确与否所带来的影响，马上就会显现出来，因而在战争领域，取胜的规则也就更为明晰而有力度。所以，人类的取胜之道在战场上是成熟得最早，也是最深刻的。几千年来在血与火、成与败中总结出来的战争法则，可以说是人类制胜智慧的最高体现。战争理论从本质上来说，也就是最具有实战性和操作性的竞争取胜之道。

虽然很少有人会在商业世界中面临生与死的问题，但是在商业社会中，成功与失败同样无所不在。商业竞争与战争一样，也是充满了攻防对抗的领域，尽管竞争与战争比起来，当然算得上温情脉脉，但对于失败者来说，结果是同样的残酷。战争是一种最强的竞争形态，用这种从残酷的“强竞争”的环境总结出来的取胜法则审视企业竞争，往往可以帮助我们更好地理解企业竞争的本质及其内在的取胜之道。

《孙子兵法》的取胜体系

《孙子兵法》作为一部战争理论领域的顶峰之作，以其高远的意境、深邃的思想、现实的取向、辩证的思维、打动人心的警句和富有启发意义的哲理，受到众多企业家和竞争理论研究者的厚爱。管理学大师亨利·明茨伯格曾经这样评述，《孙子兵法》“在今天来讲也是一部杰出的著作，几乎没有什么新的观点能超越它的”。《孙子兵法》虽然只有短短的5000余字，但内容极为丰富。《孙子兵法》的价值在于，它揭示出了取胜之道的基本原理，它在战争的目的、战略的境界、战争的本质、战争指导的法则等方面都有深刻理解。

一部《孙子兵法》，可以说就是围绕着“取胜”而展开的。从取胜的境界来说，《孙子兵法》强调的是“全胜”，所谓“百战百胜，非善之善者也；不战而屈人之兵，善之善者也”。它不主张简单地通过力量的直接对抗来达成战略目的，它强调潜在或无形地使用力量，以非直接对抗的方式，达成不战而胜的境界，从而尽可能减少暴力对抗所带来的负面影响，尽可能以最小的代价取得最完美的结果。从取胜的重心来说，《孙子兵法》认为胜利不是靠偶然的运气，取胜需要清晰的战略与周密的计划，胜负在制定战略的阶段就已经决定下来（夫未战而庙算胜者，得算多也）。真正的成功者在出手之前就已经胜利，失败者则总是在仓促进入战争之后才企求侥幸取胜（胜兵先胜而后求战，败兵先战而后求胜）。从取胜的策略来说，《孙子兵法》认为战争的本质是智慧的对抗而非单纯的力量对抗（兵者，诡道也），因此：要根据对自己有利的条件，灵活采取权变之策（因利而制权）；要有创造性的思维（凡战者，以正合，以奇胜）；要秘密行动，隐蔽自己的意图（形人而我无形）；要把握好攻守的转换（不可胜者，守也；可胜者，攻也）；突然性非常关键（攻其无备，出其不意）；速度非常重要（兵之情主速）；要抓住对手的脆弱环节设计进攻的路线（兵之胜，避实而击虚）；要集中最关键的资源于主要方向，形成压倒性的优势（并敌一向，千里杀将）；核心是不管什么情况，都要把主动权掌握在自己手中（善战者，致人而不致于人）。这就要充分调动对手、引导对手，塑造对手，使对手的优势没有办法发挥出来（利而诱之，乱而取之。敌虽众，可使无斗）；还要充分利用外在的态势，而不仅仅着眼于自己的力量（求之于势，不责于人）。为此，你就必须清楚地了解你的对手，了解你自己，了解你所处的环境，这比什么都重要（知彼知己，胜乃不殆；知天知地，胜乃不穷）。

《孙子兵法》还向将军们发出这样的忠告：不要陷入长期的对抗中（夫兵久而国利者，未之有也）；要清醒地认识到战争背后的巨大风险（不尽知用兵之害者，则不能尽知用兵之利也）；所有的决策都要建立在理性的基础上（合于利而动，不合于利而止）；为此必须保持冷静的头脑（主不可以怒而兴师，将不可以愠而致战）；不能死打硬拼，只打那些能够打赢的仗，拒绝打那些注定打不赢的仗（知可以战与不可以战者胜。少则能逃之，不若则能避之）。而这一切，都需要卓越的领导（知兵之将，民之司命，国家安危之主也）。

《孙子兵法》的取胜思想并不是杂乱无章的。围绕“胜”的主题，我们可以把孙子的取胜体系归结为四个方面：全胜、战胜、知胜、先胜。其关系如图 1 所示：

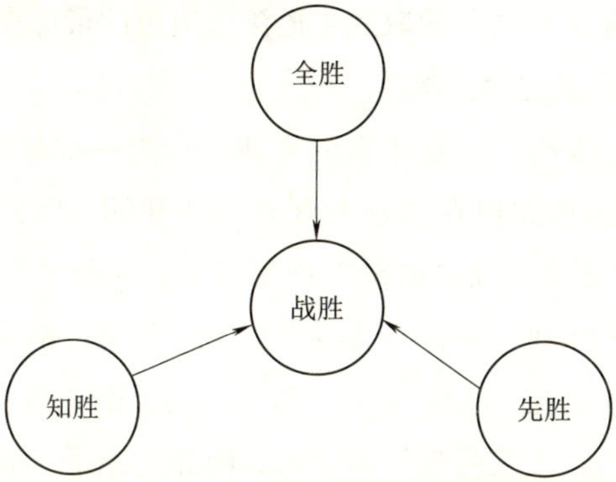

图 1 《孙子兵法》的取胜体系

"全胜"是孙子取胜体系的灵魂。它反映了孙子对取胜的基本理解与追求，它贯穿于孙子取胜之道的基本内容、阶段与过程，影响并决定了孙子取胜之道的目的、偏好、气质、境界与文化精神。《孙子兵法》之所以在世界兵学中独具特色，与"全胜"的理想主义追求是密不可分的。可以说"全胜"是理解孙子取胜之道的一条红线，它决定了孙子取胜之道的基本面貌。

"知胜"是孙子取胜体系的前提。"明君贤将，所以动而胜人，成功出于众者，先知也""知彼知己，胜乃不殆；知天知地，胜乃不穷""不能尽知用兵之害者，则不能尽知用兵之利也"等，强调的都是"知"对战胜的至关重要性。对"知"的重视，使孙子兵法的取胜之道建立在一种清醒、冷静、理智的现实主义基础之上。

"先胜"是孙子取胜体系的基础。孙子强调"胜兵先胜而后求战"，强调"先为不可胜"，强调"修道而保法，故能为胜败之政。"从战略的层面上来讲，取胜者必须首先在"道""天""地""将""法"等关键要素上取得优势，才能达到控制战争结局的目的。"先胜”使得《孙子兵法》的取胜之道深入组织的最深层次，体现了《孙子兵法》取胜之道的深度。

“战胜”是孙子取胜体系的主体。作为一部兵书，《孙子兵法》主要是围绕如何在战场上取胜而展开的。因此，一部《孙子兵法》，主要是围绕“战胜”而展开的。在孙子的取胜理论体系中，不仅“知胜”“先胜”是为了达到“战胜”的目的，“全胜”的落脚点同样也在“战胜”。在“战胜”的层面，孙子延续的依然是“全胜”中“上兵伐谋”的追求。因此，孙子“战胜”思想的重心不是在于力量的直接对抗，而是强调通过“谋胜”“智胜”以达到“胜于易胜”“胜已败者”的目的，强调将力量的对抗转化为智慧的对抗，并通过智慧的对抗，达到以最小的代价取得最大胜利的目的。《孙子兵法》中的基本作战原则，如避实击虚、出奇制胜、造势任势、我专敌分、示形动敌等，都是围绕着这一条主线而展开的。这就使得孙子的“战胜”理念体现出“以智克力”“破中求全”的文化性格。

基于《孙子兵法》的企业竞争理论体系

《孙子兵法》取胜思想的价值，已经为人们所普遍认同。今天，《孙子兵法》不单是一部战争著作，它已经走出了战争领域，延伸到了包括商业竞争在内的所有竞争领域。它已经成为一部竞争理论的专著，散发着引导人们走出竞争困境的智慧之光。

从企业竞争的角度来说，《孙子兵法》的全胜、战胜、知胜、先胜，构成了一个完整的以动态竞争为特色的企业竞争理论体系。其体系如图 2，这同样是一个以“战胜”为核心形成的完整的竞争理论体系：

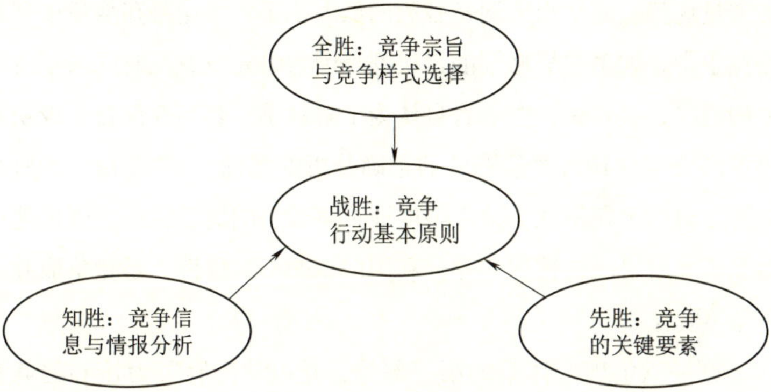

图 2 企业竞争理论体系

这一竞争理论体系的第一部分，是以“全胜”为核心的竞争宗旨与竞争样式选择。就像战争观是理解战争和指导竞争的基点一样，竞争观是理解竞争和指导竞争的基点。错误的竞争观，必然导致错误的竞争行为，从而使企业付出巨大的代价。如果说在孙子看来，战争的最高境界是超越战争，那么，竞争的最高境界则是超越竞争。从商业史上来看，那些最伟大的企业，往往不是那些在竞争中杀得你死我活的企业，而是那些善于超越竞争的企业。《孙子兵法》的一个核心智慧，就是竞争者不但要懂得竞争，更要懂得超越竞争，从更高的层次来理解和把握竞争，在“伐谋”“伐交”上战胜对手，并在“伐兵”的层面上运用更多的战略智慧，从而跳出简单的直接对抗式竞争，追求不战而屈人之兵的“全胜”境界。这一部分揭示了对竞争宗旨的把握以及对竞争样式的选择，对于竞争取胜的重要意义。

这一竞争理论体系的第二部分，是以“知胜”为核心的竞争信息与情报分析。在孙子看来，信息优势在对抗中可以转化为实际的力量优势，而情报失误是胜利的最大杀手。无论是在战争中还是在竞争中，大多数战略性的错误都是因为事先没有花时间去了解对手的情况，或者说，竞争者自认为了解对手，其实并没有。成功的决策必须建立在对竞争态势的正确分析的基础上，“先知”是所有取胜之道的奥秘所在。最大限度地了解对手的情况，最大限度地让对手不了解自己的情况，充分利用信息的不对称性，是竞争取胜的一条重要法则。

这一竞争理论体系的第三部分，是以“先胜”为核心的竞争关键要素的分析。战场层面的较量是最直接、最表层的较量，就像市场层面的对抗是最直接、最表层的对抗一样。取胜的对抗必然会从表层的对抗延伸到更深的层次。究竟什么是决定战争和竞争胜负的关键要素？孙子说：“修道而保法，故能为胜败之政。”真正的较量是在“道”“天”“地”“将”“法”这些层面展开的。在竞争中，“道”就是企业的愿景及价值追求，“天”就是企业所面临的外在大势，“地”就是企业所处的市场，“将”就是企业的管理者，“法”就是企业的制度、法规、流程等管理要素。正是这些最基础的因素为企业在市场层面的取胜提供了深层次的支撑，并决定了企业在竞争中的命运和最终结局。

这一竞争理论体系的第四部分，是以“战胜”为核心的竞争行动基本法则。这些法则包括“诡道”“出奇”“击虚”“任势”“主动”“集中”等六个方面。

诡道：战争与竞争的共同特点是，再完美的战略计划也可能会被对手破坏。在竞争中，一项市场计划能否成功往往不仅仅取决于自己的行动，相反，在很大程度上取决于竞争对手的反应。最有效的策略是竞争对手无法反击的策略，最有效的行动是竞争对手无法反击的行动。有效的竞争行动的前提是运用策略来引导竞争对手，塑造竞争对手，操纵竞争对手，剥夺竞争对手的反应能力。

出奇：一种打法一旦成为常规就不可能再给你带来竞争优势，相反只能使你越来越陷入同质化竞争的恶战。“出奇”的核心就是重新找到独特的行动路线，找到颠覆性的竞争策略，从而置竞争对手的既有优势于无用武之地。出奇制胜反映了战略思维的独特性、创新性和主动性。

击虚：取胜的一条原则就是充分利用对手的弱点来对付他们。从竞争全局出发，选择竞争对手关键而脆弱的环节作为打击目标，通过一点突破，就可以带动整个战略全局的发展。市场突破的方向往往可以决定竞争行动的力度。在市场的缝隙突破，在竞争对手最虚弱的时候突破，在竞争对手最薄弱的环节突破，在消费者最敏感的地方突破。有效的攻击可以一举使竞争对手的整个战略体系陷入崩溃。

任势：“势”是力量的放大器。同样的资源，放在不同的“势”中，可以发挥出完全不同的效能。高明的决策者是依靠“任势”取胜，而不会让自己的下属陷入不断的苦战。“任势”的原则是“势险节短”，而能否充分利用大势，关键在于领导者审时度势的能力。

主动：竞争的实质就是对主动权的争夺。竞争者要将对抗的主导权控制在自己手里，调动对手而不被对手调动，塑造对手而不被对手塑造。“永远要左右你的敌人！”在什么地方打，在什么样的时间打，用什么样的方式打，跟什么样的对手打，打对手的哪个环节……都应该自己说了算。企业如果没有自己的战略，就只能成为对手战略的一部分。

"集中"：在决定性的时间、决定性的地点形成决定性的竞争优势，是竞争取胜的根本法则。任何企业的资源都是有限的，把稀缺的资源用在真正产生胜利的环节上，在关键的局部集中资源来取得压倒性的优势，并通过局部的突破来取得全局的主动，是竞争中的重要取胜之道。有效集中的前提是，必须有清晰的战略重点和方向，同时对其他方向的诱惑说"不"。

与现有的企业竞争理论相比，基于《孙子兵法》的竞争理论体系有许多自己的特点。首先，它重视战略价值判断的意义，强调确立在此基础上的竞争宗旨，以及选择竞争样式和行动序列，从而表现出独特的对非直接对抗的竞争样式的偏好。其次，它强调对竞争对手的分析与把握，并从对抗的角度，揭示出互动背景下动态竞争的基本原理及其行动指导原则，从而带有极强的操作性。最后，它是建立在经验的基础之上的，是一种经验的高度概括与提炼，因而一方面揭示出深刻的哲理，另一方面也要求竞争者必须具备丰富的经验、相当的悟性，兼具灵活应变的能力，这样才能在与竞争对手的博弈中，真正时刻占据主动地位，从而取得竞争的胜利。

主要观点

几千年来在血与火、成与败中总结出来的战争法则，可以说是人类制胜智慧的最高体现。战争理论从本质上来说，也就是最具有实战性和操作性的竞争取胜之道。

在市场的缝隙突破，在竞争对手最虚弱的时候突破，在竞争对手最薄弱的环节突破，在消费者最敏感的地方突破。有效的攻击可以一举使竞争对手的整个战略体系陷入崩溃。

任何企业的资源都是有限的，把稀缺的资源用在真正产生胜利的环节上，在关键的局部集中资源来取得压倒性的优势，并通过局部的突破来取得全局的主动，是竞争中的重要取胜之道。

从孙子兵法“全胜”理念看管理者的自我提升[①]

巴顿将军为什么成不了艾森豪威尔

战场是最好的领导力课堂。有两部与二战有关的经典传记电影，一部是《巴顿将军》，反映的是二战时期巴顿将军在北非、意大利以及诺曼底登陆后在法国和德国作战的故事。一部是 *Ike: Countdown to D-Day*，直译为《艾克：诺曼底登陆倒计时》，不过在中国上映的名字叫《诺曼底大风暴》，反映的是诺曼底登陆之前欧洲盟军总司令艾森豪威尔的整个决策过程。艾克就是艾森豪威尔。这两部片子的情节有很多交集，所以对照着看很有意思。

这两部片子中都涉及三个人物：巴顿将军、艾森豪威尔、布莱德利。艾森豪威尔后来做了美国总统。布莱德利后来做了美国参谋长联席会议主席，这是美国军队中的最高职位。

其实巴顿将军的起点比其余两人都要高。“一战”之后从欧洲回国时，巴顿将军是坦克旅旅长，艾森豪威尔是坦克营营长。巴顿还提携过艾森豪威尔，做过艾森豪威尔的导师。在北非作战的时

---

① 文本是作者在 2021 年 6 月 19 日北大国发院 MBA 论坛上的演讲。

候，巴顿是第 7 集团军司令，布莱德利则是他手下第 2 军的军长。

但诺曼底登陆期间及随后的作战中，艾森豪威尔是欧洲盟军总司令，布莱德利是艾森豪威尔手下第 12 集团军群司令，巴顿则是布莱德利手下的第 3 集团军司令。

很多人很喜欢巴顿将军，我也很喜欢。但从职业发展的角度来说，巴顿一定遇到了什么瓶颈。巴顿的故事会给管理者的自我提升带来什么样的启示呢?

《巴顿将军》这部电影我看了不下三遍。但如果只选一部电影作为领导力的教材，我一定会选《诺曼底大风暴》。这部电影告诉我们，巴顿将军当然是优秀的将才，但艾森豪威尔才是卓越的帅才。

我想借孙子兵法中全胜理念的分析框架，来分析一下巴顿将军为什么成不了艾森豪威尔，同时谈一下我理解的管理者的四个层次，以及管理者如何进行自我提升。

孙子的“全胜”追求

关于取胜，孙子有这样一段经典的论述：

> 凡用兵之法，全国为上，破国次之；全军为上，破军次之；全旅为上，破旅次之；全卒为上，破卒次之；全伍为上，破伍次之。

打仗就是这样：你将对方国家完整地降服，为你所用，这是最高的境界。你攻破了对方的国家才取得胜利，这是次一等的境界。

你将对方的军队完整降服，为你所用，这是最高的境界。你打败了对方的军队才取得胜利，这是次一等的境界。依此类推，一直到卒伍都是如此。

在这段话中，孙子提出了一对非常重要的概念，这就是“全”和“破”。

什么叫“全”“破”呢？全就是圆满，破就是残破。全和破是指两种不同的胜利。

战争最大的特点是什么？杀敌一千，自损八百。战争是一种暴力的对抗，而暴力的对抗往往会让对抗的双方都付出惨重的代价。如果你打败了对手，但是自己已经损失惨重，如果你取得了天下，但是天下已经残破不全，这样的胜利、这样的天下，有什么意义呢？

企业竞争也是这个道理。如果你打败了所有的竞争对手，但是整个行业已经被打烂了，这样的胜利有什么意义呢？我们看到太多这样的例子：行业中不断升级的恶性竞争，一步步演化成竞争者的彼此伤害，最终使整个行业没有一个真正的赢家，从而陷入孙子所说的灾难性的“破”的结果。

企业竞争的目的是什么？不是为了单纯地打败对手。理性的竞争，是为了给自己的企业创造一种更有利于长远发展的良好环境。

个人的职业发展也是这样。

在孙子看来，“全”和“破”是两种不同的理念，两种不同的思维，两种不同的境界，也是两种不同的结局。

军事学的概念总是比较抽象的，不太好理解，打个比喻就好懂多了。美国研究《孙子兵法》的专家麦克内利曾经用下棋来帮我们理解什么叫“全”和“破”。

他说西方人喜欢下棋。下什么棋呢？国际象棋。国际象棋怎么下？吃子。目的是通过不断消灭对方的棋子来取胜。游戏开始的时候，棋盘上布满了棋子。但下完棋、胜负已分的时候，整个棋盘上没有几个子了，只剩下了残破不全的棋局。他说这就叫“破”。

中国的一般老百姓也下象棋，但中国真正的高手下什么？围棋。围棋怎么下？你如果着眼于吃对方的子，就永远成不了高手。下围棋要学会布局、造势，棋手着眼的是不断演变的大局，而不是一时的你死我活。所以围棋往往是你下你的，我下我的，好半天都不发生冲突。

在围棋中，你不能通过无休止地吃子来打败对手。只知使用相互伤害的手段，是永远也赢不了棋的。事实上在高手的对局中，通常没有几个子会被吃掉，你只需要占领最大面积的地盘就可以了。吃子反而是次要的目标。而且更重要的是，与象棋相反，围棋在游戏开始的时候，棋盘完全是空的；但游戏结束的时候，整个棋盘却是满的。

麦克内利讲，这就是“全”。

竞争也是这个道理。我们应该学会下围棋的思维，而不是下象棋的思维。

不要一提竞争，就想到简单的对抗、冲突。高手从事的竞争，从来不是这样的竞争。所以孙子讲：“百战百胜，非善之善者也。不战而屈人之兵，善之善者也。”百战百胜的人，不是高手中的高手。不用打就能赢的人，才是高手中的高手。

乍一看，孙子的理念好像跟我们平常人的观念不太一样：百战百胜，多好的将军啊！哪一个管理者不希望自己手下有百战百胜的将军啊？为什么孙子说“百战百胜，非善之善者也”？

“百战百胜”的重心在哪里？“战”。“战”就是对抗，就是冲突。不断地通过对抗、冲突的方式来取胜，一定会给你带来巨大的消耗。战争中经常有这样的例子：你赢了眼前，却输掉了长远；你赢了局部，却输掉了全局。

我们身边经常有这样的朋友：口才极好，辩才无碍，又好胜之心很强，跟人家辩论的时候，一定要争出个胜负高低。结果呢？

你跟客户辩论，赢了辩论，但你失掉了生意。你跟领导辩论，赢了辩论，但你失去了生存的环境。你跟团队辩论，赢了辩论，但是你失去了别人的支持。你跟家人辩论，赢了辩论，但你伤害了感情。

过于陷入局部争夺，反而会失去对全局的把握能力。用对抗的思维去处理事情，即使赢了，往往也是残局。

管理者当然要关注竞争与对手。但是过于关注对手，你的眼光就会被对手限制住。太强的竞争与敌对意识会限制你的视野和格局，影响你的判断与思考，以及你的策略选择，让你陷入与对手较劲的死结中不可自拔。

真正的高手，不会只盯着一时的你死我活，而是着眼于不断变化的大局。

如果你回顾一下自己或者周边朋友的职业生涯，你就会发现一个很有意思的现象。刚刚入职的时候，或者刚刚开始创业的时候，你经常会看重每一场胜利，并且为了每一场胜利都不惜代价，全力以赴。但是时间长了你会发现：并不是每一场胜利都那么重要，也并不是所有的胜利都只能通过对抗的方式来取得。有时候非对抗的方式，甚至合作的方式，会让代价更小，成本更低，赢得更多，结果更加完美。

真正的高手赢在战略层面

当然，你可能会说：我也不想打啊，我也想全胜，可是有时候不得不打。有时候对手逼着我打。就像市场竞争一样。市场就那么大，客户就那么多，我不去争，就会落到对手的手里。我不争能行吗？

那怎么办呢？

孙子的答案是：争是可以的，但是争是分层次的。他说："故上兵伐谋，其次伐交，其次伐兵，其下攻城。攻城之法，为不得已。"上策是挫败对手的战略，其次是挫败对手的外交，再次是打败对手的军队，最下策是进攻对手设防坚固的城池。攻城是迫不得已才会做的选择。

真正的高手，要在高的层面去竞争，而避免进入低的层面去竞争。

"伐谋""伐交""伐兵""攻城"，这就是竞争的四个层面。

竞争的第一个层面是"上兵伐谋"。所谓的"谋"，就是深谋远虑，就是战略性的思考，是对未来的把握，包括战略布局的能力。

"上兵伐谋"的含义就是：真正的高手，从来都是在战略思考和战略布局的层面去战胜对手的。

要学会战略性的思考，就要有前瞻性的眼光，要学会从眼前事务性的工作中摆脱出来。要超越战场，要摆脱日常竞争中束缚自己的反应式思维模式，要有一种取势和提前布局的意识和能力。

竞争的特点是：如果你没有自己的战略，你就会成为对方战略的一部分；如果你没有自己的计划，你就会成为对方计划的一部分。

就像我们前面所说的，竞争就像下棋一样。一个棋子，如果没有整体的战略，很可能就是一个废子。

为什么有些人棋力到了一定程度之后，就是没法成为一流的高手？因为他大局观薄弱，因而特别容易陷入局部的争夺，无法掌控整个棋局。

你可能也会取得局部的胜利，但是你并不知道如何利用这些胜利。

其实人生也是如此。人与人之间最大的差别还不是背景、天赋、机遇，而在于有没有清晰的目标，以及围绕这个目标而展开的战略性思考。

人很容易在复杂的环境中迷失方向，组织也是如此。

长远的战略，才会让你的一个个行动具有深远的意义，使你的努力有了一致性和连续性。长远的战略，才让你懂得自己每一步都在做什么，懂得每一个具体目标的实现是如何促进了总体目标的达成，才能帮你把战术性的机会发展成为战略性的胜利。

长远的战略，才能让你跳出一时一地的竞争得失，使你一步步发展出你自己的独特能力与优势，从而从更长的维度来把握好你和组织的方向与命运。

孙子说："其次伐交。""交"就是外交，"伐交"就是战略联盟，就是我们今天讲的整合资源。

你有很好的战略远见，甚至你可能已经有了清晰的战略，但你的资源总是有限的。要想实现你的战略，仅靠一己之力往往是远远不够的。你就必须学会整合资源，通过资源的组合，弥补自身资源的不足，改变力量的平衡，形成有利于自己的力量格局和竞争环境。

这就是高手竞争所展开的第二个层面："伐交。"伐交就是处理人际关系的能力，就是整合资源的能力。

湘军的二号人物胡林翼说过一句话："为大将之道，以肯救人、固大局为主，不宜炫耀己之长处，尤不宜指责人之短处。"肯救人，就是合作意识；固大局，就是大局观念。

大将就是高管。作为普通员工和基层管理者，你要证明自己的能力，要做出自己的业绩，要有竞争意识。但是对于高管来说，合作意识、大局观念，才是你最关键的素质。如果没有合作意识、大局观念，个人能力再强、业绩再好，你也只能是一个普通的管理者，不配做高管。这也就是为什么阿里选副总裁以上的高管，看的就是三条：眼光、格局、胸怀。

对于高管来说，单打独斗的能力必须让位于团队协作、利益分享、资源整合的能力。用别人能力的能力才是更高的能力，用别人智慧的智慧才是更高的智慧。让比你还优秀的人都愿意为你所用，这才是高手中的高手。

第三个层面是"伐兵"。

"伐兵"不是简单地硬碰硬，不是简单的实力对抗和资源消耗。它强调的是要打就要巧妙地去打，要用智慧去打，要动脑子去打，要发挥自身优势去打，要用最小的成本，去取得最大的收益。

毛泽东是非常会打仗的一个人，他说过8个字："你打你的，我打我的。"你在你具有优势的战场跟我打，在对你有利的时间跟我打，按你具有优势的打法跟我打，我偏偏不这样做。我一定要把你拉到我具有优势的战场，在对我有利的时间，采取对我有利的打法跟你打。

毛泽东还说：“打得赢就打，打不赢就走。”打得赢的话要坚决地打，打不赢的话要坚决地走。只打那些你能打赢的仗，拒绝打那些打不赢的仗。只在对自己有利的领域跟对方打，拒绝在不利于自己的领域跟对方打。只在对自己有利的时间打，拒绝在对自己不利的时间打。只采取那些对自己有利的打法，拒绝采取不利于自己的打法。

你打你的，我打我的。打得赢就打，打不赢就走。这两句话，把自古以来用兵之法的核心讲得淋漓尽致。几乎所有漂亮的仗，都是这样打出来的。

孟良崮战役中，张灵甫的整编 74 师是国民党的五大主力之一，也是三大主力之一。这是一支机械化部队，全部配备美式装备，坦克、重炮、汽车。军官都是黄埔军校毕业的，并受过美国军事顾问团的训练。74 师又久经沙场，具有很强的战斗力。

这样的部队，在平原地区可以横冲直撞。所以孟良崮战役之前，华东野战军跟 74 师几次交手，占上风的时候并不多。很重要的原因是战场在苏北和鲁南这样的平原地区。

粟裕把仗选在了孟良崮打。孟良崮地处沂蒙山区，机械化部队寸步难行，整编 74 师重装备的优势完全发挥不出来，而华东野战军以步兵为主，把打山地战、运动战的优势完全发挥了出来。最后三天三夜，打掉了 74 师。

与孟良崮战役同时期的还有一场战役，就是西北的三战三捷。当时国民党有两个重点进攻方向，一个重点是进攻山东，一个重点是进攻陕北。山东打了个孟良崮战役，陕北打了个三战三捷。

三战三捷是彭德怀指挥的。当时胡宗南的 25 万大军进攻陕北，彭德怀只有 25000 人。兵员数量有 10 倍悬殊，还有武器装备的差距。共产党军队的武器装备跟国民党军队没法比。对共产党来说，这样的仗怎么打？有绝对的劣势。

彭德怀是怎么打的呢？他利用陕北黄土高原的特殊地形——沟沟坎坎，以及老百姓对共产党的支持，还有胡宗南急于寻找共产党军队主力决战的心理，以小部分部队伪装主力，在山沟里吸引国民党的部队兜圈子，运用当时所谓的“蘑菇战术”、武装大游行。国民党的部队被拖了一个多月，精疲力竭。用他们自己的话说，就是“肥的拖瘦，瘦的拖死”，优势完全发挥不出来，处处被动挨打。

共产党却集中优势兵力，抓住机会，一次就打对方的一个师，甚至一个旅，打完以后就迅速转移，再找机会打下一仗。打完了再迅速转移，找机会打下一仗。最后三战三捷，稳定了西北战局。

当我不具备优势的时候，我绝对不跟你硬打。我要采取手段，让你的优势发挥不出来，让我的优势充分发挥出来。只有我的优势可以充分发挥的时候，我才跟你打。

如果说“伐谋”“伐交”强调的是最好不用打就能赢，那么“伐兵”强调的就是要打的话，就要巧妙地打，用智慧去打。

从管理者个人发展的角度来说，就是你得找到自己清晰的人生定位。你究竟擅长什么，你究竟喜欢什么，哪些领域最能发挥你的优势与特长。

如果把人生比喻成一场战争，那就打你擅长的仗，打你喜欢的仗，找到能发挥你优势的地方来打，用能发挥你优势的打法来打。

记住，你打你的，我打我的。

第四个层面是“攻城”，就是硬攻对方设防坚固的城堡。孙子说：“其下攻城。攻城之法，为不得已。”

孙子那个时代，没有火药、火器，不像我们今天，有大炮、导弹之类的。那个时候，攻城只有两个办法。一个是硬攻，用攻城车、攻城棰、云梯，人不断地往上爬，城上的人不断地射箭、扔石头。攻城的人不断地往下掉，护城河都堆满了。用孙子的话，叫“杀士三分之一，而城不拔者，此攻之灾也”。士兵伤亡达到了 1/3，城还是打不下来，这就是攻城带来的灾难。

还有一个就是长围久困。我把你围起来，把你耗死。你粮食吃完了，水喝完了，箭放完了，就不得不投降。

但我们都知道，战争的特点是什么？一旦打起来，没有哪一方会轻易服输。所以春秋时期有个典故，叫作“易子而食”。被围城，粮食都吃完了，人们不忍心吃自己的孩子，互相换孩子吃。就这样也不投降。

孙子说：“攻城之法，为不得已。”攻城是两败俱伤式的打法，是没有智慧的打法，是死打硬拼式的打法，是匹夫之勇式的打法。攻城是只有在迫不得已的情况下才会采取的打法。明智的将军一定要尽量避免陷入攻城的境地。当你在职场上不断地陷入“攻城”的困境时，你的人生一定是在战略层面出现了问题。

管理者的四个层次

“上兵伐谋，其次伐交，其次伐兵，其下攻城”，这也构成了管理者的四个层次（见图 3）。

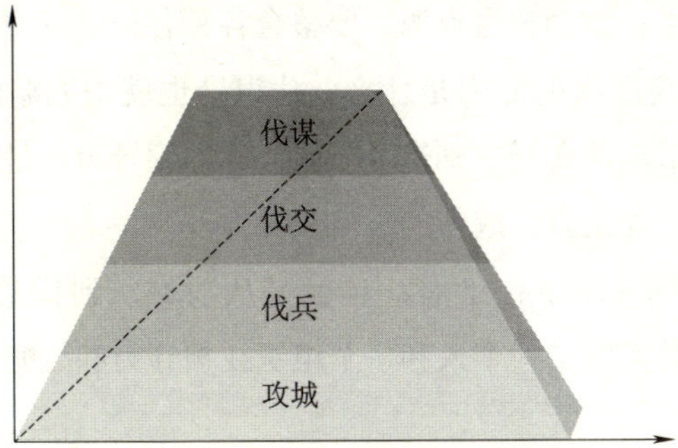

图 3　管理者的四个层次

回顾一下一个人的创业或职业发展历史，你会发现一个很有意思的现象。

当你刚刚开始创业或者刚刚进入职场的时候，为了生存，为了立足，有时候你不得不去攻城。一个客户一个客户地去撬，一个单子一个单子地去拿，一项业务一项业务地去做。这就如同一座城一座城地去攻。攻城总是非常艰难的。

慢慢地你有了自己的团队，你对市场有了自己的理解。你开始考虑一个问题了：哪些市场是我应该进入的市场，哪些市场我应该放弃？哪些客户才是我的客户，哪些客户我根本不应该去下功夫？我有什么样的优势，我有什么样的劣势？竞争对手对我有哪些威胁，又有哪些弱点可以为我所用？我应该采取什么样的打法，不应该采取什么样的打法？

这个时候你已经有初步的战略思考意识了，你已经开始进入"伐兵"的层面了。

但是，光靠你自己和你的团队，资源总是有限的。要想取得更大的成就，你就必须进入第三个层面，就是"伐交"，就是要重视人际关系，学会整合资源，要整合各种各样的资源为你所用。

但是最高层次的能力是什么？伐谋。也就是战略的远见、战略的眼光、战略的布局。到这个时候，你的领导力才是真正达到了战略的层面，才是真正成熟的战略领导力。

所以，图3从下往上看，也就是从攻城，到伐兵，到伐交，再到伐谋，其实就是一个人和一个组织在领导力和战略思维上不断提升的过程。

图3我们也可以从上往下看。最上面一层是“伐谋”。伐谋就是清晰的战略远见与战略理念。

有了清晰的战略理念，你就可以往下进入“伐交”这个层面了。这个时候你的人际关系和资源整合，就是在战略理念指导下的关系与整合。

没有清晰的战略，你怎么会知道要布什么局？你怎么知道去整合什么样的资源？你怎么知道建立什么样的人际关系？有了清晰的战略，你就知道要布一个什么样的局，如何去布这个局。你就知道要整合什么样的资源，怎么去整合资源。你的“伐交”，也就已经是在“伐谋”指导下的“伐交”了。

等你整合好资源、布好局，你再进入“伐兵”这个层面，你会发现你已经塑造了一种有利于你的战略格局。这就为你的业务竞争层面的取胜创造了最有利的条件。

再往下走，进入“攻城”这个层面，你会发现，这个时候，你的攻城，不再是无谓的消耗，而是在战略指导下的攻城了。有了清晰的战略以后，你就会清楚地知道，有些城不需要攻，有些城必须攻。这时候你就不再见城就攻，而是有选择、战略性地攻城。

必须攻的城，是因为它关系到整个战略的全局，服务于战略的需要，是兵家必争之地，本身就具有战略意义。就像红军在长征中，必须打下娄山关，必须攻克腊子口，必须飞渡泸定桥，因为这关系到红军和组织的生死存亡，是为了战略上的需要而进行的攻坚作战。

这样的攻城，本身就具有战略全局上的影响。攻下这样的城，你就打开了战略局面。因此这样的城，也就必须全力攻打，即使要为此付出很大的代价，也在所不惜。

在关键的节点、关键的领域、关键的阶段，你总是会遇到不得不打的时候，这个时候就要果断地打，坚决地打，不惜成本地打。因为这样的仗，关系到战略的全局和你最终的命运，所以必须要打，而且一定要打赢。

所以真实的竞争，是全方位的竞争。管理者经常面临的是在四个层面上同时与竞争对手展开较量。

优秀的管理者，不能忽视任何一个层面的能力。优秀的管理者，既要有深谋远虑的运筹能力，有纵横捭阖的资源整合能力，有灵活机动的变通能力，也要有在关键时刻强大的攻坚能力。

只是你一定要记住，你的所有攻城，一定是在战略指导下的攻城，而不是蛮干，不是无谓的消耗。

再回看图3，我们还可以从右上角向左下角画一条斜线。斜线以上，强调的是靠什么取胜？靠战略，靠智慧。斜线以下，更多靠什么来取胜？靠实力，靠资源。

孙子研究的是战争，但是他跳出了战争的局限，关注如何去超越战争，超越那种简单的、直接的、暴力式的对抗。

你可能每天都处于竞争之中，但竞争的高手，不但要懂得竞争，更要懂得跳出竞争、超越竞争，从更高的层次上去理解和把握竞争，从而不断地提升自己竞争的层面。

管理者只有不断地提升自己的思考维度，才能更加有效地实现对对手的降维打击。

巴顿与艾森豪威尔的不同

看到这里，你大概就会理解，为什么巴顿将军就是巴顿将军，而无法成为艾森豪威尔了。巴顿当然是优秀的将军，但艾森豪威尔是真正的统帅。有人说，在诺曼底登陆的过程中，艾森豪威尔就像和面师一样，“把英国人、法国人和美国人，甚至后来的苏联人和在一起，再把他们推到希特勒的面前”。

《巴顿将军》留给我印象最深的，是巴顿与英国的蒙哥马利之间的竞争。好的将军当然要有好胜之心，强烈的好胜之心成就了巴顿将军。但太强的好胜之心，限制了巴顿将军的大局观。所以巴顿只是优秀的战将，而无法成为卓越的统帅。

从管理者的自我提升来说，刚刚进入职场的时候，拼的往往是个人的专业、个人的技能，有了好的专业技能你才能在社会上立足。接下来拼的是你的人际关系、协调能力、资源融合能力，你必须成就别人，才能更好地成就自己。而管理者最终拼的是眼光、格局和胸怀。

回到孙子的“上兵伐谋”。“谋”就是深谋远虑，就是我们今天经常讲的以终为始。什么叫以终为始？从未来看现在，和从现在看未来，是完全不一样的。

从现在看未来，眼光必然会局限于眼前资源的争夺，你的眼中全是你的竞争者。巴顿将军甚至把蒙哥马利这样的盟友都当成是争夺荣誉的对手。

但从未来看现在，你关注的就是如何创造出未来的大局。你会发现眼前的竞争者甚至都可以纳入共创未来的大局之中，为你所用。就像艾森豪威尔可以把苏联人纳入自己的战争体系一样。

这个时候重要的就不再是原本空间意义上的已有资源的零和竞争，而是时间意义上的在未知领域共同创造未来的能力。你的对手也就不再是其他人，你唯一的对手其实就是你自己，是你不断进行自我成长与提升的能力。

从现在看未来，你最多能成为巴顿式的将军。从未来看现在，你才能成为艾森豪威尔式的真正统帅。

上兵伐谋，以终为始，你也就跳出了眼前的竞争，进入孙子所说的“全胜”的境界。

主要观点

真正的高手，不会只盯着一时的你死我活，而是着眼于不断变化的大局。

太强的竞争与敌对意识会限制你的视野和格局，影响你的判断与思考，以及你的策略选择，让你陷入与对手较劲的死结中不可自拔。

并不是每一场胜利都那么重要，也并不是所有的胜利都只能通过对抗的方式来取得。

长远的战略，才能让你跳出一时一地的竞争得失，使你一步步发展出你自己的独特能力与优势，从而从更长的维度来把握好你和组织的方向与命运。

用别人能力的能力才是更高的能力，用别人智慧的智慧才是更高的智慧。

如果把人生比喻成一场战争，那就打你擅长的仗，打你喜欢的仗，找到能发挥你优势的地方来打，用能发挥你优势的打法来打。

从现在看未来，你最多能成为巴顿式的将军。从未来看现在，你才能成为艾森豪威尔式的真正统帅。

中国传统竞争哲学的钻石模型[①]

要理解中国人的竞争战略，首先要理解中国人的竞争哲学。竞争是一种普遍存在的社会现象，无论是政治、经济、军事还是国际关系，都是如此。围绕着竞争这一社会现象，中国春秋战国时期不同的学派都有过思考，并发展出了一整套独特的竞争哲学。理解中国人的竞争行为与竞争战略，一定要理解中国人的竞争哲学。

中国传统竞争哲学，基本上由儒、法、道、兵这些学派构成，它们从不同的角度来理解竞争，共同构成了中国人的竞争观，影响着中国人的竞争行为，直到今天。

儒家是以道义为核心的竞争哲学，法家是以力量为核心的竞争哲学，道家是以耐心为核心的竞争哲学，兵家是以策略为核心的竞争哲学。

儒家：以道义为核心的竞争哲学

儒家的核心概念是仁，仁就是爱。儒家关于社会竞争观念的

① 本文是作者在 2020 年 8 月 29 日北大国发院 EMBA 论坛上的演讲。

基本看法，是“四海之内，皆兄弟也”，是“以天下为一家，以中国为一人”。在儒家看来，从本质上来说，人类之间的关系应该是和谐的、良性互动的、相互依存的，而不应该是紧张的、冲突的和对立的。一体意识与和谐追求是理解儒家竞争观念的基础。儒家思想以天下大同为自己的文化理想，以协和万邦为处理同周边民族与国家关系的基本原则。从孔子开始，儒家便对人性持一种乐观主义的信任态度，对一种充满人性价值的人类良性互动关系抱有热切的期望，这在孔子的“己欲立而立人，己欲达而达人”的信念中有充分的体现。在宋明理学家那里，这种热切的期望又上升到了天人合一、万物一体的境界。程颢说：“仁者，以天地万物为一体。”

在这种情况下，儒家思想在竞争上的基本价值观就是追求和谐。“礼之用，和为贵，先王之道斯为美”，这是孔子的和谐观；“保合太和，乃利贞”，这是《易传》的和谐观；“和也者，天下之达道也”，这是《中庸》的和谐观；“德莫大于和”“天地之道而美于和”，这是董仲舒的和谐观。对和谐的追求，可以说是儒家一以贯之的传统。这就是中国人竞争观的一个重要特点，竞争本身不是目的，竞争是为了达到和谐合作。

简单地说，儒家对竞争的理解表现在：第一，和谐是世界的本质。和谐是宇宙的基本状态，而竞争和冲突则不过是一种不自然的失序与失衡而已，没有永久意义。第二，和谐是世界变化与发展的趋势。世界上的确存在相异、相对、不合、敌视等现象，但儒家认为整个宇宙、人类社会、个人生活的大方向基本上是趋于和谐与统一的，宇宙与人生经验中的冲突、缺陷、矛盾，都是一种过渡现象而已。第三，和谐是竞争的最终目的。在儒家的价值体系中，和谐与善是一致的，而竞争冲突则是与恶联系在一起的。只有为了和谐和善的竞争，才有价值上的合法性，才是可取的竞争。

我把儒家的竞争观叫以道义为核心的竞争哲学。在儒家看来，君子喻于义，小人喻于利。君子之争为道义之争，小人之争为利益之争。好的竞争应该是君子之争，也就是应该出于道义的目的，使用道德的手段，并应该受到道德的规范。儒家相信道德具有强大的感召力和影响力，用孔子的话，君子之德风，小人之德草。说白了道德就是力量。所以孟子说“仁人无敌于天下”，强调“以德服人”。儒家从总体来说相信的是道义的价值和道德的力量。

儒家竞争观的价值在于，它将人类向善与合作的可能性充分地揭示了出来。《论语》的“己欲立而立人，己欲达而达人”“己所不欲，勿施于人”，强调的是竞争中的道德自律。《易传》的“地势坤，君子以厚德载物”，强调的是竞争中的宽厚品格。《中庸》的“万物并育而不相害，道并行而不相悖”，张载的“仇必和而解”，强调的是对人类和平、和谐以及人类共同命运的执着，代表了一种伟大的王道精神。这都是中国文化给我们留下的宝贵遗产。

不过，对“和谐”与“一体”的过分强调，也使得儒家思想从总体上表现出了贬低冲突与竞争的倾向。在很长一段时间里，中国人一谈起竞争，就本能地认为这是一种不道德、不正常、不光彩的行为。希望人与人、国与国都一团和气，相互礼让，即使争也是君子之争，礼尚往来，是在道德规范和约束之下的竞争。中国人不太愿意承认彼此利益竞争的存在，即使有竞争也不太轻易撕破脸皮，这在很大程度上都是受儒家的影响。

以儒家的竞争观来看，如果说双方都是谦谦君子，都有强烈合作的意识，都出于己欲立而立人、己欲达而达人的善意，绝对可以达成博弈论中所说的正和博弈、合作博弈。这显然是最好的竞争境界。也是中国人所追求的理想竞争。然而现实并非所有的人都是君子，求利同样是人的本性。曾国藩早就发现了儒家这种竞争观的局限性，君子愈让，小人愈妄。君子越让步，小人反而越狂妄，小人会把君子的让步看成是软弱，因此得寸进尺勒索更多的利益。曾国藩和李鸿章最痛苦的事情就是发现“洋人论势不论理”。在一个强权主义的时代，你不可能用道德来一厢情愿地感化信奉弱肉强食的西方列强，没有实力的道义有时候会一钱不值。在列强的船坚炮利之前，没有实力你就只能委曲迁就、步步退让。这就是儒家竞争观所遇到的最大困境。

法家：以力量为核心的竞争哲学

如果说儒家的竞争哲学追求的是和谐，法家的竞争哲学则直指现实。在诸子百家中，法家是公开承认竞争存在的学派。与儒家和谐的追求不同，法家认为这个世界本质上就是竞争的世界。争什么？争利益。靠什么来争？靠实力。所以韩非子说这个时代是大争之世。刘向说战国时代捐礼让而贵战争，弃仁义而用诈谲，是一个非威不立、非势不行的时代。

韩非子讲得非常直白：当大争之世而循揖让之轨，非圣人之治也。在这样一个大争的时代而用儒家那套谦让的规矩，一点儿用也没有，是迂腐的行为。在法家看来，人类的历史主要是竞争的历史，上古竞于道德，中世逐于智谋，当今争于气力。竞于道德的时代早已一去不复返，我们这个社会就是靠实力说话的，力多则人朝，力寡则朝于人。有实力，别人就屈服于你，没有实力，就只能屈服于别人。这是一个丛林社会，国家生存的唯一途径就是富国强兵。

法家其实特别像我们今天国际关系理论中的现实主义学派。现实主义认为，国际社会是一个无政府状态下的自助体系，各个国家都是以权力为手段来实现国家利益的，国际伦理和道义没有太多意义。在这样一种强权状态下，国家与国家之间的关系更多是对抗的关系，体现为国家利益的冲突和对抗，为了安全和生存，国家必须发展出以军事实力为主的各种权力手段。由于国家无法界定拥有多大的权力才能实现国家的利益，所以国家倾向于无限制地发展军事力量，认为只有当自己的力量强于对手时才会安全。所有的国家都尽量去争取权力，提高自身权力，因而总是会处于安全的困境。

与儒家相比，法家的竞争哲学在我们今天看来功利而冷酷，但却很现实。竞争固然需要道德的规范与追求，但竞争也需要以强大的实力为基础，而绝不能单纯依靠他人的善意。否则只能平时袖手谈心性，临危一死报君王。国家之间也好，组织之间也好，人与人之间（职场）也好，毕竟都是靠实力说话的。在竞争的环境中，实力比什么都重要。敢战才能言和。竞争有时候就是要学会以利益为目的，以实力为基础，以斗争求和平。这是法家的清醒与现实之所在，也是法家竞争哲学的意义之所在。

但是法家的竞争观也有问题。过于看重竞争，过于看重眼前的利益，过于强调对抗，过于相信实力，有时候会让你陷入狭隘与蛮横之中。在法家的眼中，这个世界的竞争本质是一种零和博弈，要么胜利为王，要么失败为寇。为了竞争而不惜付出一切代价，往往就会导致你死我活的竞争升级。杀敌一千，自损八百。如果你打败了所有的对手，但自己也损失惨重，如果你取得了天下，天下已经残破不全，这样的胜利有什么意义呢？无论是国家竞争、企业竞争还是人际竞争，我们都会看到这样的例子：不断升级的恶性竞争，一步步演化成竞争者的彼此伤害，最终使得竞争的舞台上没有一个真正的赢家。竞争的目的是什么？就是为了打败对手吗？不是的，理性的竞争，是为了给自己创造一种更有利于长远发展的良好环境。竞争不应该是简单的对抗与冲突，使用相互伤害的手段，只能陷入更大的恶性竞争。

道家：以耐心为核心的竞争哲学

如果法家的竞争观关注的是冲突的胜负，那么道家的竞争观关注的是长远的发展。换言之，如果法家是从空间的维度理解竞争，道家就是从时间的维度理解竞争。道家从一开始就是从自然的生命演化角度，而不是从竞争者彼此之间的冲突来理解竞争的。老子观察过自然界中生命演化的一个现象："人之生也柔弱，其死也坚强。草木之生也柔脆，其死也枯槁。故坚强者，死之徒；柔弱者，生之徒。"人活着的时候，身体是柔软的，死了就变僵硬了。草木欣欣向荣的时候，是柔软的，花残叶落的时候，就变得干枯了。其原因就在于"坚强"的东西已经失去了生机，而柔弱的东西，则充满了活力。尽管新生者要经历很多挫折、很多磨难，但未来一定是属于新生事物的。真正的战略家，可以从柔弱的表象看到"其力不可量"的前景，从而看到希望、看到未来。

所以老子说，"弱之胜强，柔之胜刚""柔弱胜刚强"。为什么柔弱可以胜刚强？所有刚强的东西都有其致命的脆弱性，柔的东西才有长久的生命的力量。

从冲突的角度来说，道家就是从自然的角度看竞争。老子从水中悟出了竞争的最高境界是“不争”的哲理。所谓的不争之争，才是大争。“不争”并不是一味地消极退让，而是不妄为，不强争。只有这样，才能达到“不争而善胜”的目标。“天之道，不争而善胜”，也就是说，“不争”实际上是一种高级形式的“争”，“夫唯不争，故天下莫能与之争”。因此，在老子看来，所谓“不争”，超越简单的恶性竞争，而有更大的格局、更大的胸怀。他引入了时间的维度，把竞争看成了一个力量此消彼长而不是力量直接对抗的过程，这就需要时间。

从竞争的角度来说，柔弱之所以胜刚强，还有一个原因就是“柔弱则不争”。老子再次从自然现象中悟出了这个道理，他说：“上善若水。水善利万物而不争，处众人之所恶，故几于道。……夫唯不争，故无忧。”众皆欲刚而水独柔，众皆欲善而水处恶，众皆欲争而水不争。惟其柔弱，故能至强；惟其处恶，故为上善；惟其不争，故能深争。老子说“知其雄，守其雌”。因为不与人争，则人都不与争。人不与争，则可以养精蓄锐，潜藏待机，一旦时机到来，时至而动，争则必得，争则必胜。

在这种情况下，力量转化、力量消长的节点就特别重要。老子说“动尚时”，范蠡说“圣人不巧，时反时守”，一定要待时而动。道家因此发展出了避敌锋芒、韬光养晦、保存实力、后发制人、以柔克刚、以弱胜强的一整套竞争理念。

春秋时期著名的战略家范蠡把这套理念运用到了现实中的吴越之争。他曾经警告急于复仇的越王勾践，“天时不作，弗为人客；人事不起，弗为之始。今君王未盈而溢，未盛而骄，不劳而矜其功，天时不作而先为人客，人事不起而创为之始，此逆于天而不知于人。王若行之，将妨于国家，靡王躬身”。对方没有天灾，就不要发动进攻；对方没有人祸，就不要挑起事端。现在君王没有等到国家殷富，就采取过分的举动，没有等到国势强盛就开始骄傲，没有多少付出就开始夸耀自己的功劳，对方没有天灾就开始发起进攻，对方没有人祸就开始挑起事端，这样违背天意而失掉人和。君王如果这样做，必然会危害国家，损害自身。“时不至，不可强生；事不究，不可强成。”时机不成熟，不可以贸然行动；对规律没有把握，不能逆天而动。而一旦时机来到，“得时无怠，时不再来；天予不取，反为之灾”。

从竞争战略的角度来说，道家提供的其实是一种大战略的理念。强调的是自制、低调、守柔、待机，而不是一味逞强。道家对中国人竞争理念最大的影响，是不要仅着眼于一时的胜负得失，更要着眼于长远的力量消长。不要仅着眼于一时的你死我活，更要着眼于不断演变的大局，而这就需要竞争者一定有足够的战略耐心，要学会隐忍、克制与耐心地等待。事实上，克制与耐心本身就是好的竞争战略的特质。

兵家：以策略为核心的竞争哲学

兵家所从事的是战争，这是一种竞争的最高形态。以《孙子兵法》为代表的兵家著作，可以说是专门研究在对抗环境如何取胜的策略，具有极强的操作性，所以我将其称为以策略为核心的竞争哲学。《孙子兵法》是中国人的竞争理念、竞争智慧的最集中体现。

有意思的是，中国的兵家在竞争哲学上受到道家的影响是很大的。道家认为最好的竞争是不争，兵家认为最好的胜利是全胜。《六韬》讲全胜无斗，大兵无创。这反映了兵家对于竞争最高境界的理解。所以孙子讲："百战百胜，非善之善者也。不战而屈人之兵，善之善者也。"百战百胜的人，不是高手中的高手。不用打就能赢的，才是高手中的高手。乍一看，孙子的理念，好像跟我们平常人的观念不太一样：百战百胜，多好的将军啊！哪一个管理者不希望自己手下有百战百胜的将军啊？为什么孙子说"百战百胜，非善之善者也"？

"百战百胜"的重心在哪里？"战"。"战"就是对抗，就是冲突。不断通过对抗、冲突的方式来取胜，一定会给你带来巨大的消耗。战争中经常有这样的例子：你赢了眼前，却输掉了长远；你赢了局部，却输掉了全局。

管理中也有同样的情况。我们身边经常会有这样的朋友：口才极好，辩才无碍，好胜之心又很强。跟人家辩论的时候，一定要争出个胜负高低。结果呢？

你跟客户辩论，赢了辩论，但失掉了生意。你跟领导辩论，赢了辩论，但失去了生存的环境。你跟团队辩论，赢了辩论，但是失去了别人的支持。你跟家人辩论，赢了辩论，但伤害了感情。

过于陷入局部的争夺，反而会失去对全局的把握能力。用对抗的思维去处理事情，即使赢了，往往也是残局。

竞争者当然要关注竞争与对手。但是过于关注对手，你的眼光就会被对手限制。太强的竞争与敌对意识会限制你的视野和格局，影响你的判断与思考，以及你的策略选择，让你陷入与对手较劲的死结中不可自拔。

如果你回顾一下自己或者周边朋友的职业生涯，你就会发现一个很有意思的现象。刚刚入职的时候，或者刚刚开始创业的时候，你经常会看重每一场胜利，并且为了每一场胜利都不惜代价，全力以赴。但是时间长了你会发现，并不是每一场胜利都那么重要，也并不是所有的胜利都只能通过对抗的方式来取得。有时候非对抗的方式，甚至合作的方式，会让代价更小，成本更低，赢得更多，结果更加完美。

所以在兵家看来，最好是不用打就能赢，要打的话，也要用智慧去打。这就是孙子所说的"上兵伐谋"。所以中国人对竞争的理解，不是简单的实力的对决，而是智慧的较量。

因此就有了兵法中的这些原则：五事、七计、全胜、先胜、任势、击虚、诡道、出奇、并力、主动、机变、先知等等。这些原则，其实就是让你更好地用战略来赢得竞争。竞争的指导也就因此具有极强的操作性。这也是为什么《孙子兵法》会被认为是一种竞争的经典著作。

中国传统竞争哲学的钻石模型

儒家、法家、道家、兵家，构成了一个完整的中国竞争哲学，同时也构成了竞争的四大要素：儒家，道义；法家，力量（实力）；道家，耐心；兵家，策略。基辛格在谈到世界秩序时曾经说："秩序永远需要克制、力量和合法性三者间的微妙平衡。"他揭示出了竞争的三大要素：实力、耐心、道义。这三大要素最终表现在竞争行为上，一定会体现为策略。

我把它叫作中国传统竞争哲学的钻石模型，如图 4 所示：

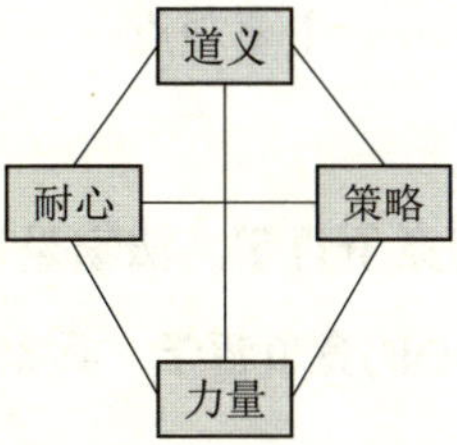

图 4 中国传统竞争哲学的钻石模型

所以这四家理论，已经构成了一个完整的竞争哲学体系。好的竞争，要以力量为基础，以道义为追求，同时还要兼具强大的耐心和高明的策略。这一体系可以帮助我们在动荡的时代里，超越一时一地的喧嚣，更好地从长远和根本上把握好自己的竞争战略，从而把握好自己的命运。

主要观点

儒家是以道义为核心的竞争哲学，法家是以力量为核心的竞争哲学，道家是以耐心为核心的竞争哲学，兵家是以策略为核心的竞争哲学。

竞争不应该是简单的对抗与冲突，使用相互伤害的手段，只能陷入更大的恶性竞争。

不要仅着眼于一时的你死我活，更要着眼于不断演变的大局，而这就需要竞争者一定有足够的战略耐心，要学会隐忍、克制与耐心地等待。

好的竞争，要以力量为基础，以道义为追求，同时还要兼具强大的耐心和高明的策略。

中国传统领导力的哲学基础[①]

领导力的概念和体系是从西方传入的，中国此前并没有专门的领导力学科。但中国人自古以来追求的就是入世、经世致用，诸子百家所探讨的多是治国之道，必然涉及领导者、领导力这样的主题，有大量关于领导力的思考。

以品格为核心的儒家领导力

管理学中有一个研究结论，领导者的格局、胸怀、器度、境界、追求以及价值观，对组织的未来往往具有决定性的意义，是决定组织命运的关键因素。

儒家领导力哲学的核心，是内圣外王，是立德、立功、立言，是以品格为核心的领导力哲学。儒家的理念，用宋代理学家张载的话说，就是“为天地立心，为生民立命，为往圣继绝学，为万世开太平”。

儒家的重心，强调的是“修己安人”“内圣外王”“有体有

---

① 本文是作者在 2020 年 8 月 1 日北大国发院 EMBA 论坛上的演讲。

用”。在儒家看来，领导者必须具备“圣”“王”的双重资格：为“圣人”修己之体，然后才能为“王者”治人之用。儒家所强调的是，内在品格的养成是领导力成长的前提。

从自我反省和人格养成入手，孔子把领导力的展开分为“修己以敬”“修己以安人”“修己以安百姓”三个阶段，“修己”才能“安人”，才能“安百姓”。换言之，修身才能齐家、治国、平天下。在儒家看来，领导力形成的过程，就是自我的修养、境界提升的过程。

以自我修身始，以平治天下终，这也是一个领导者自我突破的过程，一个领导者要想走向卓越，首先要反思自我、认识自我，进而管理自我、提升自我，从而具有更高的格局、胸怀、气度、眼光、境界。所以儒家推崇的君子、豪杰、圣贤，代表的都是儒家理想中的领导境界。而君子、豪杰、圣贤的核心，是代表价值观、传承价值观、践行价值观的强烈的道德自信。所以就有了“士不可以不弘毅，任重而道远”，甚至“知其不可而为之”“虽千万人吾往矣”的浩然之气。所以真正的儒生都会有强烈的担当意识、责任意识、天下意识，即所谓的“民物命何以立，圣贤道何以传”。儒家的领导哲学，为领导者提供的是一种清晰而坚定的理想与追求。儒家的领导哲学，是建立在品格与价值驱动基础上的，是以品格和价值观为核心的领导力，是以社会责任和天下情怀为核心的领导力，强调的是既自强不息，又厚德载物。

卓越的组织源于卓越的领导力。企业家的层次，决定了企业的层次；企业家的高度，决定了企业的高度；企业家的境界，决定了企业的境界；企业家的导向，决定了企业的导向；企业家的文化与价值观，决定了企业的文化与价值观；企业家的局限，也就决定了企业的局限。

领导者是组织的核心，领导行为的本质就是要处理“人”与“我”的关系。领导力的突破过程，其实就是一个突破自我的过程，就是一个打通“人我”、融汇“人我”的过程，就是走出小我、成就大我的过程。从这个意义上说，儒家对品格与价值观的重视，对社会责任和天下情怀的强调，奠定了中国企业家自我提升与价值追求的基础。

以现实为核心的法家领导力

在中国文化中，儒家一直扮演着主体的角色，儒家为中国人提供了理想的人格和价值的追求，有很多很正面的影响，但是儒家也存在局限性。如果你读过《论语》《孟子》，读过程朱的著作，你会发现，孔孟也好，程朱也好，历代的儒家，翻过来覆过去，讲的就是一个主题，也就是“伦理道德”。问题在于，道德原则从来是完美的，应用道德的现实世界却从来都是不完美的。人生需要理想，但理想主义色彩过浓，变成迂腐的书生，是无法把事情做成的。

对于领导者来说，只靠儒家的价值理念，显然是远远不够的，所以中国文化中还有法家的理念。

法家与儒家有很大的不同。如果说儒家相信的是人有向善的可能，强调的是人性理想的一面，那么法家相信的是人有求利的本性，强调的是人性现实的一面。

韩非子曾经说过一段著名的话。造车的工匠造好了车，就希望富贵的人越多越好；做棺材的人做成了棺材，就希望人死得越早越好。并不是造车的人道德多么高尚，做棺材的人道德多么败坏，而是利益决定了他们的不同期望。在法家看来，这个社会，从本质上来说是围绕着利益展开的。离开了对人的求利本性的把握，你根本就无法对人进行基本的激励。

除了利益之外，法家信奉的还有实力。儒家对道德的力量充满了自信，所谓“君子之德风，小人之德草”，风往哪边去，草就会往哪边倒。用今天的话说，儒家相信的是道德的影响力、感召力，相信的是德化的力量，强调以德服人。法家从来不相信这些，法家相信的是强制性的权势的力量，所谓的“力生强，强生威，威生德”，相信以力服人。法家认为权势才真正具有让人屈服和顺从的力量，人的行为也只有通过强制的力量才能改变，所谓的“力多则人朝，力寡则朝于人”。在法家眼中，离开了权势、权力，毫无疑问地无法影响别人的行为。

儒家讲的是道义，法家讲的是利益；儒家讲的是道德，法家讲的是实力。与儒家相比，法家的特点是非常冷酷，但非常现实。法家让你看到人性和社会的另一个层面。如果说儒家提供的是人生的理想，那么法家所提供的就是一种现实的取向。人有向善的可能，也有逐利的本性。真实世界的领导力，当然需要使命与愿景这样超然的一面，但也不可能无视权力与利益这样现实的一面。

中国文化是霸王道杂之。对于领导者来说，光有做事的激情是不行的，还要有解决问题的能力；光有对价值的执着是不行的，还要有向现实妥协的智慧。一个伟大的领导者，既要有对理想的坚守，又要有清醒的现实取向，要在理想中关注现实，也要在现实中追求理想。理想与现实之间的这种平衡，才是真实世界的领导力。所以在中国历史上，书生是成不了事的，土匪也是成不了事的，成事的一定是接地气的书生。

以柔性为核心的道家领导力

但是法家也有其不足。法家最大的问题是什么？就是过于强势、过于冷酷、过于霸道、过于刻薄、过于自是、过于以自我的利益为中心。这样的人，其人际关系一定是一塌糊涂的，最后一定也失败得一塌糊涂。所以，还需要道家。

道家与法家相比最大的不同在哪里？如果说法家的特点在于一个“刚”字，那么道家的特点便是在一个“柔”字。道家的重要命题是“柔弱胜刚强”，是“为而不争”“以其不争，故天下莫能与之争”，是“方而不割，廉而不刿，直而不肆，光而不耀”，为人方正而不孤傲，有棱角而不伤人，率直而不肆无忌惮，有光芒而不刺眼。

在现实的管理世界中，我们可以看到两种截然不同的领导模式：一种是刚性的，一种是柔性的。刚性的领导者，其领导行为往往是强势的、霸气的、压迫的、尖刻的、排斥的、抗拒的、敌对的、张扬的；柔性的领导者，其领导行为往往是谦逊的、温和的、欣赏的、开放的、吸纳的、包容的、合作的、低调的。

老子欣赏的显然是第二种领导者。他曾经警告说：“强梁者不得其死。”盛气凌人的领导者是不会有好结果的。这样的领导者，尽管可以迫使一些人在短期内服从自己，但时间长了，往往会导致下属的怨恨与离心离德，从而导致管理的失败。在道家看来，“弱者道之用”，明智的领导者一定要学会“知其雄，守其雌”。什么叫“知其雄，守其雌”？就是知道自己很强大、很成功，却能够保持很谦卑、很柔弱的心态。这样，才能更清楚地看清自己，也更清醒地理解别人，学会倾听，学会欣赏，学会包容，从而更好地汇集众人之力为我所用。用老子的话说，“江海所以能为百谷王者，以其善下之，故能为百谷王”。江海之所以能够为百川河流所汇注而成为王者，就是因为它善于处下，所以能成为百川之王。

美国学者吉姆·柯林斯曾经提出过一个“第5级经理人”的概念。他把经理人从低到高分成5级。在多数人的感知中，组织的一把手应该是外向、霸气、魅力十足的明星人物，然而柯林斯的结论是：最伟大的领导者，往往是安静的、谦逊的、低调的、平和的、不惹眼的、不自以为是的。为什么会这样？

这其中的原因，老子早就讲得非常明白：“不自见，故明；不自是，故彰；不自伐，故有功；不自矜，故长。”不固执己见，反而能明察秋毫；不自以为是，反而能明辨是非；不自我夸耀，反而能成就功名；不妄自尊大，反而能成为天下的领导者。

苏格拉底说：“我唯一知道的，就是我一无所知。”桥水基金的创始人瑞·达利欧也说：“相对于你需要知道的东西而言，你真正知道的东西或许是有限的，承认这一点是明智的。”伟大的领导者一定是谦卑的、虚心的，所以能够从个人的逞强和刚愎自用中走出来，以柔软平和的心态展开自己的领导行为。

如果说儒家给人以理想的追求，法家给人以现实的眼光，那么道家就给人以成熟的心态。道家所展现的是一种包容，是一种耐烦，是一种从容，是一种恬淡，是一种灵活，是一种弹性，是一种圆融，是一种更高的人生智慧。

好的领导者，既有儒家的理想与追求，又有法家的清醒与现实，同时还有道家的成熟与灵活。这三者从不同的角度，构成了中国领导力的哲学基础。

主要观点

企业家的层次，决定了企业的层次；企业家的高度，决定了企业的高度；企业家的境界，决定了企业的境界；企业家的导向，决定了企业的导向；企业家的文化与价值观，决定了企业的文化与价值观；企业家的局限，也就决定了企业的局限。

真实世界的领导力，当然需要使命与愿景这样超然的一面，但也不可能无视权力与利益这样现实的一面。

一个伟大的领导者，既要有对理想的坚守，又要有清醒的现实取向，要在理想中关注现实，也要在现实中追求理想。理想与现实之间的这种平衡，才是真实世界的领导力。

竞争中的打胜仗之道

切忌用上一场战争的思维打下一场战争[①]

先讲一个故事。我们都知道，第一次世界大战期间英国人发明了坦克，对于战争来说，这意味着坦克时代的到来。所以“一战”以后，法军和德军都在大力发展自己的坦克部队。事实上在二战爆发的时候，法军的坦克无论是数量还是性能，都不弱于德军。法军的坦克数量为 3400 辆，德军的坦克是 2400 辆。法国的 B1 坦克是当时最好的重型坦克之一，号称法国的“虎式”。

然而战争的结果却让所有人大跌眼镜，法军的装甲部队根本挡不住德军的攻势。法国人仅打了 36 天就战败投降。为什么？

原因很简单，双方对坦克的使用思路是不一样的。法国延续了“一战”的传统，坦克主要是为步兵发起进攻提供火力支援，所以坦克是分散配属给步兵的。这极大地限制了坦克作战性能的发挥。而德国的坦克单独编组成装甲部队使用，步兵则是配合坦克作战。这就将坦克集群的机动与突破能力充分发挥了出来。

你看，法国人是从步兵的角度来看坦克，德国人是从坦克的角度来看步兵。从根本上来说，法军是用上一场战争的经验来打下

① 本文为作者在 2021 年 5 月 21 日陈春花教授《价值共生》新书领读会上的演讲。

一场战争，新的装备技术被纳入旧的组织。而德军是根据对未来战争的理解重构了自己的战略战术，进而重构了自己的组织。双方打的根本就不是同一场战争。

再讲一个商业世界的故事。马云他们刚刚做淘宝的时候，因为大家都不懂零售，就从零售业高薪聘请了一位 CEO。正好牛根生请企业家们到内蒙古大草原去做客，马云就带上了这位新招的 CEO。晚上在篝火旁闲聊时，马云对这位 CEO 说：明年淘宝的增长要达到 100%。这位 CEO 愣了一下，想说什么，但是又咽了回去。马云说：没关系，我们这里的文化是畅所欲言，想说什么就直接说。这位 CEO 说：马总，恕我直言，零售业的增长率，一年达到 8% 就已经相当不错了，5% 也是正常的。马云说他当时就意识到，坏了，请错人了，双方的理解根本不是一回事儿。后来，那年淘宝的增长率是 140%。

用陈春花老师的话来说，“沿用过去的认知和经验，无法真正理解数字化带来的改变和可能性”。战争史上最大的悲剧，就是你打的是上一场战争。而数字技术的演进，使得仗已经是与过去完全不同的打法了。这就是摆在我们今天所有人面前最残酷的现实。

从共生的角度来解竞争

就像我们必须从坦克的角度看传统步兵，而不能从传统步兵的角度看坦克，就像我们必须从互联网的角度看传统零售，而不能从传统零售的角度看互联网一样，在竞争与共生之间，我们也必须从共生的角度重新理解传统的竞争。

所以，接下来我就借助陈老师书中的分析，谈一下我们今天应该如何从共生的角度，来重新理解竞争这个古老的主题。

企业的经营，一端是资源，一端是市场。企业经营无非是利用市场资源、满足市场需求的过程。正是在这两个问题上，工业化时代和数字化时代发生了根本变化。

上一场战争：工业时代的竞争

正如陈老师书中所说，在工业化时代，企业的资源和能力是实现战略的关键要素。企业要通过一系列努力获取资源、提升能力，构建核心竞争力。但是资源总是有限的，企业争取资源、占有资源，也就成为在竞争中取胜的关键。同时，市场也是有限的，企业要想生存和发展，就必须在与竞争对手的竞争中争夺有限的市场，这样才能赢得生存与发展的未来。因此，在工业时代，企业的关键价值是满足顾客需求，战略的关键要素是具有比较优势，经营的核心是如何获得竞争优势并最终在竞争中获胜。

在这样的背景下，企业所关注的必然是竞争本身。"赢"因此就成为最响亮的一个词，杰克·韦尔奇那本畅销书的名字就是《赢》。竞争被理解成对手之间一对一的厮杀。商场如战场，企业必须与竞争对手争夺资源、争夺顾客，进而争夺赢利的机会。价值创造当然重要，价值分配更为关键。胜者为王。如何在残酷的竞争中胜出是企业最关注的问题，因为胜利者才能最大程度上在价值分配的环节保证自身利益的最大化。竞争一步步变成了对抗，甚至是敌对。当竞争被理解成你死我活的时候，恶性的竞争必然屡见不鲜。行业中不断升级的恶性竞争，又会一步步演化成竞争者的互相伤害，最终变成没有赢家的战争。企业之间当然也存在合作，但在这种以竞争为主导的商业世界中，合作也是为了更好地竞争。在赢的巨大压力之下，企业往往不得不陷入短期的业绩考虑，而无法专注于长期的发展。

下一场战争：数字化时代的共生

数字技术在两个方面带来了根本的变化。首先是拥有资源已经没有那么重要。就像陈老师在书中指出的那样，在数字化的时代，连接大于拥有。人们已经习惯于通过在线连接获取一切，不管是电影、音乐还是出行。人们不再为拥有这些东西而付出，而是希望通过连接获取这一切，因为通过连接来获得这些会更为便捷、成本更低、价值感受更高。连接的意义大于拥有，对于企业来说也是如此。通过连接与共生，企业的资源和能力不再受限于企业自身。企业核心竞争力的关键是理解当下的价值和意义，寻求更大范围的资源与能力的聚合，因此连接成为企业实现战略的关键要素。

数字化时代还带来另一个变化，就是企业的关键价值已经不在于满足顾客需求，而在于能否为顾客创造需求。就像陈老师指出的那样，“数字化时代的很多需求是被创造出来的，甚至顾客自己都从未了解这些需求，或者根本从未发现这些需求的存在。因为在全新的、未知的领域里，企业事实上也不知道竞争对手是谁，所以其在战略上的关键并不是获得比较优势，而是获得生长空间，核心就是找到共生伙伴，创新顾客需求，创造顾客价值。”当需求是创造出来的，重要的就不再是空间意义上的已有需求之间的零和竞争，而是时间意义上的在未知领域创新顾客需求的努力。价值创造第一次代替价值分配，成为决定企业命运的关键。你的对手不再是其他企业，你唯一的对手就是你与你的共生伙伴不断创造顾客价值的能力，唯一的对手就是你自己。企业生存与发展的关键不再是如何打败对手，而是如何能建立或者加入一个以协同和合作为特征的生态系统，并通过不断地共同演化来共创价值，从而共创辉煌。用陈老师的话说："数字技术带来的无限连接使今天的企业无法独立创造价值，而需要与更多组织、更多系统，以及更广泛的外部环境构建共生、创造价值，从中找到自己新的成长空间，获得新的发展的可能性。新成长空间和新发展的可能性需要组织有能力与其他组织成员合作协同，而不是竞争对立。"陈老师的研究发现："领先企业之所以能发展迅速、增长强劲，关键是因为其构建了共生价值网络，与价值伙伴成员共生、共创、共享价值。"

这是数字化时代带来的最大改变。我们正在进入一个从价值独创向价值共创转变的时代。战略的底层逻辑，也正在从竞争的逻辑转向共生的逻辑。这就是陈老师在《价值共生》中反复强调的主题。

当我们以这样一种共生的范式来看竞争的时候，我们就会发现，对于已有的竞争，我们会有完全不同的理解。在数字化时代，价值创造的基本方式是多元主体的共创。用陈老师的话说，今天的企业，越来越需要"通过强连接的能力和协同优势展开价值创造并获得优势，同样，更多的企业选择在协同与强连接的生态网络中获得发展机会"。换言之，这是一个追求价值共创的时代，而不仅仅是追求个体竞争优势的时代。这是一个追求长远演化的时代，而不仅仅是关注一时一地胜负、一城一地得失的时代。

共生对今天企业竞争的启示

这会在打胜仗问题上给我们带来什么样的启示呢?

第一个启示是在共生时代，企业的战略目标已经不再是单纯的打败对手。相反，是为了创造一个更有利于自己长远发展的良好生态。企业的生存不再单纯依靠与对手之间的争夺与冲突。

过于陷入局部的争夺，反而会使你失去对大局的把握能力。用对抗的思维去制定战略，即使赢了，往往也是残局。太强的竞争与敌对意识会限制你的视野和格局，会影响你的判断和思考，以及你的策略选择，让你陷入与对手较劲的死结中不能自拔。一句话，那样做让你打的是上一场战争，而离这个时代越来越远。

在传统的竞争范式中，我们会看重每一场胜利，并且为了每一场胜利都不惜代价，全力以赴。但在这样一个全新的时代，并不是每一场胜利都那么重要，也并不是所有的胜利都只能通过对抗的方式来取得。真正的战略，不再是只盯着一时的你死我活，而是着眼于不断演进的大局。共生才是这个时代的战略本质。这是理解数字化时代如何打胜仗的关键。

第二个启示是，战略决定组织，战略上的价值共创，又必须带来组织上的价值共生，从而重塑我们对组织的理解。

就像坦克时代到来，传统步兵在组织上必须转型为装甲步兵才能适应坦克时代的需要一样，数字化时代，以企业自身为单元的组织也必须转型为生态系统中的一部分，才能适应共生时代的需要。

事实上，生态系统本身就是一种新的组织形态。生态系统的特点就是彼此之间相互的依赖与互补。在这样一种新的组织形态中，作为组织的企业，就必须打开自身的边界，改变自身的机制，才能融入更大的组织体系之中。与此同时，组织的逻辑必须从自利的逻辑转向利他的逻辑。用陈老师的话来说，管理者需要从关注企业自身的价值，转变为关注产业伙伴和顾客价值，从关注组织自己的目标，转变为关注组织相关成员的共同目标。

第三个启示是，顾客在企业经营中将扮演着越来越关键的角色。

企业经营当然要满足顾客的需求。但是在传统的竞争范式中，满足顾客需求往往只是战胜对手的一种手段，赢得竞争的胜利才是企业的终极目的。在打败对手、获取利润和为顾客提供价值三者之间，为顾客提供更好的价值这一条往往最容易被人们遗忘。即使是关注顾客价值的企业，所做的价值创造也往往是在自己的封闭体系中完成的，顾客与企业是隔离的。

而在共生时代，顾客正在从价值的被动接受者，变成价值创造的主动参与者、共同创建者。也就是说，价值是由顾客和企业共同创造的，顾客不再只关注拥有产品，而是更关注自己的体验，更关注消费过程中的价值创造。生产与消费之间的边界正在消失，只有把顾客纳入价值创建的过程，与顾客融合在一起，视顾客为价值共创不可或缺的部分，企业才能迅速成长。用陈老师的话说，在数字化时代，顾客价值不再是一种概念，而成为一种基本的战略思维和准则。从这个意义上说，我们正在回归商业的真正本质。

以共生来赢得和超越竞争

陈老师这本书的副标题是“数字化时代的组织管理”。不管你承不承认，共生作为一种组织形式已经是现实的存在并可决定你企业的命运。战争史上最大的悲剧就是你打的是上一场战争。而数字化技术的演进，使得仗已经是与过去完全不同的打法了。今天，一对一的竞争已经过去。从这个意义上我非常同意陈老师所说的："如果你知道自己的竞争对手是谁，你基本上将被淘汰。"原因是你还是在打上一场战争，对竞争的理解还停留在过去。

陈老师还说："如果你说你与谁合作，你就会有机会。"你必须在共生时代学会共生。只有学会共生，你才能打赢数字化时代的仗。决定企业命运的关键因素正在变化。尽管企业依然是独立的个体，但商业的逻辑正在发生变化，企业必须参与到共创价值的共生系统中，才能赢得数字化时代生存与发展的未来。从这个意义上说，陈老师的价值共生研究无疑抓住了这个时代战略的本质与关键。

当然，竞争是市场经济的基本特征。竞争是不会消失的，即使在共生时代也是如此。就像从坦克看步兵，并不是消灭步兵，而是改变步兵，从互联网看零售，并不是消灭零售，而是重构零售一样，我们从共生看竞争，也不是消灭竞争，而是从共生的角度重新理解我们所处的竞争。

那么，今天的竞争形态究竟是什么样的呢？我的初步理解是，企业与企业之间一对一的竞争正在过时，但竞争依然存在，只是表现的形式、逻辑与烈度发生了变化。

今天的竞争，更多的是不同的价值共同体之间的竞争，是不同生态之间基于价值共生能力的竞争。在一个生态系统中往往会有一个主导性的企业，生态的建立与主导者构思、创建、管理、维护、扩张甚至重构所处的生态系统，形成参与者都认可的良好治理机制，吸引更多的伙伴参与到这个生态系统中，更好地通过生态系统内的互补与协作来实现价值共创，从而比其他生态更好地为顾客提供价值，进而实现生态不断扩张，并在这一过程中稳固和强化自身的主导地位，以上的内容就成为决定企业以及生态竞争力的关键。

即使在生态内部，虽然互补与合作是共生的本质与基本逻辑，但借用陈老师的话说，生态内部依然会存在分歧与冲突。各个物种之间除了价值的共生，价值分配这个环节的竞争依然会存在。只是这是合作与共生基础上的竞争，共生是第一位的，竞争是第二位的。只有通过共生才能让你更好地赢得竞争，共生的意识与能力成为所有企业的基本功，这是今天的战争与上一场战争最大的不同。

2500 多年前，孙子在他的兵书里写下了一段著名的话："百战百胜，非善之善者也；不战而屈人之兵，善之善者也。"好的将军追求超越战争，好的企业追求超越竞争。如果说"全胜"是军事战略的最高境界，那么共生毫无疑问就是商业战略的最好范式。企业从来没有像今天一样，可以在共生中去更好地创造价值。共生正在改变竞争的形态、面貌以及重心，共生正在让我们更好地回归商业的本质，使得为顾客创造价值的长期主义真正成为可能，并且正在成为企业持续赢利的唯一选择。这是我读陈老师这本书的最大收获。

主要观点

当需求是创造出来的，重要的就不再是空间意义上的已有需求之间的零和竞争，而是时间意义上的在未知领域创新顾客需求的努力。

这是数字化时代带来的最大改变。我们正在进入一个从价值独创向价值共创转变的时代。战略的底层逻辑，也正在从竞争的逻辑转向共生的逻辑。

共生正在改变竞争的形态、面貌以及重心，共生正在让我们更好地回归商业的本质，使得为顾客创造价值的长期主义真正成为可能，并且正在成为企业持续赢利的唯一选择。

经典商战案例背后的取胜之道[①]

一

战争的历史，很大程度上是由经典的战争案例构成的；商业的历史，很大程度上是由经典的商业案例构成的。经典的商业案例会以其深刻而鲜活的特质揭示出商业世界的基本规律，所以案例教学从来都是商学院 MBA 教学最重要的方式。好的案例会说话，从事商学教育的人都知道，商学院的 MBA 学生从经典的商业案例所学到的东西，往往远远超出一般的商业理论。

但是，商业案例的编写，从来都是极为费心费力的事情。案例的选择需要独具慧眼，案例的编写需要深厚的功力，案例的解读则需要一针见血。一句话，高质量的商业案例需要对真实的商业世界有敏锐的洞察与深刻的领悟，需要对商业实践有长期的跟踪与深入的思考，否则就无法形成经典的商业案例。

陈之宏教授在弗吉尼亚大学、康奈尔大学和上海纽约大学从

---

① 本文原刊于《天禄论丛》2020 年卷，英文版 Reconstructing the "Moments" When China and the Global Market Embraced Each Oher 刊于《中国历史评论》（*The Chinese Historical Review*），Vol.27, May 2020.

事了近 20 年的中国商务历史和文化教学，也在伦敦政治经济学院做过高级研究员。她做的主要工作，就是引导世界一流商学院的国际学生，结合鲜活的商业案例分析，去了解真实的中国商业世界。在多年的丰富教学实践基础上，陈教授对所用的案例进行反复挑选、修改和打磨，终于形成了这部《当中国和世界相遇：中英双语商务金融案例》（*When China Meets the World: Bilingual Business-Finance Cases*），由牛津大学正式出版。毫不夸张地说，陈教授的这部心血之作，无论是形式还是内容，都代表了今天中国商务历史和文化教学领域同类成果的最高水准。

这本书的第一个特色是，特别重视一手资料的收集。陈之宏教授出身于历史专业，严格的史学训练使得她在案例编写时与一般的管理学者有一个最大的不同，就是非常注重一手史料的收集与筛选。这就是为什么这本书与市面常见的在二手资料基础上进行的案例汇编完全不一样。尤其许多材料都是陈教授从长年收集、精心挑选的当事人的视频资料基础上汇总改编而成的，这给案例教学和历史研究都提供了极其宝贵的线索，甚至是鲜活的实证。该书通过把专家、商界精英和战斗在商业一线的企业家以这种方式带入课堂，来分享其亲身经历、实战经验和专业知识，也就把真实的商业世界展现在了读者与学生面前。

该书的第二个特色是，特别重视经典案例的选择。对于商业案例编写者来说，最大的挑战是商业案例往往具有很强的时效性。尤其是当代中国经济发展节奏极快，新技术、新产业、新业态层出不穷，商业模式的更新迭代更是家常便饭，往往是几年前为众人所关注的案例，几年之后便已经完全过时。这对于案例的编写者来说是极大的挑战，而这也就需要案例的编写者具备强烈的历史意识。陈教授的过人之处在于，她是以史学家的“史识”来选择案例的。她所选择的案例，都是能够代表一个时代中国经济发展主题的经典案例，比如“互联网革命”下的淘宝逆袭、“破坏性创新”下的柯达浮沉、“走出去”战略下的TCL兵败欧洲等等。这些案例因为其经典、有长久的生命力、有深远的历史意义，其价值也就不因时间而褪色，相反会随着时间的推移，其所包含的普遍性商业规律将越发清晰。

我在商学院从事的是竞争战略研究与教学。10多年前，我也非常有幸受陈教授之邀，在康奈尔大学陈教授的课堂上与学生做过分享。从竞争战略的角度来说，陈教授在该书中所选取的阿里巴巴、柯达和TCL三个案例，实际上是从三个不同的层面揭示出了战略思维的基本内涵。

二

阿里巴巴在中国打败eBay（易贝），是陈教授在该书中选择的第一个案例，也是一个经典的中国式以弱胜强的案例。其背后所反映出的中国式竞争战略智慧，对所有教学都围绕经典西方战略思维展开的国际学生来说，一定会带来极大的冲击。

西方经典竞争战略理论，基本是以力量和资源为核心来展开的，波特的五力模型也好，资源学派的理论体系也好，都是如此。本质上这是一种强者的哲学。用一句话来概括，就是强者为王：你强，我一定要比你更强。

这就使得西方的战略思维经常会强调力量与资源的优势，相信用强大的资源与实力就可以攻城略地，横扫一切对手。eBay带着雄厚的资本进入中国，并且财大气粗地跟中国所有主流门户网站都签了排他性的广告协议，目的很简单，就是封杀包括淘宝在内的所有竞争者。

在西方的商业世界里，这显然是一种经典而又屡试不爽的打法，所以 eBay 一定带着必胜的信念。不幸的是，这次 eBay 进入的是中国。更不幸的是，eBay 这次遇到的又偏偏是喜欢武侠小说和太极拳的马云。

从孙子兵法到太极拳，中国人所奉行的主流战略思维，从来不是强者哲学，而是以柔克刚、以弱胜强、以少胜多。与西方的战略思维相比，这其实是一种颠覆式的智慧。而用陈教授所用案例中引用的一段话来说，就是倒立着看世界。换一个角度看世界，你会看到一个完全不同的世界。如果西方对于竞争的理解就是实力的对决，那么中国人理解的战略，则是智慧的对抗。

这就有了马云那个经典的战略：免费。eBay 向来采取的是收费模式，在 eBay 看来，服务收费是天经地义的。美国如此，中国当然也该如此。马云却打破了常规，出人意料地采取了免费模式。很简单，在规模与实力层面，弱小的淘宝根本不是强大的 eBay 的对手。但是免费的策略，却足以颠覆行业的逻辑，使得淘宝与 eBay 之争，从 eBay 希望的规模与实力之争，变成了淘宝发起的商业模式之争。

这就是经典的中国式战略思维：你打你的，我打我的。身为弱者，我不会在你具有优势的战场与你正面对抗，进行实力与资源的消耗，如果那样的话我就死定了。我要把你引导到对你不利的战场上，采取对你不利的模式，让你的优势根本就发挥不出来，让我的优势充分发挥出来，这样就可以为我打败你创造条件。

最后的结果我们都知道了：强大的 eBay 最终黯然退出中国市场，今天的阿里已经成为电子商务领域的王者。

对于商学院的国际学生来说，相信这个案例所带来的不仅仅是各种战略术语，不仅仅是精彩的故事，更主要的是战略思维上的强大冲击，是关于究竟什么是竞争战略和取胜之道的颠覆性思考，而这是商学院的其他课程都难以提供的。这也是陈教授这一案例所提供的独特价值。

三

柯达在中国先胜后败的故事，则是一个经典的“打赢了所有战役，但输掉了整场战争”的战略案例。

柯达在中国的竞争战略，一开始看来几乎是无可挑剔的。柯达进入中国市场的时候，富士已经占据了中国胶卷市场 70% 的份额，柯达处于绝对的劣势。在这种情况下，柯达利用其强大的政商关系，与中国政府签订了“九八协议”，也就是全行业收购协议。而正如陈教授书中所言，在此之前，中国政府从来没有允许任何一家企业对国有企业进行这样的全行业并购。

柯达这一出其不意的举措，将竞争对手富士打得晕头转向，并迅速改变了整个竞争格局。柯达不断地攻城略地，收购或控股了中国胶卷业的所有 7 家本土企业。4 年时间，柯达在中国的市场份额就反超为 67%。中国市场也由柯达的全球第 17 大市场，一举成为全球第 2 大市场。柯达毫无疑问创造的是辉煌的历史。

然而，正当在中国驰骋纵横、捷报频传的时候，柯达却陷入了巨大的困境。柯达在中国全力并购胶卷企业的时候，正是数码技术突飞猛进并且颠覆传统影像行业的时候。柯达所有的并购都在传统行业范围内，柯达所有的胜利都立足于传统技术。而中国市场走向数码化的进程远远超出柯达的想象。

传统的地基正在塌陷，柯达天才而疯狂的全行业并购战略因而完全失去了意义，并购的成功反而使柯达背上了沉重的包袱，陷入巨大的转型困境。2012 年，无法摆脱困境的柯达正式申请破产保护。柯达打赢了每一场战役，却因为数码时代的到来，输掉了整场战争。

柯达能够在中国市场上打败富士，是因为柯达将与富士在市场层面的竞争，提升到了政商关系层面，进而利用政商关系的优势，实现了并购战略的成功，扭转了整个竞争格局。但是柯达没有想到的是，战胜了所有的对手，却输给了时代。这也应了那句著名的话："时代抛弃你时，连一声再见都不会说。"

这个案例给学生可能提供的启发在于：在战略层面，对于竞争者来说，重要的不是一时的你死我活，而是不断变化的大局。如果过于陷入局部的争夺，反而会失去对全局的把握能力。对于未来的竞争者来说，竞争当然要关注自己的对手，但更要学会关注时代的大势。时势才是决定战略成败的最大变量。

四

TCL 走向国际化的案例，则是从另一个角度提供了战略决策的一个深刻教训：如何在巨大的诱惑面前，保持清醒的自控能力。

2003 年，TCL 收购法国汤姆逊公司的彩电和 DVD 业务，TCL 一举成为全球最大的彩电供应商。2004 年，TCL 并购法国阿尔卡特公司的手机业务，这是当时中国手机行业最大的跨国并购案。踌躇满志的 TCL 董事长李东生还立下誓言，要在 18 个月内让并购业务扭亏为盈。

然而没有想到的是，两年的时间，TCL 连续巨亏 50 亿元人民币，并不得不在 2007 年剥离欧洲公司业务，退回中国市场。

直到今天，TCL 的国际化并购，都是当代中国商业史上最经典的国际并购案例，不断地在商学院的课堂上引发争论。TCL 这个案例的启发究竟在哪里，众说纷纭，莫衷一是。

我认为陈教授此书最值得称道的一点，就是选取了当事人李东生自己对并购失败的反思，并用李东生的反思作为整个案例的结尾，从而很好地提升了案例的价值，也给学生提供了极好的启发。

李东生的反思主要是四条：一是在做决策时已经看到风险却没有抵得住诱惑，包括成为全球第一的诱惑，国家元首在后面看着你签字的诱惑；二是在操盘的过程中对实际的困难估计不足；三是对市场和产业转型对并购带来的冲击和困难不够谨慎；四是对相关国家法律的了解不够透彻。

利益和风险，永远是战略决策的一体两面。《孙子兵法》有句名言："不尽知用兵之害者，则不能尽知用兵之利也。"投资界也有一句名言：永远不要以安全的未来收益来评估当前的价格。人们往往会因为各种貌似辉煌的前景而忽视了各种不利的风险。TCL 的案例很好地给学生提出了忠告：决策的背后，其实是人性。贪婪是人性的组成部分，过于乐观往往是决策的通病。在做重大商业战略决策的过程中，永远要预计到最坏的情况。机会是永远会有的，但机会的背后往往是陷阱。只有做好最坏的准备，才能争取到最好的可能。

五

陈之宏教授在该书的前言中说，经过近20年的演变，她现在所开设的这门课程，与当初已经大不相同。语言教学虽然仍是课程的重要部分，但“专业”的成分已经占据了中心地位。

我相信读了陈教授这部著作的朋友，一定会完全同意陈教授的结论。该书的整体结构由四个模块构成，而这四个模块的背后，是陈教授在一个最核心的问题上所做的专业思考：究竟是什么塑造了当代中国经济的基本面貌?

该书的四个模块，正是从不同的视角来回答这个核心问题的。正如陈教授所言，“互联网革命”不仅给中国的商业和金融领域，也给人们的日常生活带来了深刻的变化。“破坏性创新”有着潜在的颠覆性作用，它重塑了中国传统行业的基本格局。“请进来、走出去”战略对中国和全球经济都产生了深刻影响，而“投资银行”则是参与中国经济发展的一个重要机构和机制性力量。

也正是有了这样的思考，陈教授才能用“当中国和世界相遇”这样一条清晰的主线，把表面看来不相关的四大模块以及模块下的各个案例有机地贯穿在了一起。“当中国和世界相遇”这条主线揭示的正是40年来中国走向世界、世界改变中国这个波澜壮阔的历史主题。

从这个意义上说，该书绝非一部简单的案例汇编。该书所记录和勾勒的，是当代中国商业的历史以及陈教授对这段历史的深度思考。从陈教授的这部著作中，我们可以清晰地看到，在商业的世界里，哪些只是一时的喧嚣和过眼烟云，哪些才是影响中国商业发展的根本要素。

在一个浮躁的时代里，很少会有人花 20 年就是为了写一本书。陈教授的这部著作，不仅对商学院的 MBA 学生，而且对所有愿意总结中国经济的历史经验、思考中国经济未来趋势的人来说，都是极好的参考。

主要观点

从孙子兵法到太极拳，中国人所奉行的主流战略思维，从来不是强者哲学，而是以柔克刚、以弱胜强、以少胜多。与西方的战略思维相比，这其实是一种颠覆式的智慧。

对于未来的竞争者来说，竞争当然要关注自己的对手，但更要学会关注时代的大势。时势才是决定战略成败的最大变量。

在做重大商业战略决策的过程中，永远要预计到最坏的情况。机会是永远会有的，但机会的背后往往是陷阱。只有做好最坏的准备，才能争取到最好的可能。

坐看兴废眼前来

中国史学有一个很好的传统，就是注重历代治乱兴衰之道的探讨。用司马迁在《太史公自序》中所说的话，是“究天人之际，通古今之变，成一家之言”。对于今天的管理者来说，读史可以帮助我们跳出一时一地的局限，从长的历史时段来发现哪些东西是可以持久的，哪些东西只是一时的喧嚣，从而帮助揭示上到国家、下到企业治乱相因背后的成败得失及其深层规律，并从组织、战略和领导力等维度提升自己的管理能力。在所有史书中，《资治通鉴》又以其“关国家兴衰、系生民休戚”的明确定位，而受到管理者的重视。

清华大学张国刚教授精研《资治通鉴》数十年，出版有《资治通鉴与家国兴衰》《资治通鉴启示录》等有影响力的专著。他在清华大学开设的《资治通鉴》课程更是长盛不衰，一直深受学员欢迎。其中原因，除了《资治通鉴》本身的魅力之外，更重要的是张国刚教授善于将历史学的功底与管理学的洞见相结合，以娓娓道来的叙事，鞭辟入里的总结，将久远枯燥的历史事件变成引人入胜的鲜活案例，从而引发管理者的强烈共鸣。张教授的新著《治术：周秦汉唐的经世之道》，从解读《资治通鉴》的经世之道入手，史论结合，是从历史看管理的上乘之作。

《治术》一书最大的亮点，是张教授在书中关于历史上组织的兴衰成败与治术得失的大量精彩点评。随手列举几例：谈到商鞅改革的经验教训时，“如何把改革的刚性与柔性结合起来，是改变成功的关键之一”；谈到战国时赵国的外交战略得失时，“没有战略目标，争一时一事之短长，这是赵国成为失败国家的最大原因”；谈到梁武帝萧衍身为管理者的角色冲突所带来的影响时，“身在庙堂，就应该讲文治武功；遁迹山林，可以空谈性理。如果身为皇帝，又想做菩萨，两种角色互相冲突，其结果一定是悲剧”；谈到高欢的掌权东魏最终输给宇文氏掌权的西魏时，“与领导者对于国家发展方向的把握相比，领导技能最多只能算南面之术，在中古历史发展的转折关头，就显得很不够了”；谈到唐德宗反腐时，“惩治贪腐不能靠文官、武官或者宦官来决定，而是要靠反腐的一套措施和制度”；等等。这些都体现了作者过人的史识和精彩的洞见。在每一讲之前，作者还会围绕相关时代的治乱得失进行综合讨论，洋洋洒洒，每每数千言之多，可谓作者读史心得的全面反映。

王朝时代是人治时代。人治最大的特点，是管理者的能力、眼光、境界、胸怀、修养这些我们今天通称为领导力的个人素质的高低，对于王朝的兴衰与命运都是至关重要的。所以中国人讲治国平天下，一定要从修身齐家开始讲起。对于管理者来说，自我管理是组织管理的前提，这可以说是《资治通鉴》一书的主题，也是张教授在《治术》一书中的主线之一。通过《治术》一书，管理者收获最多的，大概也正是作者基于中国历史兴衰对于领导力这一经典管理问题的深刻反思。

《治术》一书给管理者的第一个启示是：再伟大的管理者，也要明智地承认自身的局限，保持克己的心态。

《治术》一书花了很大的篇幅分析隋唐两位著名的君主隋炀帝和唐太宗的得失，并令人信服地告诉管理者：隋炀帝之失，失在骄矜；唐太宗之得，得在克己。的确，人非圣贤，人无完人，所有人都会有自己的能力边界，即使再伟大的明君也是如此。孔子说："知之为知之，不知为不知，是知也。"越是智者，反而越会意识到自己的局限与不足。然而权力最大的问题是会让人性中自大的一面无限膨胀，掌握了无限权力的君主，尤其会面临这样一种考验。无数的帝王就是因为没有过这一关而导致王朝由盛转衰，事业由成转败。

正如《治术》一书所言，"人君的差别不全是因为才能有高下，更取决于其自我约束和自我管理能力的差异"。历史给管理者的一个教训是：再伟大的领导，也要明智地承认自身的局限，保持克己的心态，这样才能避免个人的逞强和刚愎自用，保证自己始终保持清醒的头脑。用张教授的话来说，是"谦卑不仅仅是一种美德，而且是应有的工作态度、为人处事的领导方式"。

《治术》一书给管理者的第二个启示是：一味附和的下属从来不是最好的下属，敢于指出领导过失的人，才是真正忠诚的下属。

管理者都希望有忠诚的下属，但什么是真正的忠诚？弄清这个问题，是领导者处理好上下级关系的一个前提。《治术》一书引用子思的话回答说："恒称其君之恶者，可谓忠臣矣。"

世界上有两种忠诚。一种忠诚是听话，是对上级言听计从、附和称赞，甚至一心揣摩与顺从领导心思行事。子思讲得很清楚，这种忠诚是自欺欺人的忠诚，是低级的忠诚，是平庸的忠诚，是缺乏担当的忠诚，是自私的忠诚，本质上是一种伪忠诚。

还有一种忠诚，不是简单地顺着领导，更不是阿谀取容，而是从组织和领导的长远与根本利益出发，坦诚地讲出自己的观点，指出领导的错误，从而纠正领导的过失。用《治术》一书的话说："能劝谏、死诤、辅弼、匡正之人，是社稷之臣，国君之宝。"敢说真话的下属，才是组织和领导者真正的财富，才是真正忠诚的下属。直到今天，中国古人的这一智慧依然具有强大的生命力。

《治术》一书给管理者的第三个启示是：对于管理者来说，用别人能力的能力，才是真正的能力；用别人智慧的智慧，才是真正的智慧。

楚汉相争，刘邦为什么取得了天下，项羽为什么兵败身亡？张国刚教授的点评一语中的："整个楚汉之争的过程，项羽都在自己打，而刘邦却自始至终在下一盘棋。刘邦最大的本事，在于他会用人，这是他成功的关键。"

予智自雄从来是领导者的大忌，组织管理的核心就是要激活组织所有成员的活力，因而管理艺术本质上其实就是用人的艺术。用张教授的话说，"为君之道，无非用人任事"。曹操为什么可以成就霸业？张教授在《治术》中分析说，一个重要原因，是其帐下人才济济，远超所有对手，甚至是在敌方阵营中不出众的人才，比如张辽、高览甚至郭嘉、荀彧，来到曹营之后都能施展拳脚，大有用武之地。而袁绍的问题，突出表现在用人不行，他重用的高级将领，有匹夫之勇，无统御之才。即使是有才华的大将，在他的手下也表现平平。管理者用人的能力，可以说是决定两个集团不同命运的关键因素。

尤其是能否用超出自己能力的下属，对于管理者从来都是严峻的考验。所谓的领导力，很大程度上就是围绕着这一主题而展开的。正因如此，《治术》一书花了大量的篇幅分析历史上用人得失对组织兴衰和事业成败的影响，并总结了大量如何识人、用人、驭人的经验。对于今天的管理者来说，这些都是提升自己用人能力的有益养分。

南朝诗人谢灵运曾说："难谓古今殊，异代可同调。"宋朝名臣范仲淹也说："将不知古今，匹夫勇耳。"历史从来都是最好的管理教科书，相信读了张国刚教授的《治术》一书之后，所有的管理者都会发自内心地认同这句话。

主要观点

读史可以帮助我们跳出一时一地的局限，从长的历史时段来发现哪些东西是可以持久的，哪些东西只是一时的喧嚣，从而帮助揭示上到国家、下到企业治乱相因背后的成败得失及其深层规律，并从组织、战略和领导力等维度提升自己的管理能力。

王朝时代是人治时代。人治最大的特点，是管理者的能力、眼光、境界、胸怀、修养这些我们今天通称为领导力的个人素质的高低，对于王朝的兴衰与命运都是至关重要的。

历史给管理者的一个教训是：再伟大的领导，也要明智地承认自身的局限，保持克己的心态，这样才能避免个人的逞强和刚愎自用，保证自己始终保持清醒的头脑。

予智自雄从来是领导者的大忌，组织管理的核心就是要激活组织所有成员的活力，因而管理艺术本质上其实就是用人的艺术。

困境中战略突围的本土智慧①

刘雪慰女士的心血之作《大竞争》即将出版，雪慰希望我能谈一点感想。说起来，我跟雪慰以及雪慰所在的《商业评论》缘分颇深。我曾是《商业评论》的专栏作者，更是《商业评论》的忠实读者，尤其是雪慰所撰写的企业案例，我几乎每篇必读。从事管理研究和教学的人都知道，商业案例写作是极为费力费心的事情，既需要一头沉下去，进行艰苦细致、扎实深入的调研，也需要随时跳出来，进行高屋建瓴、独具慧眼的分析，此外还需要作者具有上佳的文字表达能力，故事才能讲得既真实可靠，又引人入胜，给人以深刻启发，因此要写好商业案例是很难的。雪慰写的商业案例，几乎每篇都成为《商业评论》的重头文章，并在读者中和社会上产生极大的反响，真的非常不容易。雪慰为此耗费的心血，亦何待言。

读了雪慰的案例，我有一种强烈的感受：这是一本极好的中国民营企业困境突围的战略教材。随着竞争环境的变化，不少中国民营企业都陷入了经营的困境。从商战历史上来看，越是困境，越会

① 本书是作者为《大竞争：中国企业竞争战略实战案例》一书所作序言。

突显出企业竞争战略的重要性。困境突围，需要清晰而高人一筹的战略指导。该书所选取的飞鹤、雅迪、简一、飞贷、香飘飘奶茶等诸多企业案例，就很好地说明了这一点。

战略起源于军事，孙子被明茨伯格认为是战略定位学派的鼻祖。我是历史学和军事学出身，近 10 多年来研究和教学的重心，是从战争史和军事战略的视角观察和理解企业竞争。从《孙子兵法》的角度来看，该书的案例企业能够成功地实现困境突围，其实并不令人意外。所以我想就雪慰书中的主要案例，从《孙子兵法》的角度谈一下自己的读后感。

首先我们看飞鹤奶粉的例子。这是一个经典的“击虚”的例子。

《孙子兵法》讲：“兵之胜，避实而击虚。”在孙子看来，战争取胜的一条原则就是避开对方的优势，利用对手的弱点来对付他们。从战争全局出发，选择对手关键而脆弱的环节作为打击目标，通过一点的突破，就可以带动整个战略全局的发展。突破的方向往往可以决定行动的力度。在市场的缝隙突破，在竞争对手最虚弱的时候突破，在对手最薄弱的环节突破，在消费者最敏感的地方突破。有效的攻击可以一举使对手的整个战略陷入崩溃。

正如雪慰案例中所介绍的那样，三聚氰胺事件之后，“安全”已经成为国外奶粉的代名词，国产奶粉做得再好也难以突破“不安全”的认知定式。国产品牌下再大的力度宣传自己的奶粉其实更安全，也难以赢得主流市场的关注。因为顾客认为他们已有很多安全的外资品牌可供选择，没必要再关注或冒险去相信一个国产品牌。这就是飞鹤所面临的最大困境。

飞鹤的竞争战略是，根据国外奶粉强势背后的固有弱点，攻其所不守，选取“适合”作为自己的差异性定位。国外奶粉的核心强势之一就在于其全球品牌、全球品质，但这是一柄双刃剑，与此相伴相生的弱点就是，国外奶粉很难强调自己专门为中国宝宝研制，更适合中国宝宝体质。而飞鹤作为国产企业，对中国宝宝体质及需求的理解远远超出国外企业。飞鹤所制定的适合中国宝宝体质的奶粉这一战略定位，正打到了国外奶粉的痛点上，令其无还手之力，从而成功突围。

雅迪的例子，则是一个经典的掌握主动权的例子。

《孙子兵法》讲：“善战者，致人而不致于人。”竞争的实质就是对主动权的争夺。竞争者要将对抗的主导权控制在自己手里，调动对手而不被对手调动，塑造对手而不被对手塑造，控制对手而不被对手控制，摆布对手而不被对手摆布。用古德里安的话说，是“永远要左右你的敌人”。用毛泽东的话说，是“你打你的，我打我的”。在什么地方打，在什么样的时间打，用什么样的方式打，与什么样的对手打，打对手的哪个环节……都应该由我说了算，即使在总体不利的情况下也要如此。

雅迪的对手是特别擅长打价格战的行业老大，雅迪跟对手打价格战，注定会被对手牵着鼻子走，陷入被动。事实上雅迪一度的确因此乱了方寸，把对手的一举一动当成了自己的决策标准。幸运的是雅迪很快就改变了战略，当对手打价格战时却反其道而行之，当对手采取降维打击时，却以“升维战略”，实行“更高端”的战略定位，远离价格战，从而用不到一年时间，就摆脱了被对手压制的局面，赢得主动地位。

简一的例子，则是《孙子兵法》中“出奇”原则的体现。

战争的一个规律是：一种打法一旦成为常规，就不可能再给你带来竞争优势，相反只能使你越来越陷入同质化对抗的恶战。“出奇”的核心就是重新找到独特的行动路线，找到颠覆性的策略，从而置对手的既有优势于无用武之地。出奇制胜反映了战略思维的独特性、创新性。更重要的是，在孙子看来，“奇正之变，不可胜穷也。奇正相生，如循环之无端”，一次出“奇”所带来的优势，往往只能是暂时的。正因如此，孙子才给将军们发出了一个警告，就是“战胜不复”。曾经带来优势与胜利的模式一旦被对方识破和模仿，就不可以继续重复使用。只有根据实际情况不断创造出新的取胜模式，才能“应形于无穷”。

简一的创新遇到一个很大的问题，就是每一代产品刚一露面，不出半年就会涌现出大量仿制者。正如雪慰案例中所说的，简一竞争战略的核心就是“自我攻击”，不断用新的创新循环杀出对手的围追堵截。其尤其可贵之处在于，在每一次的循环过程中，简一都能够充分识别出它的创新能够坚持多久，当对手开始跟进时，简一知道应该在什么时间点离开这个市场，并开始新的创新，从而真正做到了“战胜不复”。

书中的其他各个案例，也无一不是竞争战略的精彩体现。如在短短 8 年间，飞贷经历了三次战略转型，这最好地体现了《孙子兵法》中的“因变”原则。孙子说，兵形象水：“兵无常势，水无常形，能因敌变化而取胜者，谓之神。”用兵打仗没有固定不变的打法，就像水流没有固定不变的形态一样。能够依据敌情变化而克敌制胜的,就叫作用兵如神。战略在实施的过程中必须根据具体情况，保持随机应变、灵活处置。在动态竞争的环境中，只有保持战略的柔性，才能适应条件和环境的变化。抓住机遇、采取主动的行为和反应的能力，是一个组织或领导者所能具有的最大的战略资产。香飘飘奶茶则体现出了《孙子兵法》中的“借势”原则。战略的原则是因势利导，借力打力。因此在战争中，高明的将军可以利用对手的行动来达到自己的目的。在竞争中，高明的竞争者也可以因势利导，借助对手之势来达成自己的战略目标。香飘飘奶茶正是明智地主动将咖啡等功能性饮料选为竞争对手，从而完成了自身的战略再定位，重新激活和明确了杯装奶茶的品类价值，为品类的拓展和突破打开物理市场和心智空间。

孙子说：“上兵伐谋。”企业之间的终极竞争，是在战略层面展开的。好的竞争战略可以让企业突破困境，甚至可以不战而胜，而战略迷失是企业最大的迷失。读罢雪慰此书，相信每一位管理者对于竞争战略及其价值，一定会有更为深刻的认识。

主要观点

曾经带来优势与胜利的模式一旦被对方识破和模仿，就不可以继续重复使用。只有根据实际情况不断创造出新的取胜模式，才能“应形于无穷”。

战略在实施的过程中必须根据具体情况，保持随机应变、灵活处置。在动态竞争的环境中，只有保持战略的柔性，才能适应条件和环境的变化。

在竞争中，高明的竞争者也可以因势利导，借助对手之势来达成自己的战略目标。

企业之间的终极竞争，是在战略层面展开的。好的竞争战略可以让企业突破困境，甚至可以不战而胜，而战略迷失是企业最大的迷失。

柔道战略：弱小企业如何应对强大对手[①]

谷歌联合创始人拉里·佩奇曾经说过：那些最令人惊叹的商业理念，通常来自商界之外的人。用这句话来形容柔道战略，大概是再恰当不过的了。柔道本来是一项竞技体育活动，而哈佛商学院的教授大卫·尤费却和他的合作者一起，将柔道的取胜之道引入商业竞争，并提出了一整套帮助弱小企业打败强大对手的“柔道战略”。

几乎所有的弱小企业尤其是创业企业都面临着一个严峻的问题：市场往往控制在大企业手中，而大企业在规模、技术、资金、人才、品牌、渠道、客户和管理等各方面都具有天然的优势。一句话，在纯粹的实力较量中，弱小企业往往都注定处于绝对的劣势地位。在这种情况下，弱小企业如何在与大企业的竞争中争取到生存与发展机会，乃至打败强大的对手，换言之，如何以弱胜强，便成为弱小企业制定竞争战略的最大挑战。

长期研究竞争战略的尤费教授和他的合作者，从源于日本的柔道比赛中得到了启发。柔道比赛最突出的特点，是选手不是

---

① 本文是作者为《柔道战略》（中信出版社 2021 年出版）一书中译本所作序言。

靠块头和力量取胜，而是靠巧妙的战略运用，借助对手的力量和体能来打败对手。在柔道比赛中，只要战略运用得当，甚至一个孩子都可以借力打力，击败成人。柔道强调的是以巧取胜，强调的是战略的较量，而不是力量的对抗。柔道本质上就是小能搏大、弱能胜强的艺术。提炼出柔道背后所蕴含的取胜哲学，并将其运用于弱小企业的竞争战略制定上，无疑可以为弱小企业找到一条应对强大对手的取胜思路。因而《柔道战略》一问世便被很多弱小企业尤其是创业企业奉为战胜强大对手、制定竞争战略的经典。

《柔道战略》一书的主体内容

在对柔道比赛进行深入观察和研究的基础上，该书的作者识别出了在柔道比赛中获胜的三个关键原则：一是使用移动的办法破坏对手的平衡，打乱对手的脚步；二是在攻击时要保持自己的平衡；三是利用杠杆加强自己的力量。该书作者因此提出了柔道战略的三个竞争原则，这就是“移动”、“平衡”和“杠杆借力”。该书的内容，就是围绕这三个原则展开的。

柔道战略的第一个原则是移动。

当柔道比赛开始的时候，运动员往往会通过不断地移动，来占据可以施展技术的位置，同时阻止对手达到同样的目的。

在商业世界里，在与强大对手的竞争中，弱小企业最大的风险是：弱者一旦从一开始就被强者锁定，就会陷入力量对抗的困境，进而导致失败。该书作者认为，弱小企业此时应该灵活地采取柔道中的移动原则，在避开强大对手的攻击的同时，找到有利于自己发展的空间，并快速成长。作者进而提炼出了三种移动的有效战术："不要引发攻击""划定竞争空间""追求快速发展"。具体来说，就是通过移动到不同的领域，来避免或延迟竞争对手的攻击，进而寻求可以发挥自身优势的市场机会，并全力以赴，迅速发展，在最短的时间里建立起自己的先行者优势。

在作者看来，第一资本银行（Capital One）之所以成为美国排名前十的信用卡发行商之一，就是因为巧妙地运用了柔道战略中的移动原则，避开了强大对手的攻击并得以迅速成长。财捷集团（Intuit）和瞻博网络（Juniper Networks）也成功地运用了移动原则，占据了市场并发展壮大。

移动可以帮助弱小企业在不招惹对手的情况下迅速建立自身优势，但随着企业的成长，强大的对手早晚会察觉到威胁，打压和竞争就不可避免。弱小企业如何在对手的攻击中生存下来就成为关键。这时候就要运用柔道战略中的第二条原则，即平衡。

在柔道比赛中，当强大对手发起攻击的时候，运动员不是与对手针锋相对，而是抓住对手，顺着与对方相同的方向施力。具体来说，就是对手拉我的时候我顺势推，对手推我的时候我顺势拉。通过这种方式，就可以巧妙地卸掉对手的攻击力道，让对手的实力无法发挥，并在保持自身平衡的同时，发起对对手的反击。

《柔道战略》认为，在强大对手的攻势面前，弱小企业同样要采取平衡原则，来削弱对手的进攻，并且保持自己的攻势。为此《柔道战略》总结出了三种有效的平衡战术："抓住对手""避免针锋相对""推拉制衡"。

关于平衡战术，该书举了一个非常精彩的例子：当强大的宝洁公司要把名不见经传的 Drypers 公司赶出一次性尿布市场时，

Drypers 公司就是运用这种技巧挫败了宝洁发起的进攻。宝洁公司向得克萨斯州的消费者发放大量的优惠券，Drypers 公司仅凭自己的实力，是无法抵挡宝洁公司的攻势的。于是 Drypers 公司宣布接受宝洁的优惠券，也就是说宝洁的赠券同样可以换取 Drypers 的产品。结果是，宝洁公司发出的优惠券越多，Drypers 公司卖出的一次性尿布就越多。

在柔道比赛中，通过移动和平衡，可以巧妙地与对手周旋，可以化解实力强大对手的攻势。但是，移动和平衡最多让你不败。要想进而击倒对手、赢得胜利，你还要利用第三条原则，即杠杆借力。

杠杆借力可以说是柔道的核心，移动和平衡其实就是为了找到杠杆借力的机会。所谓的杠杆借力，是指身材弱小的运动员，可以以自身为支点，利用对手的体重与力道，顺势而为，借力打力，将对手撬起来，摔出去。而且对手的力道越强，块头越大，往往会被摔得越惨。

弱小企业最大的局限性就是资源与力量有限。弱小企业在竞争中要想战胜强大的对手，必须以对手的块头与力道为杠杆。就像柔道比赛一样，在商业世界中，对手的资产、规模和实力既是对手的优势，同时恰恰也是对手的负担，进而成为对手的弱点与劣势。关键是你能不能找到杠杆和支点来借力打力。

为此，《柔道战略》提出了三种杠杆借力的战术："利用对手的资产""利用对手的合作伙伴""利用对手的竞争对手"。所有这些战术都可以帮助弱小企业把对手的优势变成劣势，从而打败强大的对手。

作者列举了英国免费服务网络公司（Freeserve）通过杠杆借力

来打败美国在线的例子。英国免费服务网络公司之所以能够在英国互联网服务市场占据领先地位，就是利用了美国在线在品牌、内容和客户服务方面的投资及赢利渠道。这家公司创建了一个新的业务模式，能够提供免费的互联网接入服务，这样就迫使美国在线做出一个痛苦的选择：要么和英国免费服务网络公司竞争，失去高利润、高收益的核心业务；要么坚持自己的战略，市场份额下降。

移动、平衡、杠杆借力，构成了柔道战略的三大精髓。三者协同发力，弱小企业就可以应对强大的对手并且取得胜利。

柔道战略的中国案例

中国读者读《柔道战略》这本书，会感觉到一种天然的亲切。因为柔道战略本身就是来自古老东方的一种制胜智慧。柔道虽然起源于日本，但其哲学基础却源于中国文化。早在 2000 多年前的春秋战国时期，中国的道家就提出了“柔弱胜刚强”的命题，兵家也提出了“敌虽众，可使无斗”“善战者，因其势而利导之”的命题。中国的战略家还因此发展出了避敌锋芒、韬光养晦、保存实力、后发制人等一整套以柔克刚、以弱胜强的竞争理念。中国的太极拳，在哲学上更与柔道有异曲同工之妙。

事实上，中国人对竞争的理解，从来不是单纯的实力对抗。中国传统竞争哲学具有丰富的“以智克力”的传统。在中国人的战略思维中，竞争既是实力的较量，更是智慧的对抗。中国人所奉行的主流战略思维，就是以柔克刚、以弱胜强、以少胜多。这反映到中国企业的商业实践中，很多企业事实上早就自觉或不自觉地在与强者的竞争中，娴熟地运用了所谓的柔道战略。

华为的成长，运用的是柔道战略中的移动原则。华为创立之初，在中国市场上面对的是技术强大的国外厂商。如果与强大的对手在利润较高的大中城市市场进行正面竞争，华为很可能早已经在市场中阵亡，更不用说发展成为今天的世界级企业了。华为的选择是避开强大的竞争对手，采取“农村包围城市”的战略，暂时放弃大中城市，进入国外厂商力量薄弱的农村，利用其成本优势，在对技术相对要求不高、但对价格比较敏感的农村市场获得了生存空间，从而积聚了资金，发展了技术。在全球市场的布局中，华为一开始也避开了竞争激烈的欧美市场，从非洲、西亚、东欧、俄罗斯等西方对手力量薄弱的地带取得了突破。华为的战略，就是利用移动原则，避开与对手的竞争，争取到适合自身优势的发展空间，以此为立足点，最终打入通信行业的主流市场，从而成长为全球最具竞争优势的企业之一。

蒙牛发展初期的“二牌战略”，则是一个经典的平衡案例。刚刚创办的时候，蒙牛在中国1000多家乳业企业中排名最后。用蒙牛自己的话说，它是“牛尾巴尖的最后一根毛”。伊利则是全国乳业的老大。据说当年蒙牛在呼和浩特市做灯箱广告时，一夜之间广告全部被人扯破。蒙牛意识到，与老大哥对抗是没有好果子吃的。于是蒙牛打出了这样的广告：“向伊利学习，为民族工业争气，争创内蒙古乳业第二品牌。”我向你老大哥学习，你还好意思再对我进行打压吗？更主要的是，人人都知道伊利是中国乳业的第一品牌，却没有人知道乳业的第二品牌是谁。蒙牛的“二牌战略”，一下子使它借伊利之势，跃过了众多的竞争对手。蒙牛这一策略的妙处是，在强大对手的攻势面前，不是与对手针锋相对、鱼死网破，而是靠上前去拥抱对手，抓住对手，并巧妙地将对手的势能转化成自己的势能，妥妥的柔道高手。

近期，在机场也好，高铁站也好，你可能经常会看到青花郎的一个广告：“中国两大酱香型白酒之一。”人人都知道茅台是中国酱香型白酒品牌的代表，郎酒很长时间都只能活在茅台的阴影之中。而青花郎通过与强大对手绑在一起的方式，使自身的品牌影响力得到了极大的提升，这显然是一个翻版的“二牌策略”。

阿里巴巴在中国市场上打败 eBay，则是经典的杠杆借力打法。eBay 带着雄厚的资本进入中国，并且财大气粗地与中国所有主流的门户网站都签了排他性的广告协议，目的很简单，就是封杀包括淘宝在内的所有本土竞争者。当时还十分弱小的阿里巴巴如果与 eBay 正面对抗，没有任何胜算。马云的应对策略是免费。eBay 的优势在于其全球的规模，问题是其全球收费的商业模式，决定了它无法单独在中国市场上采取免费模式，然而继续采取收费模式就只能将中国市场拱手相让。eBay 为之骄傲的优势，反而成为阿里巴巴打败它的最好支点，eBay 陷入痛苦的两难之中。强大的 eBay 因此溃不成军，最终黯然退出中国市场。而阿里巴巴今天已经成为中国电子商务领域的绝对王者。

关于柔道战略的提醒

无论是移动、平衡，还是杠杆借力，柔道战略讲究的都是以巧取胜。柔道战略为弱者提供了通往打败强者之路的大门。对于弱小企业来说，柔道战略具有极强的指导意义。这本书之所以受到弱小企业的欢迎，绝非偶然。

不过，我也想在该书观点的基础上，对喜爱该书的读者就柔道战略做两个提醒。

第一个提醒是，不要仅仅关注你的对手，更要关注时代的大势。

柔道是一对一的对抗，《柔道战略》关注的也是如何与强大对手进行一对一的博弈，并为此做出了极为精彩的分析。但是正如该书作者所说，任何隐喻都有其局限性，企业之间的博弈与柔道一对一的比赛毕竟不完全相同。以杠杆借力为例，柔道比赛的借力打力，主要是借对手之力，而商业竞争中，除了借对手之力，企业还有外在的大势可以借用，比如技术、行业乃至时代的大势。借大势，甚至比借对手之力还要重要。

天下大势，浩浩荡荡，顺之者昌，逆之者亡。大势带来的往往是颠覆性的机会，大势的变化足以让曾经辉煌的企业，在很短的时间内跌落神坛，也足以让企业曾经为之自豪的竞争优势，在很短的时间内变成明日黄花。弱小企业异军突起的最大胜算，也恰恰蕴藏在对大势的把握之中。大势才是决定战略成败的最大变量。比关注对手更重要的，是关注时代的大势。

竞争者当然要关注竞争与对手。但是过于关注对手，你的眼光就会被对手限制。过于在意与对手的争夺，反而会失去对全局的把握能力。因而，对于弱小企业来说，在关注对手的同时，一定要把企业的前途与对时代大势的判断放在一起，在大的背景下思考那些推动企业发展的趋势。顺势而为，就可以获取推动企业发展、超越强大对手的巨大力量。应该说，对于弱小企业来说，这才是最好的杠杆借力，这也才是柔道战略的最高境界。

第二个提醒是，在讲究策略的同时，不能低估了实力的重要。

柔道战略最具有吸引力的地方，就是它将竞争从实力之争转换成了策略之争、技巧之争，从而给资源与实力有限的弱小企业打败强者提供了思路。然而在任何竞争中，策略和技巧从来都不是万能的。策略和技巧可以放大实力与资源的效能，但它不能代替实力与资源本身。

这本书所讲的一个故事给我留下了深刻的印象。在相当长的时间里，柔道比赛都认为胜利的最终保障不是选手的力量和体重，而是技能，因而传统的柔道比赛是不分级别的。然而 1961 年，身高 6 英尺 6 英寸（约 1.98 米）、体重 253 磅（约 115 千克）的荷兰人安东 · 海辛克连续打败了三个日本柔道高手并获得世界冠军。从那时起，世界范围内的柔道比赛开始按体重分级进行。

这个故事告诉我们一个什么道理？在竞争中，当双方的实力差距到达一定程度的时候，再好的策略和技巧也难以改变强胜弱败的结局。拳经中也有一句话："力不打拳，拳不打功。"单纯使用蛮力的人固然不如练过拳技的人灵活敏捷，但再精于拳技的人，也比不上内外功力精深的高手。事实上，真正的柔道高手一定有着高深的功力，而不仅仅是靠策略和技巧取胜。企业竞争也是如此，策略和技巧可以在一定范围内弥补实力的不足，让你胜于一时，但从根本和长远上来说，主导企业竞争格局的终极因素还是自身的实力与根基。

在任何对抗领域，无论是战争、体育还是商业竞争，取胜之道都有两条思路：一条思路是"你强，我比你更强"，另一条思路是"你强，我让你强不起来"。显然，柔道战略更多地关注后者。其实这两条思路并不矛盾。对于弱者来说，就是要让对手强不起来，为变得比对手更强争取时间、创造条件。也就是说，让对手强不起来只是手段，自己变得比对手更强才是目的。千万不能陷入柔道战略所带来的眼前胜利中不可自拔。柔道战略并非万能，单靠柔道战略不可能成就今天的阿里巴巴。要避免掉入柔道战略的陷阱，更不要把柔道战略看成投机取巧的捷径，或者速成的灵丹妙药，对于柔道战略的拥趸来说，这一点至关重要。

主要观点

柔道比赛最突出的特点，是选手不是靠块头和力量取胜，而是靠巧妙的战略运用，借助对手的力量和体能来打败对手。

在商业世界中，对手的资产、规模和实力既是对手的优势，同时恰恰也是对手的负担，进而成为对手的弱点与劣势。关键是你能不能找到杠杆和支点来借力打力。

策略和技巧可以放大实力与资源的效能，但它不能代替实力与资源本身。

在任何对抗领域，无论是战争、体育还是商业竞争，取胜之道都有两条思路：一条思路是“你强，我比你更强”，另一条思路是“你强，我让你强不起来”。

美军精英部队的执行准则[①]

每位企业管理者都希望自己的团队具有强大的执行力，但执行力向来都是困扰全球商界的顽固性难题。因此所有的管理者也都希望能够找到打造强大执行力的思路、方法与流程。

说起世界上执行力最强的组织，一定非军队莫属。在一系列当代战争包括海湾战争、阿富汗战争中，美军尤其是其训练有素的精英部队，包括陆军游骑兵、海军海豹突击队等，都在完成任务过程中表现出了突出的执行能力，因而成为关注团队执行力的企业管理者不约而同进行研究和学习的对象。

为什么美军能够持续地表现出强大的执行力？是什么给了海豹突击队、游骑兵、蓝色天使、雷鸟这些美军中的精英部队以技能和信心，来如此成功地完成他们的使命？美军精英部队在执行力方面究竟能够教给我们什么？

詹姆斯·墨菲的这本《向美军学执行：美军精英部队教给商界的领导力和团队执行经验》，便很好地揭示了这一主题。

---

① 本文是作者为《向美军学执行：美军精英部队教给商界的领导力和团队执行经验》撰写的译者序。

詹姆斯·墨菲出身于美国空军，曾任美国空军的战斗机飞行员。在1987年到1998年长达11年的时间里，墨菲分别在美国佐治亚州空军国民警卫队和佛罗里达州空军国民警卫队担任F–15战机的教练飞行员和第116战斗机联队的训练主管。从美国空军退役之前的1996年，墨菲以创始人的身份创建了加力燃烧室（Afterburner）公司并担任CEO至今。这是一个由80多名现役或退役的战斗机飞行员和特种作战队员组成的培训和咨询机构，其主要业务就是运用从军事领域提炼出来的基本执行原则和流程，来帮助非军事领域尤其是商业和体育机构的管理者，从组织、团队和个人三个层面提升达成目标的能力与信心。该公司成立以来，先后为包括美国“《财富》50强”（*Fortune* 50）在内的全球各个行业的数百家公司，以及超过150万高管、销售代表、业务人员提供了培训。公司四次被美国《公司》（*Inc.*）杂志评为成长最快的公司，并被列入《福布斯》的“小巨人50强”（Little Giant 50）名单。2010年，墨菲还以联合创始人的身份，创建了位于亚特兰大的儿童高级护理公司（Advanced Care Pediatrics）并担任公司董事长。该公司创办4年即被列入美国成长最快的公司之一，并成为佐治亚州领先的两家儿童家庭护理公司之一。《华尔街日报》、《商业周刊》、《公司》杂志、《新闻周刊》都做过关于墨菲的专题报道。墨菲也频繁出现在CNN（美国有线电视新闻网）、福克斯新闻和彭博新闻等媒体的节目中。除此之外，墨菲还单独或与人合作完成了6本书的写作，包括畅销书《商场即战场》（*Business is Combat*）和《完美执行》（*Flawless Execution*）等。

在《向美军学执行》一书中，围绕美军精英部队如何打造出强大的执行文化这一主题，墨菲从亲身经历以及来自战场和商场的案例中，提炼出了由领导力（leadership）、组织（organization）、沟通（communication）、知识（knowledge）、经验（experience）和纪律（discipline）构成的高效团队的六项特质（简称 LOCKED，中文意思是“锁定”），以及由“计划（plan）–简报（brief）–执行（execute）–复盘（debrief）”组成的简单却行之有效的四步循环“完美执行”模型。结合高效团队的六项特质和完美执行的四步循环，墨菲从“高效执行的价值”“如何在你的下属中发展共同价值和技能”“如何使下属与领导意图和组织目标协同一致”“如何从组织战略转向责任清晰的团队与个人行动”“在快速变化的环境中如何维持团队的作战节奏和执行能力”“定期复盘和持续改进的重要性”“如何从第一天开始培养团队和领导者”等方面，介绍了美国精英部队打造强大执行文化的经验。

长期的军中经历使墨菲坚信执行的一条核心原则是“简胜于繁”，也就是要学会运用简化的原理来应对复杂的世界。在墨菲看来，越是复杂的世界，越需要以简驭繁。美国精英部队的组织、团队和个人之所以有非凡的执行力，就是因为有这样一套简单却高效的流程。企业和其他非军事组织要想发展出强大的执行力，同样需要运用以简驭繁的原则，发展、实施并遵循这样的流程。有了这样的流程，组织、团队和个人就会有足够的技能、准备，更重要的是有足够的勇气和信心去执行。

除了上述主题之外，墨菲还从美军精英部队的经验中，提炼了大量发人深省的执行原则，比如：个人执行很重要，但组织执行才是一切；高效的执行需要打造明确而令人信服的高清目标（HDD），而不仅仅是大致的愿景；好的计划制订要去中心化，要简洁，要多元参与，要使每个人负责；没有什么事情会完全按计划进行，必须为突发事件做好详细计划；马马虎虎的简报一定会导致草率敷衍的执行，如此你一定无法实现任务目标；领导者要把成功归于团队，而把失败归于自己；执行过程中必须专注于那些与使命相关的最重要的任务；没有完美的信息，等待完美信息的组织注定会失败，成功的执行者一定是敏于时而动；等等。所有这些原则，都是从战争的实践中总结出来的，对于企业打造强有力的执行团队和文化，同样具有借鉴意义。

主要观点

企业和其他非军事组织要想发展出强大的执行力，同样需要运用以简驭繁的原则，发展、实施并遵循这样的流程。

好的计划制定要去中心化，要简洁，要多元参与，要使每个人负责。

没有完美的信息，等待完美信息的组织注定会失败，成功的执行者一定是敏于时而动。

军事与管理的对话

孙子兵法与现代商战：与樊登对谈《善战者说》[①]

《孙子兵法》是一本什么样的书

樊登：各位好，我们今天要讲一本非常过瘾的书，这本书的名字叫作《善战者说：孙子兵法与取胜法则十二讲》。我请到了这本书的作者，北京大学的宫玉振教授。欢迎您，宫教授。

宫玉振：大家好！

樊登：宫教授是军事学博士？

宫玉振：是的，我 1994 年研究生毕业以后进了解放军军事科学院战略研究部。我所在的研究室最早叫古代兵法研究室，专门研究《孙子兵法》。

樊登：您的书开篇写的那个点特别有趣，就是很多人分不清《三十六计》和《孙子兵法》，所以您先向大家介绍一下，《孙子兵法》到底是一部什么样的书。

宫玉振：好的。确实跟樊老师讲的一样，很多人会把《孙子兵法》和《三十六计》混为一谈。经常有人问我，宫老师你研究什么

---

① 本文是 2020 年 9 月 29 日作者在樊登读书会与樊登的对话。

呀？我说《孙子兵法》。他们就说《孙子兵法》好呀，美人计！很多人有时候搞不清楚。这是我们常犯的一个错误。其实《孙子兵法》和《三十六计》不是一本书。

《孙子兵法》成书于春秋末期，作者是孙武。“子”，是古时对男子的尊称，其实就是先生的意思。孙子就是孙先生、孙老师。《三十六计》大概成书于明清时期，真正开始在社会流传应该是在民国年间。它其实是后人对《孙子兵法》一个局部的通俗的发挥。通俗的好处就是容易被大家接受，所以它传播力度更大一些。

樊登：但是《孙子兵法》其实是有阅读难度的。

宫玉振：非常有难度。第一，它是用古文写的，我们今天很多人读古文就跟读外语差不多。第二，它是一本兵书，讲军事的。如果你对军事不了解，可能很快就没有阅读兴趣了，读不下去。当然，还有一点，就是这本书太抽象了，它跟《三十六计》的区别是，《三十六计》讲故事，很多东西很容易理解，《孙子兵法》是最抽象的哲学层面的东西，从最高的层次揭示战争的基本原理，就不太好读。所以这是很多人读不下去的很重要的原因。

决定组织胜负的五大要素

樊登：我为什么说这本书读起来特别过瘾呢？因为里边有大量的战争故事，还有很多商战故事。首先是“五事”：道、天、地、将、法。您先讲讲，这跟企业管理有什么关系？

宫玉振：“五事”其实是我们把握《孙子兵法》核心思想的关键。谈到《孙子兵法》，可能都会谈到谋略，但在孙子看来，取胜的关键要素不在于你的谋略，而在于你的根基，就是决定战争胜负的基本要素：道、天、地、将、法。“道”是什么呢？“令民与上同意也，故可以与之死，可以与之生，而不畏危。”“道”就是让上级和下级有共同的意愿和追求，可以同生死、共患难，不畏惧任何危险。所以在今天，“道”是什么？其实就是我们通常讲的使命、愿景、价值观。我们今天回头看，一个好的企业，一定是有清晰的价值观的企业，这就是为什么像阿里这样的企业，讲战略一定要先讲“上三路”：使命、愿景、价值观。这些东西看起来很虚，但其实在关键的时候你可以看到，一个组织的成员有没有清晰地知道自己的方向，愿意为组织去奉献，是非常关键的。

樊登：我记得陈毅元帅说，淮海战役的胜利是老百姓用小车推出来的。能够把全民动员成这个样子，一定是有“道”在里面的。

宫玉振：没错，因为得民心者得天下。得到了民心以后，老百姓愿意帮你打仗，这就是我在书里边讲的，“道”其实不是虚的东西。真正的“道”一定有具体的物质的内涵。“道”不是管理者的自我期许，它一定跟每一个员工、每一个下属甚至整个社会的深层利益是一致的。真正的道不是从上往下压下去的，而是从下往上提炼出来的。

樊登：我们讲《指数型组织》的时候也说，最核心的东西一定要有一个伟大的愿景。

宫玉振：是的，而且这个伟大的愿景还要落地，让下属都明白是为谁而战、为何而战，这就是道要解决的核心问题。

樊登：那“天”是指什么呢？

宫玉振：“天”是天时，就是大的战略形势，简单来讲就是大势。有一句话叫“时来天地皆同力，运去英雄不自由”，其实在大势面前，我们个人和组织的能力特别卑微，像阿里、腾讯这些巨头，包括现在正在崛起的字节跳动，一定是抓住了一波大势、一波大潮。

樊登：就比如 5G（第五代移动通信技术），你就会看到有人说那是短视频的红利。

宫玉振：没错，像抖音、快手，5G 一定会迎来一波新的巨头的诞生。我们现在还不知道是谁，但是一定会有几个万亿级的企业出现。

樊登：所以叫“顺天者昌，逆天者亡”，就是大势的意思。那“地”呢？

宫玉振：“地”就是地形，具体来讲就是战场。

樊登：古代叫地形，今天又不讲究地形。

宫玉振：对于企业来讲，“地”其实就是你所在的行业和市场。所以天是你的大势，地是具体的市场、具体的竞争环境。

樊登：就是你该不该进入市场，要看一看有没有大的寡头已经诞生了。

宫玉振：对啊。市场分析是我们所有决策的前提，你要精细地了解你的市场，才会做出你的战略决策。就跟打仗一样，地形特别关键。过去在一战之前，甚至二战之前，我们主要是在地面作战，地形决定战争的胜负。好的将军一定巧妙利用地形，那失败的战争往往也是因为错误地判断了地形。

樊登：像马谡失街亭就是典型的例子。

宫玉振：地形不利，在那个地方困守，最后的结果是全军覆没。企业也是这样，如果你进入了错误的市场，你的优势就没有办法发挥出来。所以一定要知道哪些地形是对你有利的，你的优势在什么地方，什么样的地形能够发挥出你的优势来。游击队一定要在山沟里边打，机动灵活；正规军希望在平原打，发挥它的规模优势。企业也是这个道理，其实我们每个人也是这样，你得知道在什么样的领域你的优势才能发挥出来，一定要清晰地知道属于你的地盘、你的市场究竟是哪些，你该进入哪些市场，不该进入哪些市场，其实这是选战略的核心。

樊登：那“将”呢？

宫玉振：“将”就是领导者。孙子讲，“将者，智、信、仁、勇、严也”，其实就是讲战争中的领导力有哪些基本的要素，什么样的人才是一个好的将军。“将”就是讲这个。要做到“智、信、仁、勇、严”，这叫“五德”，五德皆备，可以成为优秀的将军。

樊登：对于一个企业家来讲，怎么才能把这五种品德都培养出来呢？

宫玉振：其实从军事的角度来看，好的将军不是你选出来的，是打出来的，是在战争的环境中一步步锤炼出来的。

樊登：您书里边讲到“地”这个部分的时候，就谈到好多人，像林彪、粟裕，天天看地图，就算没事不打仗也看地图，天天研究这个东西。

宫玉振：林彪在作战室里看地图，一看就看一天、两天甚至三天。因为他神经受过伤，被打了一枪，怕光，所以他把窗帘全拉上，点着油灯在那儿看。刘亚楼是他的参谋长，刘亚楼规定，林总看地图，任何人都不能进去打扰。他表面在看地图，其实是在那儿精细地分析战场的环境，计算各种各样的可能方案。

樊登：他是要精细到每一个山包？哪个地方高一点，哪个地方低一点，他都知道？

宫玉振：是的。林彪在东北时对地形的了解能到什么程度呢？军事上有一个概念，叫战场容量，这个战场能放多少兵。在企业叫市场容量，我这个市场有多大，我该投多少资源。几十万大军的厮杀，他的计算不差一个营的兵力。所以，没有偶然的胜利，所有的事情都建立在精细分析的基础上。

樊登：我在民营企业家当中也遇到过这样的人，没上过工商管理硕士课程，但对市场特别清楚。

宫玉振：所以这就是战争和商业共同的特点。真正让你取胜的，真正让你做出有效决策的，不一定是你掌握了多少知识，而是你在经验基础上的一种直觉。真正的高手到一个地方以后，他有这种强烈的直觉，长年的经验、善于思考，最后变成一种直觉，这个东西最厉害。

樊登：最后一个叫“法”？

宫玉振：“法”其实就是组织、管理层面的东西。它讲的是系统的组织管理能力，“曲制，官道，主用也”，就是整个编制体制，包括后勤补给、人员使用等，就是我们今天讲的系统的组织管理。

道就是愿景，天就是大势，地就是你的行业和你在的市场，将就是你和你的核心管理团队，法就是组织、管理、流程这些东西。

樊登：一个公司如果没有流程就会混乱，肯定是有问题的，所以它一定得有非常清晰的企业资源计划、客户关系管理系统这些东西。

宫玉振：所以企业真正的能力，最后一定要落实到组织这个层面。《孙子兵法》的“道、天、地、将、法”很有意思，它是以使命愿景开始，但是以组织落地结束。所有的能力都要落到组织的层面。

樊登：所以我觉得很有可能在孙子那个时候，对于管理的能力要求会更高。因为现在我们最起码有电话、有微信，有什么情况可以及时调度，那时候兵一派出去，就找不着了，所以他一定是靠事先谋算，他们叫庙算。

宫玉振：是的，您说得特别对。在这种情况下，第一要事先经过精心的计划，还需要筹划计算，当然还要学会授权。因为将军带团队出去以后，君主在国都里边确实是没法遥控的。前线发生什么情况，再跟君主报告，然后君主再做决策，早就来不及了。要充分地授权，所以几个要素也要结合在一起。

相对于对手的优势才是真正的优势

樊登：这样一听，觉得《孙子兵法》离我们也不远。“五事”讲明白了，那最有名的“七计”又是怎么回事？

宫玉振：“五事”和“七计”其实是相关联的，“七计”是“五事”的一个延伸。为什么除“五事”之外，还要有“七计”呢？很简单，因为在战争的环境下，包括我们今天在竞争环境下，自己的优势不叫优势，相比于对手的优势才叫优势。所以“七计”其实就是双方优势劣势的比较。用我们今天的话说，就是孙子的企业竞争态势分析。那就要跟对手比较，看“主孰有道？将孰有能？天地孰得？法令孰行？士卒孰练？兵众孰强？赏罚孰明？”。“孰”就是哪一方、谁，就是要比较。

比如说咱们俩，你是领导，我也是领导，你是君主，我也是君主，咱俩都有道，都有理念，但是谁的道更强、更容易被大家接受，这个时候竞争优势就体现出来了。所以你说自己是一个有道之君，不管用，你得跟对手相比较。

樊登：像崇祯皇帝说“朕非亡国之君，臣皆亡国之臣”，这话就没道理了。

宫玉振：就是你跟谁比，你跟你自己比或者跟你前面的一些君主比可能不错，但是你跟真正有为的君主比差距太大，所以比较是特别重要的。

樊登：所以“七计”是七个层面的比较？

宫玉振：对，七个维度的比较。

樊登：我们和竞争对手竞争的时候，你可以从领导的层面、员工的层面、整个赏罚的层面、组织的层面、执行的层面去比较。

宫玉振：“主孰有道”，其实这个“主”就相当于董事长，董事长要抓什么呢？其实抓的是我们讲的使命、愿景、价值观这些东西。“将孰有能”，“将”就是总经理、首席执行官，要解决业务问题，看的是能力。“主”有一个理念，“将”必须去落地，“将孰有能”是很实的。所以“主”相对虚，但是“将”一定要实。我称“主宜虚，将宜实”，就是作为董事长要关注那些别人关注不了东西，相对虚的东西；但是作为首席执行官，要把业务实实在在地落地。

樊登：“天地孰得”是市场？

宫玉振：对，是大的环境。

樊登：“法令孰行”是执行力？

宫玉振：“行”就是执行。执行力特别重要。“士卒孰练”，指的是员工培训程度如何。“兵众孰强”指的是装备。谁的技术研发能力更强，谁的整体产品水平更高，这叫“兵众孰强”。

樊登：就像那时候沃尔玛为什么在上一个竞争时代那么厉害，因为它的物流问题是通过自己买卫星来解决的。

宫玉振：所以“兵众孰强”这一条其实至关重要，然后是“士卒孰练”，谁的员工训练有素。最后“赏罚孰明”，就是激励机制。赏和罚一旦不公平，就会鼓励那些不好的行为，甚至会打击那些优秀的人才，这对组织管理是特别可怕的。

什么才是最完美的胜利

樊登：接下来这个叫“全胜”。“全胜”怎么理解呢？

宫玉振：“全”，简单地讲就是十全十美的意思，“全胜”说白了就是最完美的胜利。什么叫最完美的胜利？那就是不用打就能赢，就是孙子讲“不战而屈人之兵”，在孙子看来这是一种最完美的胜利。所以我们今天来看，这是《孙子兵法》超越几乎所有其他兵书最关键的一个点。

樊登：他并不好战。

宫玉振：对，孙子是一位将军，《孙子兵法》是一部兵书。将军是干什么的？打胜仗的。但是在我们今天看来，孙子跳出了战争看战争。他觉得一个将军不光应该打胜仗，更应该追求不用打就能赢，用我们今天的话说，就是以最小的成本取得最大的胜利。

樊登：那什么才是最完美的胜利？

宫玉振：那就要思考一个问题：你为什么要打仗？这是一个根本问题。打仗就是为了打败对手吗？就跟我们做企业一样，你为什么要竞争？就是为了打败你的对手吗？一定不是这样的。你打败了所有的对手，但是自己伤亡惨重、元气大伤，有什么意义呢？你占领了所有的市场，市场行业已经被你打烂了，那有什么价值呢？其实，这是我写这本书很重要的一个原因，就是希望大家去思考，到底为什么竞争。“剩者为王”，剩下的那个是王吗？其实代价是相当大的。真正的高手，进行所有的竞争、所有的战争，是为了创造一种更有利于自己长远发展的环境，这才是他的目的。所以战争最可怕的就是赢了眼前，但是输掉了长远，赢了局部，但是输掉了全局。这是我们经常看到的情况。

所以一个好的将军，像孙子，就要思考他到底要什么目标。其实他要的是一种更好的格局，更有利于自己发展的环境。所以他提出“全”，最好的结局其实是不用同对方打个头破血流，你死我活，而是对方的力量可以完美地为我所用，这就是最好的结局。

樊登：历史上有这样的情况吗？

宫玉振：有这样的结局，有这样的例子，比如吴越国钱氏纳土归宋，宋不动干戈而和平统一。双方其实不是通过打的方式，而是通过和平的方式，通过妥协或者谈判的方式最后实现了统一。

樊登：迪士尼收购皮克斯也是这样，乔布斯后来成了迪士尼最大的股东，但是对整个市场有利。

宫玉振：《孙子兵法》里面讲的就是“上兵伐谋，其次伐交，其次伐兵，其下攻城”。打是不可避免的，因为竞争是不可避免的，但是要在高的层次去争，避免进入那些恶性的竞争。

樊登：所以这一章里只要记住这四句话就行了。上兵伐谋，你在战略上比他高，那他自然就会跟你一起；其次伐交，伐交就是谈判，不行咱就并购、合作；再不行，伐兵，就是大家竞争。

宫玉振：伐兵就是要开打了。但是伐兵不是硬碰硬，不是资源消耗，不是你死我活。伐兵其实很简单，就是毛泽东讲的八个字“你打你的，我打我的”。我们最好是不用打，“上兵伐谋，其次伐交”，那是不用打就能赢；要打的话，要巧妙地打，就是其次伐兵，就是你要知道自己的优势在什么地方，劣势在什么地方，应该在什么地方打，不应该在什么地方打。

樊登：您书里边多次提到毛主席这句话，“你打你的，我打我的”，我觉得很有意思。不会打仗的人，老是被对手调动，对手去偷袭你的老家，你就马上分兵过去，结果你的部队被别人指挥。毛主席就一句“你打你的，我打我的”，我只管我想打的那个部分，所以他永远占据主动。

宫玉振：而且永远是在对我有利的情况下跟你打，我绝对不在对我不利的情况下跟你打。

樊登：最次的是攻城。

宫玉振：过去“攻城无善策”。孙子那个时代没有什么导弹，没有什么火炮，攻城只有两个办法，一个是硬攻，用攻城车、攻城锤等工具，同时人不断地往上爬。“杀士三分之一”，战死的士兵把护城河都堆满了，伤亡三分之一，资源消耗三分之一，还是打不下来，这是攻城带来的灾难。还有一个办法就是长围久困，城里的粮食吃完了，箭放完了，水喝完了，就得投降。但是仗一旦打起来，没有人会轻易投降。

春秋战国时期，有个典故叫易子而食：被围的城里粮食都吃完了，不投降，百姓们不忍心吃自己的孩子，换孩子吃，就这样也不投降。攻城是没有智慧的打法，是资源消耗的打法。

樊登：只要打仗，就有这样的惨事。

宫玉振：真正的高手是在战略层面、整合资源层面、外交层面去赢，一旦真的进入战争，他用“你打你的，我打我的”巧妙地去打。进入攻城环节，在战略上已经失败了。当然我们不是要完全避免攻城，有时候出于战略全局考虑的攻城也必须打，但是不能无谓地攻城，一定是在战略指导下攻城。竞争也好，战争也好，其实不要把对抗单纯看作是一种实力的消耗，要把它变成一种智慧之间的较量。

樊登：就像毛主席说“打得赢就打，打不赢就走”。

宫玉振：对，所以我讲要“巧妙地去打”。

樊登：这个叫“全胜”，概念明白了，能不打就不打。下一讲是“先胜”。

先不要想着赢，先保证自己不输

宫玉振：“先胜”其实很简单，就是先胜而后求战，先立于不败之地。先不要想着赢，先保证自己不输。打仗时，大家往往想的是如何赢，这是不对的。如果你没有根基，赢得再多，也都是虚的，一定要先保证自己不输。就像我们下围棋，“金角银边草肚皮”，高手不会贸然进入中腹争夺，他一定会先占住一些边和角，先有根据地，有立足之地，然后向中间发展，得一寸是一寸，得一尺是一尺，先立于不败之地，这是一个含义。还有一个含义就是不打无把握之仗，我要么不出手，要出手的时候，一定是有必胜的机会。这叫“先胜”。

樊登：日本的宫本武藏说“决胜于刀鞘之内”，就是刀没拔出来的时候已经决胜了。

宫玉振：其实日本过去是没有兵法的，《孙子兵法》传入日本以后，他们借《孙子兵法》的一些理念开始发展自己的兵法体系。宫本武藏是把《孙子兵法》的精华跟日本的文化结合在一起的非常典型的人。您说得特别对，就是叫没打先胜，而后求战，就没打之前一定要有必胜的把握。高手出手的时候，其实你已经失败了，否则他不会出手。

樊登：曾国藩后来终于会打仗了，一开始老输。他后来学会叫"结硬寨，打呆仗"，其实就是挖壕沟，先把自己保护起来，因为人家在城里，你在平原上，本来就很容易输。挖个沟，先立于不败之地，围个几年再说。

宫玉振：孙子也讲"善战者，无智名，无勇功"，真正的高手不是那种有智慧的名声、有勇武的战功的人。

樊登：您说的不是诸葛亮吗？诸葛亮就是有智名。

宫玉振：其实在孙子看来，普通人能看到的智慧就已经不是真正的智慧。真正的高手在事先、在无形之中把问题都解决了。

樊登：我们读丹尼尔·卡尼曼的《思考，快与慢》，学到人类的头脑有这样一种认知：对于挽救危机的人，人们就觉得他特别棒；但是对于避免危机的人，人们觉得这人好像不怎么样。

宫玉振：所以我们总是习惯于歌颂有智名、有勇功的人。

樊登：人的认知就是有这个问题，没办法。

宫玉振：我这本书里还举了一个例子，就是美国内战。谈到美国内战，我们都知道罗伯特·李、格兰特、谢尔曼、杰克逊，但是如果北军从一开始就按照斯科特将军的战略，美国内战根本不需要打那么长时间，也根本不需要涌现出那么多将军。之所以涌现出那么多将军，是因为局势已经坏到一定程度。所以，《孙子兵法》会颠覆我们一些常规的思考。佩戴勋章最多的将军，并不是最好的将军。我们要的是真正的高手，是在没打之前已经奠定了胜利的基础，胜于无形之中。

樊登：这个叫作“先胜”。我们讲过的《反脆弱》一书就说了这个道理，一个企业不管能不能赚钱、上市，要先保证别倒闭，先不亏钱。

宫玉振：先把根基包括基本面做扎实。一个组织如果心存侥幸取胜之心的话，它就不可能持续地取胜。基本面做好了，不管环境怎么不确定，基本面是可以控制的。

学会借助大势的力量

樊登：好，接下来叫“任势”。“任势”是指资源效能？

宫玉振：“任”其实就是用的意思，“势”就是大势，其实就是大家通常讲的取势、借势和造势，它的目的就是您刚才讲的放大资源的效能。我的资源是有限的，怎么放大资源的效能？我们都知道，不同领域的投资回报率是十分不一样的。天下大势，浩浩荡荡，能够成就一番大的事业背后一定要借一个大势，借大势才能成大事。同样的资源放到不同的地方，回报率不一样。打仗也是这样，我的兵力是有限的，但是我如何把我的兵力的价值真正淋漓尽致地释放出来？这就要靠大势的力量。

樊登：我们做樊登读书的时候就特别巧，刚一说要做，结果国家就推出全民阅读，还要写到法律里面去，要求大家都推广全民阅读。其实有时候，大势是碰上的。

宫玉振：人的理性是有限的，你不可能事先都知道这些国家政策或者大势的变化，有时候是碰上的，但是有些人比较敏锐。面对同样一个大势，为什么大家反应不一样，因为有些人已经做好了准备，已经意识到或者潜意识中知道未来的一个大方向，只是没有那么清晰而已。等到出现这个大势，顺势而为，做好了准备。

樊登：我有一个大哥，从清华大学毕业后去美国留学，然后回来就坚持做芯片，做得特别苦。我们都说，你这没戏，因为人家都不用你的芯片，都用美国的芯片，他说他觉得未来一定会用，然后就苦哈哈地研制芯片，结果这一下子发了，最近芯片一下子火起来了。就算美国对华为开放芯片，华为也会找中国的机构采购。

宫玉振：樊老师这个例子特别精彩。大势是个好东西，都想借，但谁能把握大势？是真正有战略远见的人。他会相信自己的判断。

樊登：在中国股市动荡的时候，有人讲"没有人能靠做空自己的祖国赚钱"，这其实就是对大势的一种判断。

宫玉振：我们看中国企业这么多年的成长，其实就是改革开放带来的红利，体制转型带来的大势。我们今天的财富神话其实都是跟大势相关的。那些财富神话的破灭，一定是一个大势已经过去，所以要想做大事，一定要借大势。

樊登：您这书里边有一句造势的原则，叫作"其势险，其节短"，把这句话给大家解释一下吧。

宫玉振：这是孙子讲的造势的基本原则。有势要借势，没势要造势。一般的人可能要借势，但是真正的高手要造势。那么"其势险，其节短"是什么？就是要造势，要造险恶之势，你要集中你的关键资源，形成压倒性的优势。节短就是要在最短的时间内把能量释放出去，干净利索，不能允许对方有还手之机，这叫势险节短。

孙子在这里用了一个比喻——“弩”，拉开强弩。势险是一个蓄势的过程，势一定要蓄满，拉得越满它的能量越强。节短是什么呢？一扣扳机瞬间击出去。如果慢慢释放，能量是有限的，能量释放的时间越长，释放的效果就越差。瞬间释放才会具有爆发性、摧毁性。我们做市场也是这样。

击虚、诡道、并力、主动

樊登：第六讲叫“击虚”，就是要选择敌人的弱势。

宫玉振：大势清楚了以后，我们接下来思考一个问题：从什么地方开始破局？我的破局点在什么地方？在军事上这叫“要选好你的突破方向”。怎么选择突破方向？孙子的回答是“避实而击虚”，避免打那些对方强大的、对方具有优势的地方，从对方的薄弱环节开始下手，打对方脆弱的地方、要害的地方。

樊登：我相信您应该看过《商战》那本书，书里说一定要去进攻对方没法改变的东西，也就是它优势当中的劣势，这个特别有意思。

宫玉振：我这里面讲的“打对方强点中的弱点”，就是说对手再强大，也一定有他的弱点。中国人讲“刚柔相济”，阴阳一体，那么有强点必然有弱点，找到它强点中的弱点是最致命的，因为它没法改变。

樊登：对，像可口可乐总是宣称自己是最正宗的，然后百事可乐就进攻它，说我们是年青一代的选择，这下你就没法改。

宫玉振：因为你正宗，正宗就老套，老套那就用年轻来打，你一点办法也没有。

樊登：但是反过来，如果你在它很容易改变的方面去竞争，比如说降价，那它降起价来比你更厉害，你就打不过它了。

宫玉振：有些对方的弱点其实不是真正的弱点，你要找到它最致命的弱点，它改变不了的弱点，跟它的组织体系完全一体化的弱点，一打就可以突破它整个体系。

樊登：您书里边说攻心是最高层面的“击虚”，这是什么意思？

宫玉振：所有的决策都是人做出来的，而人的心理一定有弱点，一定有局限性，找到这些节点来打，是最致命的。我们一般人理解的战争都是军队的厮杀，其实在无形的层面，还包括将军、士兵心理层面的较量。有效的攻心是最致命的击虚。

樊登：那接下来这一章是大家最熟悉的“诡道”。兵者，诡道也。商战也需要诡道吗？

宫玉振：诡道，我们一般理解为欺骗，它当然有欺骗的含义，但是它其实不单是欺骗，我把它叫“策略的应用”。踢足球也好，打篮球也好，你得有假动作，你要学会调动对手，这样一来，你射门也好，投篮也好，才有机会。其实，企业也是这样，你要运用有效的策略，掩盖你真实的意图，同时调动对方的资源配置，从而在你要突破的市场取得优势。当然策略的运用要在法律和道德的范围之内。所以，诡道其实就是市场策略的运用。再好的战略，也需要策略的配合。

樊登：第八讲叫“并力”，这个词可能现在的人不熟，“并力”就是并敌一向，千里杀将。这是战略资源的集中？

宫玉振：就是集中资源，就是我们今天习惯讲的集中优势兵力。击虚是选择突破方向和薄弱环节，选了突破方向后接下来要做的，是把你最关键的资源集中到这个方向上，形成击穿的力量、突破的力量，就是资源一定要高度集中。

樊登：您书里边写到华为的口号——“不在非战略机会点上消耗力量”。

宫玉振：这是任正非的话。

樊登：任正非是一个喜欢研究《孙子兵法》的人？

宫玉振：不光是《孙子兵法》，并力其实是战略的通则。

樊登：对，他的偶像是毛主席，他推崇毛泽东思想。

宫玉振：他是学毛选的标兵。毛泽东其实借鉴了大量的《孙子兵法》的理念。中国的取胜智慧，从孙子到毛泽东，是一脉相承的。所以我这本书里边也借鉴了大量毛泽东的理念来解释《孙子兵法》。任正非通过毛泽东思想，接受了《孙子兵法》的一些理念。

樊登：就像百度、腾讯、阿里这样的巨头，在竞争的时候就得放弃一些局部的战场。

宫玉振：什么叫舍得？舍得舍得，有舍才能有得，大舍才能大得。迈克尔·波特说，“战略就意味着选择”，而选择一定意味着放弃。因为只有放弃，在关键的领域才能集中起优势的资源。

樊登：所以您说接受局部和次要方向的损失，叫作并力，不要把资源像撒胡椒面一样撒在整个市场上。

宫玉振：最怕的就是，这个地方有机会，我不能丢，那个地方有威胁，我得挡住。撒胡椒面，结果分兵把守，真正的威胁和机会出现的时候你没有资源，就会失去对局面的控制力量。

樊登：林彪有一句话：“不能打添油战术。”

宫玉振：对，什么叫“添油战术”呢？我打下去以后再加一部分，再加一部分，再加一部分，那就完了。一次要集中绝对的优势形成突破，每次上去一点点，然后看着还不够，再来一点点，那就成了不断消耗。所以林彪打仗，主攻方向的兵力一般占到 80%，就是我们今天讲的二八法则，助攻和佯攻占 20%，一定在关键的领域形成压倒性的优势。企业也是这样，口子不要开得太大。

樊登：我讲过一本书，《哈佛商学院最受欢迎的领导课》，那里边有一条非常重要的原则叫关键要务，一个领导在一段时间内一定只能有一个关键要务。

宫玉振：用毛泽东的话说就是在一个时期只能有一个主攻方向，不能有两个或两个以上的主攻方向。他说他不反对有两个方向，但是一段时间内只能有一个，你可以打完这仗再换另一个。用他的话说叫抓主要矛盾和矛盾的主要方面，其实道理完全是一样的。

樊登：对，真好。第九讲叫“主动”，就是你得掌握局势。

宫玉振：这就是刚才你讲的那句“你打你的，我打我的”。孙子的话就是“致人而不致于人”，你要调动对手而不能被对手调动，控制对手而不能被对手控制，摆布对手而不能被对手摆布，塑造对手而不能被对手塑造。说白了就是要压着对手打，不能被对手压着打。

樊登：但这很难做到。

宫玉振：真正的战争，其实就是主动权的争夺，所有的作战艺术都是围绕它去展开的。这需要几个条件，当然最好的办法就是有实力，我块头大，这就很容易取得主动。但是如果你在实力不够的情况下还要掌握主动权，那就要靠战略策略，包括诡道，虚虚实实。要调动对手，让对方失去主动权。但这里边还要采取有效的打法，把全局的被动变成局部的主动。全局不利，就集中优势资源，形成局部的主动。或者说全局你是压着我打，但是我可以在关键的局部集中起资源，形成压着你打的态势。

打造水一样的组织

樊登：第十讲叫“机变”，就是打法的灵活度。

宫玉振：主动很重要。主动靠什么呢？靠灵活。四渡赤水非常典型，红军不断调整方向，因为一渡时根本没有想到二渡，二渡时没有想到三渡，但三渡时想到了四渡。

我在书里面还举了一个例子，就是长征。整个长征过程也是不断调整计划的过程。长征最早的时候是要到湘西，会合贺龙、萧克的红二、红六军团，在那儿建根据地。湘江一战我们暴露了目标，蒋介石判断出来了，而且提前做了准备，毛泽东提出来不能到湘西去了，到贵州，因为贵州兵力空虚，所以才占了遵义，黎平会议决定以遵义为核心建根据地。结果到遵义后发现这个地方也不适合建根据地，因为地形不利，老百姓的情况也不太有利。这时聂荣臻和刘伯承提出来放弃遵义，北渡长江，到川西北会合张国焘、徐向前的红四方面军，重建根据地，这才有四渡赤水、爬雪山、会师。会师以后发现川西北也不适合建根据地。川西北就是今天的阿坝，那里是涉藏地区，而且是高原，养活不了十万人。这时候围绕到底南下还是北上，党内产生了分歧，张国焘和中央分裂，毛泽东被迫率领红一、红三军团，单独北上。北上的过程中依然不知道到什么地方去，一直到甘肃哈达铺，在国民党邮局里面发现了报纸，报道陕北有刘志丹的部队，才下决心到陕北。

樊登：邮局里边有一张别人看剩下的报纸，扔在桌上，然后大家把这张报纸拿来交给毛泽东，毛泽东一看说，陕北有红军，决定去陕北。

宫玉振：对，长征不是一开始就要到陕北去的，长征的路线不是谁计划出来的，它是根据形势的变化调整出来的，这叫机变。

樊登：这叫“草鞋没样，边打边像”。那么今天战略的一个非常重要的特征是什么呢？

宫玉振：不确定性。因为我们的环境是不确定的，不确定环境中人的理性也是有限的，没有人从一开始就能看到结果。

樊登：这里边有一句话，我觉得特别好，说打造水一样的组织。过去我们想到组织就是“机械态”，这个是这几年才刚刚兴起来的概念。

宫玉振：这是孙子的话，“兵形象水”。

樊登：所以孙子是“复杂”大师？

宫玉振：战争是动态的博弈过程，所以战争的本质就是复杂的、动态的、不确定的。这就是孙子为什么要打造水一样的组织，因为只有水一样的组织才能适应环境，不断地变化。兵形象水。什么叫用兵如神？就是适应环境的变化，适应能力极强。水最大的特质就是适应能力极强。水有形状吗？它在杯子里边是杯子的形状，在桶里边是桶的形状。所以水是能够最佳地适应周边环境的物质。

樊登：那怎么才能把团队打造得像水一样？

宫玉振：就是我们今天讲的柔性，组织一定要保持柔性、弹性，你的组织一定不能机械化、官僚化、刚性化。任何组织一旦官僚化、刚性化，基本上就会平庸化，而平庸就离失败不远了，所以这对很多组织来说是一个大忌。其实今天最好的组织就是水一样的组织，适应能力极强的组织。今天很多人研究组织特种部队，特种部队最大的特点就是在环境完全不清楚、不明确的情况下，还要完成各种任务，它完全是机动灵活的。回头看游击队，也有这个特点，没有一个多余的人员，所有的人都是战斗员，机动灵活。

樊登：每个人都得知道大方向在哪儿。华为也有一句话说得特别精彩，“方向大致正确，组织充满活力”，就这个道理。

宫玉振：大企业最大的问题就是会失去活力。组织在不断变大的情况下，如何还能保留游击队时的活力，这是所有组织面临的很大的挑战。最可怕的就是组织需要流程，但是慢慢地流程主导了事务。本来流程是为做事情服务的，但是最后的结果是它主导了整个事务，最后变成流程和形式是主体，那这个组织就会失去活力。

樊登：原来孙子在那个时候就研究失控问题了。其实失控就是这个道理。

宫玉振：战争最大的特点就是刚才讲的不确定性，“将在外，君命有所不受”。你看，这就是我们今天管理中最核心的一些基本理念。《孙子兵法》为什么会揭示出我们今天看来觉得很惊讶的一些理念，这是战争逼出来的智慧。它跟今天的管理理论不太一样。今天的管理理论，讲了以后，企业做了，到底有没有效果，我不知道。这些理论可能管一年，管两年，管五年，后面就没人看了。兵法是要解决战争最根本的问题，而且经过几千年的战火考验，留下来的全是干货。兵法的价值就在这里。

信息优势是最大的竞争优势

樊登：还有两讲。第十一讲叫“先知”。

宫玉振：“先知”就是提前了解整个竞争态势。战场的环境，说白了就是情报，就是信息。所以我有句话叫“信息优势是最大的竞争优势”，谁能够提前得到准确的信息，谁就可以提前做出决策。所有的决策一定是建立在准确而及时的信息基础之上。

樊登：您这本书里面有一个点写得特别有趣，说您看一个人有没有读过《孙子兵法》，通过一句话就知道。没读过的人都说“知己知彼”，读过的人说“知彼知己”。

宫玉振：对，我也希望看了我们这期节目的观众，以后一定不要说“知己知彼”。我经常通过这句话看这个人有没有读过《孙子兵法》，或者有没有好好读过《孙子兵法》。

樊登：这两个词换一下，有什么区别呢？

宫玉振：是有区别的。其实我们不是在抠字眼。孙子在几处谈到“知彼知己”，都是知彼在前，知己在后。真正的道理就在细节之中。他为什么这样讲呢？在对抗和战争的环境下，谁最难了解？一定是彼。因为双方都会尽量隐藏自己的情况，去了解对方的情况。你自己的情况都是相对容易掌握的，但对方的情况你很难了解，都在释放假情报，这是第一。第二，在战争的环境下，其实你想怎么做不重要，对手认为你会怎么做才是关键。就像在四渡赤水的过程中，毛泽东想从哪个地方突围不重要，蒋介石认为毛泽东会从什么地方突围，然后做出他的部署，对于毛泽东来讲才是关键的。所以为什么说毛泽东用兵真如神，机动灵活很重要。第三就是“先知”，提前掌握了蒋介石的动态部署，就可以选择最有利的方向突围而去，这是四渡赤水成功的关键。

战场是最好的领导力课堂

樊登：所以要“知彼知己，百战不殆”。最后一个叫“将道”，就是动态环境中的领导力。

宫玉振：我们前面讲的都是战略。但战略要想落地，一定是要领导力做支持的。战争是最残酷的环境。将军是打出来的，有没有真正的领导力，光说没用，一上战场非常清楚。战争充满了压力，充满了风险，所以战场是最好的领导力课堂。有没有领导力，能不能锻炼出领导力来，在战争中就看得很清楚。

樊登：这几个标题让人一听就觉得特别有力。"进不求名，退不避罪"，这就是领导者的那种气魄和情怀。

宫玉振：这反映了领导者的境界、担当、责任心。"进不求名"就是往前打不是为了个人的虚名，"退不避罪"就是领导说你不能退，但是我认为必须退。因为为了整个组织的利益，我退，我要担当，哪怕惩罚我。不是每个人都能做到这一步，也不是所有的领导都能接受这样的下属。所以这本书里边讲，其实有两种忠诚，一种忠诚是领导说什么就做什么，听话，但是太听话的下属从来不是最好的下属。真正的下属是他知道领导的真实意图，他不完全跟着领导的计划来做，但是他知道领导的利益和意图在什么地方。因为领导的指令总是会变的，环境在变化。他要理清楚领导想达成的目标和利益，然后为此他可能会改变领导者的计划，甚至违背命令，但是他最后符合了领导者的利益。

樊登：有人会说在职场当中，得看你遇到什么领导。领导是个明君，你这样做是对的，短暂地发生矛盾没关系。

宫玉振：您说得特别对。所以我这里边也讲了，就是很多原则不是无条件的。领导得有胸怀，有容人之量，下属得有担当，二者是缺一不可的。

樊登："君使臣以礼，臣事君以忠"，就是这个道理。

宫玉振：是的，它们是一种互为条件的关系。

樊登：然后“上下同欲”，“与众相得”，“静以幽，正以治”。您看谢安，打淝水之战，打的时候还下棋，这就是内心静。

宫玉振：每逢大事有静气，这是好领导、好将军的特质。

樊登：您写这本书太及时了。因为《孙子兵法》热过一段时间，大家把《孙子兵法》跟厚黑学这些东西放在一块儿，觉得钻研《孙子兵法》就是想干坏事，就是想琢磨别人。但实际上，听您把《孙子兵法》整个讲完以后，我们会发现它是大义凛然的。

宫玉振：所以我这本书的主题叫“学会战略性思考”。我讲《孙子兵法》本身不是目的，而是希望大家理解战略核心的理念，包括学会战略性思考，这种能力对一个人来讲至关重要。我们平时都很忙，忙于事务性的工作。所谓战略性思考，就是要抽离出来，从战略、从根本上来思考那些最根本的东西。取胜等于实力乘以战略。实力是客观的东西，你一时改变不了。那么我们可以在最短的时间内改变什么呢？你的战略思维。

所以你读这本书，可以真正养成战略思维的能力。战略可以放大你实力的效能，拉开你跟对手的距离，扩大你取胜的机会，这就是为什么我们一直讲学会战略性思考至关重要。

樊登：您讲得特别好，让人很有收获，而且还让读者对《孙子兵法》有了进一步的了解。这本书在最后还附上了《孙子兵法》的原文和翻译，所以大家如果愿意的话，可以把它全部读一遍。前面这十二讲都是宫教授精心提炼出来的，希望这本书能够帮助中国更多的企业家，进行深入的战略思考，让中国多出几位这种企业思想家。谢谢您！

主要观点

“道”不是管理者的自我期许，它一定跟每一个员工、每一个下属甚至整个社会的深层利益是一致的。真正的道不是从上往下压下去的，而是从下往上提炼出来的。

一定要清晰地知道属于你的地盘、你的市场究竟是哪些，你该进入哪些市场，不该进入哪些市场，其实这是选战略的核心。

道就是愿景，天就是大势，地就是你的行业和你在的市场，将就是你和你的核心管理团队，法就是组织、管理、流程这些东西。

一个组织如果心存侥幸取胜之心的话，它就不可能持续地取胜。基本面做好了，不管环境怎么不确定，基本面是可以控制的。

战争是动态的博弈过程，所以战争的本质就是复杂的、动态的、不确定的。这就是孙子为什么要打造水一样的组织，因为只有水一样的组织才能适应环境，不断地变化。

取胜等于实力乘以战略。实力是客观的东西，你一时改变不了。那么我们可以在最短的时间内改变什么呢？你的战略思维。

对话宋志平：孙子兵法与商业实践中的管理方略[①]

管理学与兵法的关系

赖冬阳：今天我们请到了宋志平会长，与《善战者说》的作者、北京大学宫玉振教授一起，来谈一下《善战者说》这本书。宫老师，您为什么取了“善战者说”作为书名？

宫玉振：“善战者”这三个字是《孙子兵法》里的。孙子推崇的是用兵的高手，也就是善战者。孙子兵法最核心的理念就是：最好是不用打就能赢，要打就要巧妙地打，用智慧打。也就是说，要敢打，更要会打，所以重心是“善战者”。这是书名的由来。

赖冬阳：我们知道您是北大国发院的管理学教授。那管理学跟孙子兵法，这两者之间有什么关系呢？

宫玉振：有一句话叫“商场如战场”。商场和战场有很多共同之处。首先，这两个领域都充满了对抗和竞争。其次，这两个领域都充满了不确定性。第三，在这两个领域，你都要赢。一个好的企

---

① 本文是 2021 年 3 月 24 日作者在总裁读书会“宋志平领读《善战者说》”节目中与宋志平会长的对话，对话主持人为赖冬阳先生。

业家就像一个好的将军一样，要做出正确的决策，要打造出一支好的团队，而且要鼓舞士气，带领团队去赢。所以在这两个领域中，成功的基本要素都是战略、组织、领导力、执行。二者之间的相似点就在这些地方。

赖冬阳：宋总您好！现在还是有一些讲兵法与商战的书的，那么这本书跟别的书有什么不同呢？

宋志平：我认为，一是宫老师对《孙子兵法》的理解比较透彻，他抓到了《孙子兵法》一些最核心的理念和原则。第二，宫老师确确实实是研究战争的，他研究了10年，他是军事学博士，所以对战争的理解很深。这本书里边有大量战争的案例，这不是一般人能写出来的。同时，他又做了16年的商学院老师，研究了大量的企业案例。所以他把《孙子兵法》、战争的案例、商业的案例很好地结合起来，游刃有余，这是他的特点。关于《孙子兵法》的书有不少，大多是解释《孙子兵法》本身的，但像宫老师这样抓住重点去解释，有这么多战例和案例的，我还是第一次看到。

赖冬阳：信手拈来。

宋志平：对，信手拈来。所以我在给这本书写序的时候就说，大家读了书以后就会知道，这是很不容易，很难做到的，只有他能做到。

“五事”为什么首先要强调“道”

赖冬阳：这本书的内容非常丰富。今天我们想拿书中的两张图来展示一下。首先我们看第一张图：五事——第一个战略管理模型（图5）。先请宫老师给我们解释一下。

宫玉振：我把“五事”叫作第一个战略管理模型。这是孙子2500

多年前就已经提出来的，是人类历史上第一个战略管理模型。刚才宋总对“五事”做了一个非常好的解读，我想再简单重复一下。

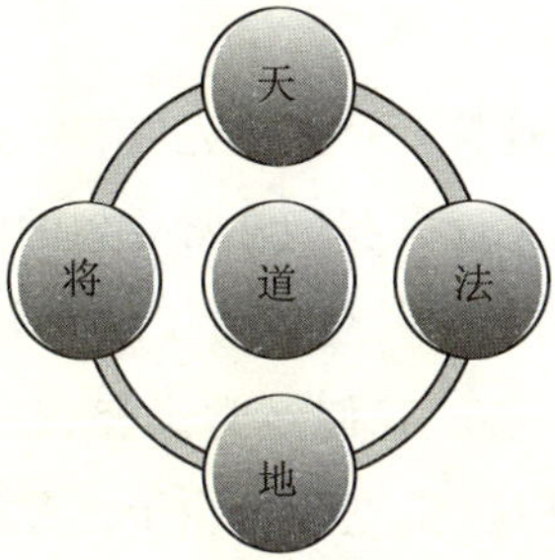

图 5　五事：第一个战略管理模型

“道”，在今天看来，就是使命、愿景、价值观。它是一个组织的灵魂。“天”，就是天时，就是大的战略形势。“地”，就是具体的市场。“将”就是领导者。“法”，就是组织、制度、流程这些东西。今天看来，战略管理的最基本要素就是这五大要素。我们可以把这五大要素，跟今天现代管理学中的 5W1H 做一下比较。“道”是要解决一个什么问题呢？Why，为什么。“天”是要解决一个什么问题呢？When，什么时间。“地”是要解决一个什么问题呢？Where，在哪里。“将”是要解决一个什么问题呢？Who，谁来做。“法”是要解决一个什么问题呢？How，如何做。

赖冬阳：在这幅图里，为什么“道”要放在中间？

宫玉振：因为它是核心，是灵魂，是最主要的东西。真正伟大的组织，一定是有清晰的价值观的组织。

宋志平：我觉得这个模型非常好。在 2500 年前，他就把战争的基本要素都放在里边了。把“道”放到中间是符合逻辑的。为什么要打一场仗？上下要同意，上下要同欲。上下同欲者胜。也就是说我们要打的战争的意义是什么，我们上下是否都意识到它是正义的。这非常重要，所以是核心。周围这几个也是非常重要的要素。

做企业其实也是这样。企业首先要有一个价值观和愿景。我们做企业是为了什么？这是我们常常要想的问题。如果有一个清晰的价值观、清晰的愿景，全体员工就都知道他们为什么而工作。所以“道”是中心。我们经常讲经营之道，有没有“道”，“道”是怎么样的，把这些问题讲明白了，人家就愿意跟着你。

赖冬阳：现在有很多创业型的企业，它们可能讲精益创业，不讲企业的价值观，先有产品，再测试，在奔跑之中调整姿态。怎么理解“道”在不同阶段的功能呢？

宫玉振：对于所有企业来说，包括所有组织，“道”的重要性都是相同的。哪怕是一个初创企业，要想成为优秀的企业，都一定要有清晰的价值、清晰的使命、清晰的愿景。这条对所有企业都是一样的。这是前提。

当然，在不同企业，切入点可能不一样。有的可能是从使命切入的，从一开始就有清晰的使命。也有一些企业是从机会切入的，是从市场、从产品切入的。两种企业最后殊途同归。从使命切入的企业，要找到市场的机会，要落地。从机会切入的企业，它早晚有一天必须有明确的使命，这样才能走得长远。如果仅仅关注眼前的机会，这样的企业是走不长远的。

赖冬阳：宋总，您从北京建材到中国建材集团，再到国药集团，您做了两个世界500强企业的CEO。“道”在您的企业经营实践中起的作用，能不能给我们举举例子？

宋志平:“道”在中国建材和国药的发展过程中是非常重要的。就是我们刚才讲的核心理念、核心价值观。也就是企业到底是为了什么而做。尤其是在重组的过程中，这么多企业，大家要重组在一起，目的是什么？就是要减少行业中的恶性竞争，进行良性的竞争。所以我用的一个词叫“联合重组”，把大家联合重组起来。

我不大喜欢用“兼并收购”这个词。因为用这个词，人家就会觉得你把我兼并了，把我收购了。所以我主张用“联合重组”。我和再弱的企业谈重组，我都喜欢用一个词，叫“强强联合”，大家就觉得非常高兴。这就是核心。像中国建材、国药为什么能够做大？它满足了大家内心的需求。大家联合起来，不再作战，大家共同来创造企业的价值。我们主导的是一种共生、协同的氛围，而不是早期那种你死我活的、比狠斗勇的竞争模式。我觉得我在中国建材和国药推动的，就是行业的联合和资本的混合。

所以我用的都是“合”这个字。用“合”这个字来减少恶性的竞争，来争取整个市场环境的改善，从而让大家能够互利共赢。这就是“道”，共赢之道。

宫玉振：宋总讲得特别好。这个“合”，在《孙子兵法》中的核心理念就是“不战而屈人之兵”。它强调的不是简单地百战百胜，那很容易变成一种对抗、一种冲突。我们一般理解的战争或者竞争就是对抗，但是宋总走出了另外一条路，他超越了竞争，超越了一般的恶性竞争，达到了一个更高的层次，真正体现了孙子所说的“全胜”之道。全国为上，破国次之。宋总用他的实践告诉我们，全胜之道是多么重要。这是最好的“道”。

“天”：战略性的机会点不会常有

赖冬阳：在这个模型中，我们也看到了“天”，也就是天时。宋总，在您的经营实践中，“天”的重要性，能不能给我们讲一下？

宋志平：天时，我的理解就是机遇。就是我们要抓住特定的时间给我们的机遇。比如说在2006年的时候，我重组水泥行业，就是抓住了水泥行业的机会。当时水泥行业的特点是企业多而散，各家都在恶性竞争，把价格从每吨400元钱，降到了每吨180元钱。那个时候对我们来讲，是一个非常好的机会，可以抄底。我就是在那个时候发起了大规模的行业联合重组。既能够把这些企业解救出来，同时也用了比较低的成本。所以现在大家回过头来看，就觉得那时的重组抓住了机会。如果我们早一些行动呢，可能大家都在兴建新的工厂，在这种氛围下，大家就不愿意联合。如果晚一点呢，可能就被别人重组完了，我们就没机会了。所以我觉得我们抓住了天时，这是一个特别的机会。

其实国药当时也是这样。国药抓住了一个机会，国家当时老讲要搞全国的医药配送网，但是需要很多的钱，需要有人去做。美国的医药分销企业只有三家，而当时我们国内有两万多家，在打乱仗。这个时候我就觉得这是个机会。所以国药就重组了全国600多家医药分销企业，覆盖了全国290个地级市，因而迅速形成了今天的国药分销网。这也是抓住了机会。机会非常之重要，如果今天我们再做这件事的话，几乎不可能完成。

宫玉振：宋总刚才讲的例子非常精彩。有句话叫“时来天地皆同力，运去英雄不自由”。对机会的把握能力是企业家的基本能力。

这种敏感，这种嗅觉，一旦有战略性的机会就果断出手，都是企业家的重要特质。过去也有句话叫“时不至，不可强生”。如果时机不到、不成熟的话，你硬要去做，肯定是要出问题的，你也做不成。但是“得时勿怠”，因为时不再来。一旦时机来了，要立即出手，因为大的战略性机会很难出现第二次。一旦出现大的战略机会，一定要果断地投入。这是好的企业家非常重要的一个特质。

宋志平：机会是客观存在的，但也不会老有。一个企业也好，一个人也好，可能只有几次机会。你能不能抓住它？如果这次机会失去了，那么下一次机会就不知道在什么时间出现了。所以机会非常重要。

我过去抓住了一些机会。比如我在北京建材的时候，就抓住了国企改革的机会。我抓住了当时国企改革上市的机会，然后融资，把北京建材做大了。在中国建材，我觉得我就抓住了水泥行业联合重组的机会。刚才讲到，并不是老有这个机会，今天再去做就不可能做成了。企业家得有敏感的嗅觉，要睁大眼睛去捕捉机会。关键是机会来了，你得跳得起来，抓住它。

所以有时候大家会说，噢，这件事情其实我想过，我早就知道。有的人说我也做过。但是关键是，我们不光要想过、做过，还要把它做成，也就是必须跳起来把它抓住。这其实是企业家的本领，我们企业家一直在寻找机会。我们的眼睛是干什么的？一直在看有没有机会。就好像江面的水鸟，它们一直就在盯着水面，鱼一出来，就立刻把它抓住。假如它不老盯着，鱼出来它也抓不住。企业家也是这样。企业家非常重要的一个职责，就是在寻找机遇，这是非常重要的。

赖冬阳：宋总，您做出一个决策的时候，肯定会有很多种声音。您怎么去除这些杂音，最后做出这个决定，抓住这个战略机会点呢？

宋志平：所以企业家不光要有决断力，还得有影响力，你还得能够说服大家。虽然有那么多不同的声音，但是你必须坚决前行，因为有一个机遇不容易。有时候我们会讲，一个好的想法，大家议论来议论去，这个好的机遇就消失了。所以作为企业家，有时候发现这确实是机遇的时候，就得坚持。所以有句话，真理往往在少数人手里，因为大家没有那么去想，也没有那么去看那个机遇。而抓机遇是企业家的特质。

“将”：为什么会有那么多军人出身的优秀企业家

赖冬阳：抓机遇是企业家的特质。我们再看这个模型，这个模型还有一个“将”字。在这本书中，宫老师您讲到将要有五种品质：智、信、仁、勇、严。为什么是这五个方面？为什么是这样的排序？

宫玉振：智、信、仁、勇、严叫“五德”。五德皆备，然后可以为大将。我们今天讲，一个好的领导的综合素质，就是这五条。首先第一条是“智”，智能发谋。因为《孙子兵法》强调的是“上兵伐谋”。所以身为将军也好，身为企业家也好，首先要有战略洞察力，有战略思考的能力，这是你智慧的体现。所以这是关键特质之一。战争和商业有一个共同的特点，就是都充满了不确定性。如何在不确定的环境中还能看出大的趋势，把握大的机会，这就考验你的素质，考验你的智慧。所以这是第一条。

第二条是“信”。信能赏罚。信就是信任。宋总刚才讲的，如何去说服大家？我觉得很重要的一条就是下属对你的信任。你的决策、你的领导力、你的人格，让下属愿意听你的，信特别重要。我们刚才讲战争充满了不确定性，一切都是不确定的，但有一条一定是确定的，这就是你是可以信任的。所以第二条是信。

第三条是“仁”。仁就是爱，就是将心比心，以心换心。仁能服众。大家为什么愿意跟你走？打仗是要死人的，大家为什么还愿意追随你？一定是因为你真心地关爱自己的下属，一定是因为你有一种仁义的品格。

第四条是“勇”。勇是什么呢？其实就是刚才宋总讲的决断力。勇能果断。我们今天看，很多军人出身的企业家，最大的特质就是杀伐决断，也就是把握机会的能力极强。一般人还在犹豫的时候，他们已经果断出手了。这样一来就可以把战术性的机会变成战略性的突破。这是非常重要的一个特质。

最后一条是“严”。严能立威。军队是要打仗的，军队必须有严格的纪律，没有纪律的军队就是乌合之众，根本打不了仗。所以严这一条至关重要。

所以，智、信、仁、勇、严，我们今天回头看，是好的领导的五项特质。

宋志平：西点军校出的企业家，比哈佛商学院出的还要多。这经常让我想问这个问题：为什么它能出这么多？过去我想的是，部队里严明的纪律、训练对大家很有用，作为企业家，要有果敢的性格，执行力很重要。但是读了宫老师这本书以后，我觉得这还不全。因为这些西点军校出身的企业家，在军事院校都更多地去研究战略，都有很好的战略思维，像宫老师这样研究了大量的战略、战争里面的案例。所以对于军事学院毕业的学生而言，他们到企业之前，已经得到了战略方面的能力训练。我觉得这一条也特别重要。

中国也是这样，任正非、以前长虹的倪润峰，他们都有军旅生涯。所以他们一方面得到了战略的训练，另一方面又得到了性格上的培养。这对他们也是非常重要的。

我前年去过以色列。以色列为什么有那么多的创业者？实际上与他们的兵役制度有关。男孩三年，女孩两年，都要服兵役。过去我想得比较多的是服兵役的过程对他们性格的锻炼，现在我想，不光是性格，还包括对他们战略思想、技术创新意识的培养，这些都至关重要。所以我们今天要研究《孙子兵法》和企业管理的关联，研究军队和企业之间、战场和商场之间，里面有很多非常相似的东西。如果我们能够把军事里的东西、战争里的东西、军队里的东西很好地引入我们企业，我觉得我们也会产生一大批更优秀的企业家。

竞争战略的金字塔

赖冬阳：刚才我们看了第一张图，我们再看一下第二张图——竞争战略的金字塔模型（图6）。最上面的是“伐谋”，其次是“伐交”，然后是“伐兵”，最后是“攻城”。请宫老师解释一下，为什么是这样的金字塔？

宫玉振：孙子把对抗分成了四个层面，就是伐谋、伐交、伐兵、攻城。真正的高手，真正的善战者，要在高的层面去争，而尽量避免进入低的层面去恶性竞争。上兵伐谋，真正的高手是在战略这个层面去赢。其次伐交，也就是整合资源。这两个层面都是无形层面，是超越一般意义上的竞争与对抗。

其实宋总刚才讲的就是非常典型的伐谋、伐交的案例。我们今天看宋总做的事情。首先，宋总一定是先有一个清晰的战略思考，才会有战略机会的把握。接下来是整合资源，通过整合资源来布局，不用打，就取得了“胜”的地位。

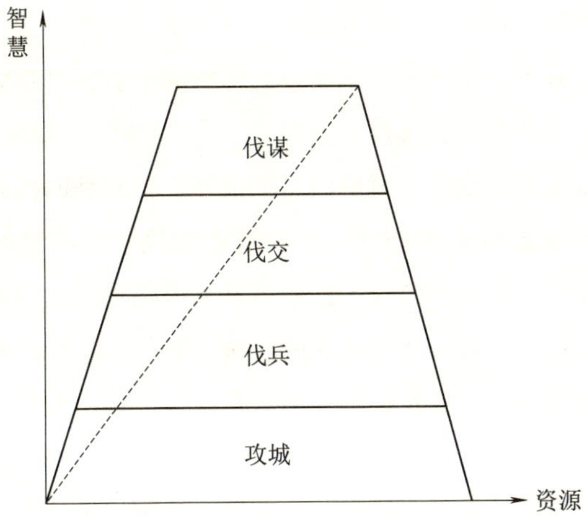

图6　竞争战略的金字塔

其次伐兵，即第三个层面是伐兵。伐兵是什么意思呢？你有一个很好的战略，通过整合资源布了一个局，但你还是要进行市场竞争。那么怎么进行市场竞争？伐兵强调的不是硬碰硬，不是恶性竞争，而是要巧妙地去打，用战略去打，要动脑子去打。用毛泽东主席的话说就是八个字：你打你的，我打我的。要把我的优势发挥出来，要在我具有优势的领域去打，用我具有优势的打法去打。这些都是一种智慧。

其下攻城，即最次是硬攻对方的城堡。攻城之法，为不得已。攻城无善策，攻城就是一种消耗，是没有智慧的打法，是应该尽量避免的打法。所以孙子把对抗分成了这样四个层面。

我为什么要列这幅图呢？这幅图可以从不同的角度去看。我们可以先从上往下看。你首先要有一个清晰的战略，伐谋，然后你才会知道该如何整合资源，否则你根本不知道该整合什么样的资源、该如何整合资源。就像宋总对水泥行业、医药行业的整合，他一定是首先有了一个清晰的战略，这样资源整合就有战略布局的思维了，是在战略指导和支持下的整合。有了清晰的战略，布了一个局以后，接下来再伐兵，就已经有了很好、很有利的格局，这为你在竞争中的取胜创造了条件。有了清晰的战略，在竞争中你再攻城，就会发现，这时候的攻城已经不是无谓的消耗性的攻城，而是在整个战略指导下具有战略意义的攻城。有些战略性的城，该打下来的必须打下来，就像长征过程中，必须攻下娄山关，必须打开腊子口，因为这涉及战略全局。但是非战略全局的一些城，完全可以不打，不用去消耗自己。这样一来，你的攻城就是具有战略意义的攻城了。所以这幅图从上往下看，是一种相辅相成的关系。

伐谋、伐交的实战应用

赖冬阳：宫老师说的这些，宋总能不能解释一下您怎么理解，您在经营实践中是怎么用的。

宋志平：伐谋，就是刚才讲的战略。前面讲到的水泥行业的整合，我们是先从江浙沪一带进行。为什么先在那一带进行整合呢？从战略上怎么想呢？第一是那个地方没有大的领袖企业；第二就是那个地方企业分布比较散，多是小企业，恶性竞争比较激烈；第三是那个地区经济比较发达，市场比较大。所以我们的战略就把这里给圈定了。

接下来怎么办呢？第二步就是伐交。我把浙江一带的“四大水泥天王”，就是当地水泥行业的龙头企业的管理者都请来，在西湖跟他们喝了整整一天的茶，最后把工作做通了，他们都被我联合在一起。这就是伐交了。

那伐兵和攻城我干过没有呢？我也干过。为什么呢？因为有时候也有钉子户，也有人跟你抢市场。对我们来说必须要拿下的这些城，就必须得拿下。所以攻城是有代价的，但这个代价就没有办法避免了。因为伐谋也好，伐交也好，都做不下来了，只好攻城。攻城时我们当然也希望代价最小，但是这个代价是客观的。我们都愿意先伐谋，然后伐交，攻城和伐兵尽量不用，但是我回想起来，这么多年也用过。

赖冬阳：该用则用。

宋志平：但用得极少。基本上不用伐兵，都在伐谋、伐交这个层面解决战斗。

宫玉振：宋总讲得特别好。宋总讲伐兵、攻城尽量不用，但用的话，就是战略性的。因为这是为了整个战略全局，伐兵和攻城是有战略指导的。

宋志平：对，有的企业就是在伐兵和攻城。有企业家对我说：“宋总，为了市场，为了收购这些企业，我们无所不用其极。我们先把他打得头蒙眼花，来逼迫他接受。”这是倒过来做的，先伐兵，不行就攻城。这样倒过来做，代价很大。我经常对他们讲，你们老说要打仗，要竞争，要血战之后再去整合。

你们都打了30年了，打得哀鸿遍野了，还要打？现在我来告诉你们，战争结束了。然后大家按照我的想法联合重组，共同分享这个市场。当年水泥行业的集中度只有9%，现在的集中度有70%，所以这个行业就非常平稳。也有竞争，但都是良性的竞争，是创新、商业模式等方面的竞争，而不是过去那种价格断杀、红海竞争。

宫玉振：宋总讲的是一个非常经典的案例。你看这张图，纵坐标是智慧，横坐标是资源。宋总所做的事情，是把红海式的恶性竞争上升到战略和智慧的较量。为什么叫“上兵伐谋”？这是战略性思考带来的回报。当年站在战略和智慧的角度去思考这些问题，就形成了我们今天所说的降维打击，就很容易超越简单的恶性竞争。我觉得宋总讲的这个例子特别精彩。

用智慧的提升来突破竞争的困境

赖冬阳：可能大家都知道，最好的方式是伐谋和伐交。不过在现实中很多企业想这样做却没有做，最后做的都是伐兵和攻城，它就进入一种困境。如何避免这种困境？

宫玉振：其实这幅图也可以从下往上看。我们从下往上看，这就是一个组织包括个人领导力的成长过程。我们一开始做企业，往往都要攻城，一个客户一个客户地去撬，一个市场一个市场地去打。刚开始创业的时候都很难。慢慢地，你对这个行业有自己的理解了，你就开始思考：哪些是我的客户，哪些不是我的客户？哪些市场我应该进，哪些市场我不该进？我应该采取什么样的打法，不应该采取什么样的打法？这个时候你开始伐兵，开始有战略思考意识了。

但是，你和你团队的资源总是有限的。想跳出这个困境，你就需要伐交，就是整合资源，一定要有资源整合能力。这时你其实已经超越了一般的将军这个层面，开始进行资源的整合，但是最高的境界是什么呢？伐谋，也就是战略性思考的能力。

所以我们看，从攻城到伐兵，到伐交，再到伐谋，就是一个人或者组织领导力成长的过程，也就是不断自我提升的过程。

宋志平：其实我也攻过城，也伐过兵。年轻的时候，我在北京建材做过销售厂长，也去伐过兵。我们对战略的理解也是有一个过程的。企业在成长，优秀的企业家也不是天生的，是在这个过程中慢慢成长的，他的认知也在提高。今天我们有这幅图，就可以缩短这个过程。对于很多正在伐兵、正在攻城的人，我们可以提示他们去伐谋、伐交，而不要一味地攻城。

我过去整合水泥行业的时候，有一次坐飞机时一个老局长对我说："宋总，你真厉害。我这次去南方，人家都说，不能见宋志平，一见宋志平，他说 20 分钟话，你就会跟他走。"

我说，他们不是小孩子，给块糖就跟我走，是我说的东西说到了他们的心坎上。这个"谋"，确实是大智慧的意思。智慧，就是既要想到你自己，还要想到对方。你要变革，得有好东西。好处是什么呢？我整合的时候，端出"三盘牛肉"：第一是我给你公平的估价，我不欺负你，而且还要优惠。第二，我跟你整合，不是我来你走，你也入股，我也入股，最后咱们共享成果。以前你占 100%，但你亏损；今后你占 30%，但由于价格恢复，你赚了好多钱，可以有好多分红。第三，你做了一辈子的水泥，拿了一大笔钱，做什么呢？你留下来，成为我的管理团队成员。所以这"三盘牛肉"端上来，大家基本上都跟我联合了。后来我又把这端到了国药，给国药的这些分销企业也是这三盘牛肉。

所以“谋”就是智慧，就是要多用一些智慧来解决问题。不然的话，大家没有利益共同点，不伐兵、不攻城就不可能。因为只有找到了利益共同点，大家才不用伐兵，不用攻城。用智慧，大家就坐在一起了，不用战斗了。我就是这么做过来的。

宫玉振：宋总这两个案例，我特别受启发。刚开始创业的时候，或者刚开始入职的时候，我们有时候会看重每一场胜利，甚至为每一场胜利都全力以赴。但是时间长了，你会发现，并不是所有的胜利都那么重要，也并不是所有的胜利都得用对抗的方式去取得。有时候非对抗的方式，甚至像宋总这种合作的方式，成本更低，代价更小，效果更好。这就叫上兵伐谋。

服从命令和听话的就是好下属吗

赖冬阳：书中“将道”一章提到，“太听话的下属从来就不是最好的下属”。而在现实的企业中，领导往往最喜欢听话的下属。在军事上，“服从命令”更是军人的天职。如何理解听话与不听话？两位喜欢什么样的员工？

宋志平：每位领导都喜欢听话的员工，这是对的。因为这个听话主要是指，比如对于企业核心价值观、企业大的逻辑，我觉得每个企业的每个员工都应该服从，应该听话。但是，所谓的不听话，对于员工来讲，就是可以有一些创新的东西。员工有创新、有好奇心，这恰恰是企业的活力。企业也需要大家能够集思广益，有活跃的思维，而不是千篇一律。所以，大的原则、立场我们要有，但是灵活、活力也要有。经营企业应该是这样一种逻辑。

宫玉振：我特别同意宋总的观点。《善战者说》里面讲的是“太听话”的下属从来不是最好的下属。很多人会对军队有一个误解，比如坚决服从命令、保证完成任务，包括不找任何借口，这其实是军队管理的大原则。战争环境中充满了不确定性，在这种情况下，就特别要求下属要具有创造性的执行能力。宋总刚才讲的创新，就特别重要。

所以在军队里面，更看重的是领导的意图，而不单纯是领导的命令。领导的命令是领导意图的反映，但命令是相对固定的，而环境在不断地变化。所以《美国陆军领导力手册》中专门强调，下属要理解上两级领导的意图。经常有这样的情况：你僵硬机械地执行了命令，但是你没有达成领导的意图。这样的下属，绝对不是好下属。你可能没有完全按照领导的命令去做，但是你更好地实现了领导的意图，这才是好的下属。

所以，即使在部队这样一种以执行为特点的组织里边，依然要鼓励下属创造性地执行。

赖冬阳：宋总，您对于你的下属，是怎么做的？

宋志平：我是个比较开明的领导。我会把我的一些想法循循善诱地给大家讲清楚，让大家理解我真正的想法是什么，让大家在理解的基础上去执行。当然我也接受大家的一些建议，也听取我下属的一些建议。这是我的特点。

在我的整个管理生涯中，不管是在北京建材当厂长的10年，还是在中国建材当董事长的18年，我和我的下属没有发生过正面冲突，没有红脸、吵架、训斥大家，基本上都是比较温和的。我觉得这跟我个人的性格和工作方法有关系。我觉得，温和也好，有些冲突也好，这些都是可以的。这跟领导性格有关，不要苛求。

宫玉振：听话和不听话、执行命令和不执行命令，是有前提条件的。很重要的一条就是，下级要有担当，上级要有胸怀。下级一定要有担当。你不听话不是为了自己的利益，是为了整个组织的利益，为了更好地实现领导的意图。哪怕领导会对我有误解，我甚至可能会受到惩罚，但我还是要这样做，因为这是最符合组织核心利益的。这是担当。

领导得有胸怀。就像宋总这样的领导，他可以容忍下属跟他的意见不完全一致，只要是创造性地执行。这是一个领导的格局与胸怀。

所以不听话是有条件的。

初创者应做长远规划还是边走边看

赖冬阳：近两年来市场形势复杂多变，不确定性增加，"黑天鹅"事件随时对初创企业带来沉重的打击。作为一个初创企业的创业者，是应该规划好自己企业长远的战略，还是应该边走边看、随机应变？

宫玉振：从我个人的角度来看，我觉得应该二者结合。真实的战略一定是深思熟虑加机动灵活的结合。你一定首先要有大致的战略意图、战略方向，所以任正非讲过，"方向要大致正确"。如果你没有大致的方向，就会带来一个问题，你的这种变化、调整，就会变成战略的漂移。漂来漂去，最后就走形了。

但是，人的理性又永远是有限的。我们的环境是不确定的，没有人从一开始就能看到结果，没有人能事先把所有的细节都规划好。从来没有一场仗是完全按照你的计划打的。普鲁士的元帅老毛奇曾经说，双方的军队一旦发生接触，任何计划都要变化。所以我想，真实的战略，是二者之间的结合。

宋志平：这个问题，也是我们经常研究的一个问题，就是战略的长期性、稳定性与战略的变化调整之间的关系。就像宫老师讲的，战略是我们对方向、目标的确定和选择。但是我们的环境一旦发生了变化，或者我们过去在制定战略的过程中有些信息不对称，又发现了新的信息来源，这个时候，我们可能就要对战略进行一些调整。这也是必要的。

但是，也不能因为调整，我们就不定战略。也不能因为发现了一些小的变化，我们就去改变大的战略。所以战略有其长期性和稳定性，定下来以后，就要坚持，除非发现了颠覆性的问题。确实出现了“黑天鹅”，在这个时候，我们就要做必要的调整。即使我们非常喜欢一个战略，如果出现了不确定性，我们也得改变自己的战略，调整自己的战略，这个时候不能死要面子活受罪，而应果断地应变。

主要观点

从使命切入的企业，要找到市场的机会，要落地。从机会切入的企业，它早晚有一天必须有明确的使命，这样才能走得长远。

企业家得有敏感的嗅觉，要睁大眼睛去捕捉机会。关键是机会来了，你得跳得起来，抓住它。

从攻城到伐兵，到伐交，再到伐谋，就是一个人或者组织领导力成长的过程，也就是不断自我提升的过程。

“谋”就是智慧，就是要多用一些智慧来解决问题。不然的话，大家没有利益共同点，不伐兵、不攻城就不可能。

对话杨壮：中西领导力的差异与融合[①]

领导者应该谦逊吗

宫玉振：吉姆·柯林斯（Jim Collins）的《第五级领导者》，还有埃德加·谢因（Edgar H. Schein）的《谦逊领导力》，都谈到领导者要有谦逊的品格。在这么多年的 EMBA 和 MBA 教学过程中，很多跨国企业的同学会有这样的困惑，中国文化一般强调低调、谦虚，但是西方文化强调张扬、自信，在与西方人交往的过程中，如果过于低调、谦逊，反而可能会被认为是无能。请问杨老师，在中西领导力比较和跨文化交流过程中，您认为谦逊到底扮演什么样的角色？什么时候该谦逊？什么时候不该谦逊？尺度该怎么把握？

杨壮：第一次看到柯林斯写的这本书时，我的第一感觉就是这跟中国特别像。对于中国人来说，“内圣外王”是一方面，还有一个方面是“外圆内方”，不能是内方外方、内王外王这种情况。我

---

① 本文根据 2020 年 8 月 1 日北大国发院 EMBA 论坛第 42 期暨北大跨文化领导力论坛第 16 期上作者与杨壮教授关于中西领导力的对话整理而成。

也一直在思考为什么会这样，我想这其中有一个演化过程。

中国在改革开放之后，企业家们接受的国外领袖人物是杰克·韦尔奇，他大刀阔斧，被人称为“中子弹”。那时中国企业很崇尚这种英雄式的领导力。然而，这是德鲁克最不喜欢的领导者。这种力量型领导者往往表现得咄咄逼人，但是对中国的企业管理者有很大影响，也符合中国几千年的人文历史。杰克·韦尔奇之后是 IBM 的领导者郭士纳，他改变 IBM 的过程也大刀阔斧，也很厉害。再之后对中国人影响很大的企业管理者是史蒂夫·乔布斯，1986 年之前他十分张扬，1986—1996 年期间他修佛、遭遇挫折，慢慢开始改变。

我想说的是，有时候外表很强的人，内在实际上很虚弱，一般情况下都是内在很虚弱的人外表却很强。相反，真正强大的人即便很谦逊，也不会让人觉得这个人无能。

过去的 10 年我也发现，西方领导者在很多企业里真正成事，往往都是因为谦逊加很强的内在力量的结合。亚马逊的贝佐斯是很谦逊的人，而且很尊重别人，但是他自己的内在意志力相当强，在华盛顿地区做了很多为社会、为大众服务的事情，也提出了很多人性化标准。他并没有使人感觉到他没有力量，相反让人感到他的内在力量很强。还有微软现任总裁萨提亚·纳德拉，微软已经任命他五六年时间了，但很多人并不知道。纳德拉在微软工作 20 多年，来自印度，十分务实、专注，也十分专业、谦逊。他很低调，内心很清晰自己要做什么。他去微软做了一件事，就是把微软打造成云公司，在互联网时代赶上新的变革潮流。为做到这一点，他做了很好的战略布局。

宫玉振：从中国历史上看，领导者其实往往并不缺乏自信，失败的领导者更多是由于狂妄和傲慢。我想谦逊可能更多强调的是，作为领导者一定要清晰地知道自己能力的边界。中国人讲敬畏之心。只有有了这样的边界意识，承认自己的不足，领导者才能始终保持清醒的自我认知，同时也会有更多的人帮助你成就伟业。

其实谦逊并非东方文化所独有，西方也有谦逊的传统，例如《圣经》里面也强调谦逊，主张人在上帝面前要谦卑。

杨壮：对领导者提出谦逊的要求，可能还与人文环境变化有关系。当人文环境比较简单的时候，很多东西可以明确判断，企业管理者可以做出五年计划、十年计划，而且很骄傲。当环境发生变化，比如 20 世纪 80 年代至今，环境变化已经完全超出我们的想象，变得极为复杂、多元、不确定，“黑天鹅”“灰犀牛”事件也频频发生，在这种状况下，管理者仅仅靠个人的方式、视角去应对根本不行。作为领军人物，自我反思能力也特别重要，尤其是在环境复杂变化的背景下，一切都由自己创造，一切尽在掌控，是越来越不可能的事情，要常常反思决策的正确性并做调整。有无数典型案例都说明缺乏谦逊和反思的领导者会得到惨痛教训。

我还想到一件事，一位 75 岁的老教授有一次在课堂上问大家，对这个世界你知道多少？很多人举手。教授再问，对这个世界你不知道多少？还是有很多人举手。最后教授问大家，你不知道你不知道的有多少？大家全傻了。在变化的世界中，对这个宇宙我们很多东西不知道，具备一些知识、经历就觉得自己很了不起，其实还差得远，由此导致的失败案例值得我们警醒。

华为的领导力实践哪些做得对，哪些要调整

杨壮：您讲中国式领导力的时候，我脑子里想了很多案例，其中有一个案例就是华为。从领导力的角度评价华为，您认为华为做对了什么、做错了什么？或者为应对今天面临的挑战，华为需要改变什么？

宫玉振：任正非是军人出身，他把军队的一套领导力，包括毛泽东思想中的一些理念用到了华为的管理中。华为从那个时代走过来，利用军事化的管埋方式，取得了很大成绩。当然华为今天也遇到了很大的挑战。

领导力也好，管理原则也好，过去的成功未必决定你继续成功，因为领导力一定要跟企业的发展阶段匹配，与发展阶段相匹配的领导力才是好的领导力。

华为到了今天，已经不再处于当年那个追赶的阶段了。追赶阶段非常简单，市场在哪个地方、技术在哪个地方、其他企业的成功模式在哪个地方，就向已知的地方追赶，方向特别清晰。那个时候，华为需要的是高效执行，加上奋斗精神。这时，来自军队和艰苦奋斗时代的领导力就特别有用。这个传统当然不能丢，这是华为独特的竞争优势。

但是今天，华为开始面临时代的挑战，很多的 90 后、00 后对奋斗的认可度可能跟过去的员工不太一样，这是第一。此外，华为走向了全球，走到了非洲，走到了欧洲。走到世界各地之后，华为就必须面临一个很大的问题：中国的领导力，如何跟当地本土的环境结合在一起？

领导力的内涵由什么来决定？领导者、追随者、情境三者之

中，追随者和情境决定你的领导行为。所以华为今天已经做了很多调整。华为当年很明显是用的中国式打法——土狼战术，后来学的是 IBM，有非常正规的一套现代管理理念、管理制度，之后学美军，因为美军对领导力和组织的探索是最前沿的。华为具有的不是单纯的中国式领导力，而是复合的领导力，是不断突破自我的领导力、不断学习的领导力。这是今天华为能够在全球范围内占领市场的很重要的因素。

但是华为可能需要面临一个更大的挑战，就是本土化的问题。华为到了世界各地，如何能够在与本地的情境和追随者相契合的情况下，发展出一套既能够体现出华为主要价值观、主要领导力特质，同时又是本土化的领导力，是很大的挑战。

我带国发院的 EMBA 校友到罗马尼亚的时候，罗马尼亚人讲的一句话让我印象特别深："我们很穷，但是我们很快乐。"他们周末的时候不加班，一定要去玩，非洲也是这样。他们会认为中国人没有信仰，中国人就信仰工作，这些对华为是很大的挑战。华为必须做出调整。

中国有一个非常重要的理念——"和而不同"。如何在"和"的同时有一种包容，吸收本土文化的同时，形成一种新的，既是华为的，同时又是本土的领导力，这对华为是很大的挑战，这是所有中国企业走出去必经的领导力成长过程。

杨壮：企业在一个情境下所取得的成就，环境一旦变化就必须进行改革和变更。此外，企业在处理矛盾，比如赢和输、短期和长期、财富和贡献、工作和娱乐的矛盾时，如何设定企业的目标和宗旨？最大限度创造集体利润，最大限度让员工满足和成长，最大限度满足客户的利益，这几方面哪个排在前面？这些都会反映出领导力的核心价值取向，对每一个领导者也都是很大的挑战。

好的领导力要放大善的力量

宫玉振：西方有很多领导力理论，也有不同学派。人性和领导力究竟是什么关系？西方如何理解人性，并因此发展出什么样的领导力体系？

杨壮：人之初，性本恶还是性本善，在中国，法家和儒家的回答就不一样。在西方，领导力受基督教尤其是《圣经》的影响特别大，《圣经》说人生下来都有罪。在人性上，比较好的企业会强调人性光辉、积极的一面，积极心理学也在过去10年里出现，之前心理学是价值中性的，心理学家完全不讲价值观，不做价值判断，完全是做人性的判断。20世纪八九十年代后期，西方也开始重视人的价值、理念、积极性，代表人物之一是德鲁克。

德鲁克一直是西方市场经济的维护者，他在关注企业运作的过程中发现，企业在激烈的竞争环境下，人的私利是驱动力，人是在追求私利的过程中给社会带来利益的，他认为这不太对。德鲁克在一篇文章中表达他的担忧，然后开始关注非营利组织给社会带来的价值，反复提及人的价值、理念、积极性。

在西方观念里，人性是复杂的，有善的一面，也有恶的一面，但是缺乏培养君子的制度。人性的善意要怎么发挥出来呢？我认为取决于社会人文环境，包括国家、国际、组织的人文环境。如果领导者倡导的组织文化是积极向上的、利他的、敬天爱人的，就像稻盛和夫一样，标准没有达到还有严格的惩罚措施，员工就会相信只要努力工作就没有问题。

关于人性，组织首先要建立制度、纪律来约束，整个社会也是如此，要明确对错、真假。如果在组织和社会人文环境里，这些比较清楚，领导者本身又有很强的能量、积极心，人的善意就会出来。

宫玉振：我特别同意，人既有向善的可能，也有现实的需求，这是人性最大的特点。作为领导者，必须承认这两个层面。因为人有现实的需求，所以利益必须得到满足，要满足下属的利益需求；但是人也有向善的可能，光有利不行，如果你不断用利去刺激，他只看到利益，有利而来，无利而散，那就是成不了事的。从历史上看，真正能成事的一定是有信仰的团队、有信念的团队。所以好的领导力既有现实的取向，又有超越的追求。要看到人现实的一面，但也一定要看到超越的可能。你得对人性恶的方面有充分的警惕，但是对人向善的可能要有足够的乐观和信心。领导者就是要有这种信念，才能引导整个社会向善。

杨壮：特别是当前我们面临疫情和国际化的挑战，如果领导者没有信念，很悲观，每天愁眉苦脸，很难吸引人长期跟随。另外，还要制定一些规则来约束人的行为，避免在关键时刻出现“乌合之众”的言行举止。组织中的每个人能够真正向上，我们的社会就会向上，国家就会向上，中国在世界上也会有自己的影响力和领导力。

宫玉振：这包含两个层面。所有的人都可以悲观，领导者必须保持信心并传递信心，这是第一。第二，真正的领导者必须通过制度，约束人性中恶的一面，同时激发人性中向善的一面。好的制度会激发人向善的潜力，不好的制度反而会提供人作恶的机会。

杨壮：这也是德鲁克一直对我的影响。德鲁克从德国到美国之后，写了很多书，但很少写领导者，都是写“管理者”，也很少用“领导力”这个词，而是用“有效”（注意不是有效率）、“有效能”、“要做正确的事情”、“要正确地做事”。有些人以为，德鲁克所说的有效的领导指的是获得很多利润，其实德鲁克所说的“有效”是做对事，同时有利润。

一个领导者如果没有积极的信念和心态，也缺乏包容、诚实的品质，有时候会起反作用。这是德鲁克特别警戒的，因为这种反作用将给组织、社会带来很大的危害。也因此，德鲁克很少讲魅力领导者。从这个角度也能理解，领导力为什么要求领导者要有谦逊的品质。领导力不需要太张扬，不要太觉得自己了不起。

国际化挑战中领导力遇到的核心问题

宫玉振：这么多年，您带EMBA校友、同学到20多个国家和地区探讨跨文化领导力。您自己也一直在思考，现在中国企业国际化遇到的挑战和问题，涉及跨文化、战略定位、产品质量、领导力等多方面，这些问题的核心是什么，能不能跟大家分享您的思考？

杨壮：关于领导力问题的核心，我想应该有五个方面的因素。

第一，跟中国的语言有关系。我们的方块字，其实不是特别有助于我们跟别人很好地沟通。

第二，跟教育也有关系。我们的教育既没有帮我们真正把西方的很多文化理念、领导力理念学好，也没有清楚地教导我们如何在跨文化的环境下运用我们自己的文化和我们做事的方式。

第三，是进行国际化的时候我们并没有做好充分的准备，包括弄清楚国际化的目的是什么、为什么要做这件事、为什么不能做某些事情。

第四，是如何评价利和义的问题。这包括利和义各是什么，当利消失的时候，义怎么展现出来。也就是说我们的经济利益和价值取向一定要做好平衡，否则就会遇到很多阻碍。

第五是工作方式、生活方式的问题，属于相对次要的问题，关键还在大局。

领导力的差异与固化

听众提问：第一，对于我们这些企业的管理者而言，EMBA课程要解决的就是领导力提升问题，但是由于我们的原生家庭、社会教育和职业发展，几十年来可能已经有固化的东西存在于我们身上，两年的课程怎么能真正消解或者改善固化在我们身上的问题？第二，中西方领导力一定要这么绝对地区分吗？

宫玉振：没有绝对的中国领导力、西方领导力。二者的区分是相对而言的。同时也没有唯一正确的领导力，领导者一定要适应情境、追随者的需要，这才是好的领导力。当然，差异之中还有共性的东西，包括价值观、品格、愿景，也包括利益、制度、引领、理念，古今中西相通，人同此心、心同此理。

我经常会讲到的一个词就是浓度。比如强势浓度，在不同的情境下浓度可能不一样，但是它的内涵一样。今天的对话也是国发院的理念之一，我们主张中西合璧、知行合一，所以 BiMBA 商学院既有杨老师的西方领导力，也有我的中国传统文化中的领导力，就像西方的拳击和中国的功夫，二者可结合，但是答案要你们自己来找。因为每个人面临的环境不一样，每个人的企业不一样，你选取为你所用的东西。我们不给大家提供唯一的答案，只提供思考的机会。

杨壮：我个人认为，到商学院来学习可能会提高你的视野和看问题的格局，可能会让你看到一些不同的科目、不同的人、对待事物的不同看法，在价值观方面会对你有所帮助。具体可以从以下两个角度来看。

第一，我在北大国发院 BiMBA 待了 20 年，期间我注意到，有些经理人最初并没有企业家精神，这些人想要在毕业之后变成一个企业家，确实很难。企业家精神至少有一半是存在于人的骨子里的，或者说企业家的行为举止有很多是天生的。如果来这儿之前你就是企业家，毕业后你可以成为更好的企业家，如果之前你完全不是企业家，毕业后转型失败的概率会特别高。

第二，性格和品格构成了人格。性格几乎是遗传的，而品格是后天的。性格的部分，比如你很善良，或者办事很粗放，或者你很爱独自一个人，想要改变会很难；品格方面，比如要有胆识、坚毅，能够克服困难，有勇气、包容心，改变是有可能的。所以，来这里不要抱太超出实际的期望，但也不用灰心丧气。我们这所商学院 20 年来始终积极向上，一定能在精神、理念方面帮助大家得到提升。

长期的胜利是价值观的胜利

听众提问：在华为这一商业竞争案例里，让人感受特别直接的是“遇强则胜”，就是性价比、运转效率优胜的人会取得胜利。我的困惑是，正向的东西一定会转化为更强大的力量吗？

宫玉振：其实最终的、长期的胜利，一定是价值观的胜利。单靠实力和利益可以胜于一时，但是很难走得长远。以中国共产党的发展历史为例，共产党组织建立之初，比它有实力的组织有很多，除了国民党，任何一个军阀力量都比共产党力量强大，为什么最终是共产党胜出？因为这是一个有信仰、有理念的组织。短期之内，这个组织可能会经历失败，比如第五次反“围剿”失败，被打得很惨，但是又会东山再起。那些表面看来不可一世的军阀，可以胜利一时，但很难走长远。

真正伟大的组织、走得长远的组织，背后一定是有价值观做使命。阿里巴巴讲战略一定先讲使命、愿景、价值观。《孙子兵法》讲“道、天、地、将、法”，首先要讲道，组织没有道，天地再好也只是靠机会主义，靠机会主义走不长远。价值观的力量，存在于我们每个人遇到纠结做选择的时候。在长和短、利益和道义、局部和全局之间，真正做出决策后，回头看最深层的东西是价值观。

杨壮：我补充一点。我在学稻盛和夫，也在学德鲁克，一个东方，一个西方。稻盛和夫强调敬天爱人、利他经营，他自己又信佛教。在跟别人竞争的时候，他认为要付出最大的努力，但是绝对不把别人逼到死角，甚至踏上一只脚让人永世不得翻身。结果在下次危机的时候，恰好是那家企业帮了他的大忙。从哲学的角度看，将竞争对手逼到绝境的做法，会树敌很多。

价值观在涉及短期、中期、长期问题时，一定顾及长期。150年前西门子在成立公司的时候就说，绝对不会因公司的短期利润牺牲公司的长期未来。至今西门子依然在往前走。

如何让西方认可中国的领导理念

听众提问：目前全球领导力基本上是基于西方领导力理念在发展，随着中国企业的全球化，我们有哪些理念可以影响世界？如何把中国元素传达给世界，与时俱进的过程中我们又有哪些糟粕需要摒弃？

宫玉振：这确实是中国人必须思考的问题。我们在走向世界，但是我们发展太快了。我们改革开放才 40 年，加入世界贸易组织不到 20 年，中国企业走出去太快，很多时候没有做好领导力、价值观方面的准备。

从我们的文化来讲，可以输出到世界的理念，第一条就是“和而不同”，它可以很好地处理文明冲突。比如现阶段的中美冲突，被美国某些政客定义为第一次非白人对白人文明的一种挑战，其实这是文化上的排他性在作怪。中国文化强调“和而不同”“四海之内皆兄弟”，是一种包容的世界观，也可以说是天下情怀。这种情怀在全球化时代非常重要，因为它不是强调冲突，而是强调和谐、共存、共生、共赢。

从战争的角度来讲，孙子强调不战而屈人之兵，我们要把直接的对抗变成非直接的对抗，甚至变成一种合作，这也是中国文化中非常优秀的东西。

这些内容有助于我们在走向世界的时候，用更加包容、合作、低调、谦卑的心态与世界相处，融入世界，同时给世界做出更大贡献，提供更大价值，得到世界的认可。

中国人的文化心理中当然也有值得我们反思的东西。这些东西来自两个方面。一是我们几千年来的天朝意识，认为天下以我为中心，容易封闭，自以为不得了，容易骄傲。二是我们曾经遭遇西方的入侵，百年的近代史带来了耻辱感。在经济发展起来以后，这种自豪感和耻辱感叠加起来，在某些国人身上很容易表现为想马上证明自己已经厉害了的心态，其实有时适得其反。

我们要传递的，应该是中国传统文化中的和谐、合作、包容、仁爱、慈悲、天下情怀、己所不欲勿施于人等优秀理念。这是值得我们重点去推崇和传播的东西。

杨壮：我也补充一点。因为我每年都要带学生出去，从美国回来以后，我觉得中国人有几个优点值得学习。

第一是中国人的学习精神。我看到美国那些同事，很少有人像我们这么爱学习。新冠肺炎疫情发生之前，北京大学各式各样的课堂常常爆满，男女老少来自不同的行业，大家都在学习，这是一种不可抗拒的能量，也是跟中国的孔孟之道很有关联的一点。大家都意识到了不足的地方，而且在学习过程中有很大的乐趣。

第二是中国人的勤奋。华为等企业的加班文化值得探讨，但是中国人的勤奋是实实在在的。这次疫情，美国社会不同阶层有各种争吵，但有一个事实是很多美国人拿到政府的补贴根本不去工作。在中国，有多少人每天玩命一般工作，就是为自己有房住，孩子、父母过得好一点。这种建立在家庭基础上的努力，这种奋斗精神，在全世界真是少见。

第三是年轻人的创新精神。比如第三拨互联网企业家身上的创新精神，很多美国人，还有欧洲人都开始研究。字节跳动的创始人张一鸣并没有留学经历，但创造了世界级的产品，创新精神在年青一代身上已经体现出来。

中国人走出去要注意的问题有两个：

第一，一定要讲实话，无论是什么类型的组织，都不要隐瞒。西方特别是美国，宽进严出。中国没有那么强的法治观念，人情味很重，但这在国外行不通。这也是中国的阿米巴经营常常做得不太好的原因。

第二，坚持包容，从生活小事中践行这一点。中国人在国外，不仅有机会就讲中国话，而且饮食上特别固执，比如一定要吃油饼豆浆，不喝牛奶，要吃饺子。他们觉得这样才舒服、过瘾，根本听不见别人的反馈，这是不行的。我们这一代留学生拼命学习、融入，老师们都觉得中国学生挺好。现在他们经常问我，中国人怎么跟以前不一样了？这是我们特别要反思的问题。

中西方领导力面临的共同问题

听众提问：VUCA 时代，无论是中国式领导力还是西方领导力，共同面临的挑战到底有哪些？两位老师能不能提一些建议或希望。

杨壮：面临的挑战太多了。VUCA 即 volatile（动荡）、uncertain（不确定）、complex（复杂）、ambiguous（模糊），代表着易变性、不确定性、复杂性和模糊性。

VUCA 的第一个词就是动荡，动荡是我们面临的最大挑战，能不能把动荡降到最低程度，包括避免战争爆发，这是第一个挑战。

第二个挑战是不确定性，对企业来讲，到处都不确定，目前最大的不确定就是疫情，可能疫情挑战会变成新常态。

第三个挑战是复杂性，中国的经济情况很复杂，对外关系更复杂，在这种背景下，企业怎样真正站在战略制高点上？《孙子兵法》还讲“致人而不致于人”，我们需要主动应对，现在好多企业确实主动往前走，但是这需要领导者本身有很强的前瞻性。

第四个挑战是模糊性，甚至让你无法做出近期的决定。中国人在很多情况下特别忍受不了不确定性，西方人更忍受不了，结果疫情至今蔓延。

这些挑战都可能要伴随我们很久，一定要想办法去应对。

宫玉振：我同意杨老师的分享。在过去的时代，我们的环境相对稳定、可以预测，领导者定下战略，强调、控制和实行就可以，因为战略能管五年、十年。VUCA 时代没有人一开始就能看到结果，环境不断变化、动荡，甚至出现颠覆性的事件。这时适应和接受不确定、拥抱不确定，承认不确定是一种常态，就成了 VUCA 时代领导力的关键。

这种情况下，领导力本质上必须是柔性的领导力。组织必须像水一样，充满弹性，能够适应环境，充满调整的能力。你需要把行动变成试探，在试探的过程中一步步找到方向。这种情况下，自我认知会被颠覆，甚至过去的认知会变成包袱，这就需要你要放下我执。

但是领导者在接受变化的同时，一定还要记住，越是在动荡的时代，我们越需要不变的东西，这就是使命、愿景、价值观。我们一方面要拥抱变化，另一方面要有坚定而清晰的使命、愿景、价值观。使命感是你穿透和驾驭不确定的核心力量。有清晰的使命，你可以承受任何调整、苦难，不断地往这个方向去奋斗、试探，最后你的战略会成形。所以，在变化的环境中要找到不变的要素。伟大的组织一定有确定的使命，非常清楚要做什么、不做什么。

如果从使命、战略、战术三个层面来看的话，组织的使命一定要稳定、清晰，不能随便变，组织的战略要相对稳定，也会有调整，组织的战术则一定要不断调整。

作为领导者来讲，还有一个更大的挑战，是在快速变革的时代，组织里每个人都会很浮躁，都会看短期利益，这时领导者更要有定力，更需要抓住最关键的东西，思考最深层、决定组织长远命运的东西。所谓“守正出奇”。

杨壮：我个人认为，第一，领导者一定要关注并拥抱环境的变化，一定要对环境的走势看清楚，对世间的事情要敏感，了解什么东西对我、对我的企业会产生致命影响，或者带来重大商机。第二，德鲁克讲领导力、管理力的核心之一是管理自己，VUCA 时代如何管理自己，如何利用这个机会反思、回顾，或是在新的环境中找到自己的长项、真正了解自己的短板，扬长避短，尤为重要。稻盛和夫 2009 年到北大时曾说，自己每天都要反思，反思做对了什么、做错了什么。

宫玉振：杨老师给 BiMBA 商学院的定位，是“北大精神、社会情怀、国家发展、全球视野”，这个基本定位也彰显了我们的领导力特质。从这个定位来说，我想给大家的建议是，当你面临选择或纠结的时候，在大和小之间，一定要选大不选小。在长和短之间，一定要看长不看短。

主要观点

作为领军人物，自我反思能力也特别重要，尤其是在环境复杂变化的背景下，一切都由自己创造，一切尽在掌控，是越来越不可能的事情，要常常反思决策的正确性并做调整。有无数典型案例都说明缺乏谦逊和反思的领导者会得到惨痛教训。

领导力一定要跟企业的发展阶段匹配，与发展阶段相匹配的领导力才是好的领导力。

价值观在涉及短期、中期、长期问题时，一定顾及长期。

在快速变革的时代，组织里每个人都会很浮躁，都会看短期利益，这时领导者更要有定力，更需要抓住最关键的东西，思考最深层、决定组织长远命运的东西。

对话谢绚丽：如何理解中西方竞争战略的异同[①]

战略的道与术

谢绚丽：宫老师，您刚才分享了中国传统竞争哲学的主要内容。在您看来，中国传统竞争哲学有什么样的优势和局限？

宫玉振：中国传统竞争哲学的优点与缺点其实都很明显。一句话，就是"重道轻术"。它主要关注中国人习惯讲的道德层面、哲学层面、理念层面的东西，从人性与社会的角度对竞争进行了深层次的思考，但工具层面的内容却相对较少。以《孙子兵法》为代表的兵家理论相对来讲是应用性和操作性最强的，但也更多地是从宏观和哲学的层面思考在竞争中取胜的基本法则。

重道而轻术，这是中国传统哲学的优势，在"道"的层面高屋建瓴，可以帮助我们从更高的层面来把握竞争，因而具有超越时空的价值，但在"术"的层面则相对缺乏可操作的工具，具体的应用需要个人去体悟，与西方的竞争战略理论相比，应该是其不足。

---

① 本文根据 2020 年 8 月 29 日由北大国发院 EMBA 中心主办、中信出版集团协办的第 44 期北大国发院 EMBA 论坛（在线举行）上作者和北大国发院管理学副教授谢绚丽就中西方竞争战略展开的对话内容整理而成。

西方战略理论可能恰恰相反。

从这个意义上说，中西竞争战略有足够的对话空间。二者之间可以形成一种互补的关系，从东边看过来，从西边看过去，从不同的维度帮我们去理解和把握竞争这样一种人类社会普遍存在的现象。

谢绚丽：中国人擅长辩证思维，西方人有更多的理性逻辑思维，所以西方的科学更加发达，他们战略管理领域这些工具的发明也是借鉴了科学的范式。但其实我觉得西方的战略也借鉴了不少中国的智慧。

宫玉振：是的，我非常同意您的观点。陈明哲是美国非常著名的华人战略管理学家，他在他的《动态竞争理论》一书的后记中专门讲了《易经》和《孙子兵法》对他研究动态竞争的影响。《易经》的一个主题就是变易，就是动态，而《孙子兵法》研究的是对抗双方的攻防博弈，这种辩证思维天然适合于研究商业世界中的动态竞争。从陈明哲的研究成果中，我们明显可以看出中国传统思维模式，包括您说的辩证思维的深刻影响。

谢绚丽：对，这样的例子不少。比如您讲的《孙子兵法》里的不战而胜，西方的“蓝海战略”就借鉴了这个思维。竞争是“红海”，我不在红海里厮杀，而是另辟一片自己的领域，即所谓的“蓝海”。这里面就有中国的另辟蹊径、不战而胜的意味。

宫玉振：是的。有意思的是“蓝海战略”的主要提出者钱·金是本身就是韩裔美国人，受东方战略理念的影响很大。

谢绚丽：这可能是我们中国学者的一个机会，因为我们受东方思维的熏陶，就有可能把它更好地结合到西方的研究模式里面，创造出一些结合东西方智慧的战略。

宫玉振：我完全同意。不管是军事层面、国家层面，还是企业层面，战略讲究的，都是整体的、宏观的、长远的、根本的思考。我们经常讲战略性思考，其核心就是要从一些具体的细节里抽离出来，去驾驭一些更根本、更长远、更全局的东西。所谓的“不谋万世者，不足谋一时。不谋全局者，不足谋一域”，在这方面，中国人的思维模式有先天优势，因为中国人天然具有整体思维，也非常喜欢长远思考，因而天然善于战略性的思考。当然，战略只是宏大的叙事，它最后毕竟还是要变成可执行、可操作的方案，战略的制定与执行过程中也需要具体的工具，在这方面，西方现代战略管理理论是很值得中国人学习的。立足于中国竞争哲学的基本精神，借鉴西方战略理论的成果，开发出一套可以操作的工具出来，会是一个很有意思的方向。

战略的灰度思维与二元论

谢绚丽：最近有一个比较新的战略理论，叫战略的二元理论，它打破了西方传统战略思维里的一元论，一元论的本质就是二分法，或黑或白，然后择其优者。在这个思路下，往往只追求成本最低或差异化，是 0 和 1 之间的二选一，没有中间地区。但最新的二元战略理论认为两者是可以协调的，人可以左右手同时做事，一个企业为什么不可以呢？这方面特别有代表性的是华为的灰度理论，能典型地反映出阴阳调和、二元兼容的思维。

宫玉振：对。中国人的辩证法，核心是阴中有阳，阳中有阴。阴阳不完全是对立的关系，不是非黑即白的关系，而是你中有我、我中有你，是一种相互推动的关系。应该说，中国的这种思维模式，西方人接受起来还是有些困难的。阴和阳的概念在西方语言里面找不到对应词，只能用汉语拼音来表示。据说他们只能用左手右手来比喻，但是左右手相对来说还是具象的概念，而中国人的阴和阳是很抽象的概念。在中国思维里，阴和阳可以对应比如男和女、黑和白、冷和热、左和右、攻和守、刚和柔等一切对偶的事物，所以中国哲学的涵盖能力其实远远超出西方哲学。这也算是中国哲学和中国人战略思维的一种优势。

战略的定力

宫玉振：谢老师，我有一个问题想请教您。战略思维最突出的特点，是要长时段地考虑问题，跳出一时的得失，不局限于眼前的成败，因此要关注长远的胜利，进行长期的投入。

有意思的是，虽然中国人特别喜欢讲深谋远虑、战略远见，但现实好像并不完全如此。中国很多企业其实非常急功近利，甚至很多企业表现出明显的浮躁。这在今天的商业环境里是非常突出的现象。相反，西方很多的大企业反而会长期不断地投入，会真正体现出着眼于未来的战略布局。

中国文化明明强调深谋远虑，中国人明明强调战略思考，但为什么很多企业却做不到？为什么在今天的商业现实中，会有这么突出的急功近利的情况？

谢绚丽：这是特别好的问题，我可能也没有完美的答案。有一种看法来自日本管理学家大前研一，他曾说中国企业为什么现在没有创新，过于浮躁，缺少定力，主要是因为中国的钱现在太好挣。如果一个社会的压力太小，可以挣“容易钱”的时候比较多，大家是不会挣“困难钱”的。

宫玉振：是的，您的这个解读说到点子上了。当捞浮财特别容易的时候，没有人愿意苦哈哈地进行长期投入。中国经济发展很快，用 40 年走了其他国家一两百年的路。对中国人来讲，机会极多、发展极快，财富的增长速度远远超过其他国家，这种速度和节奏使人很难静下心来。你只要抓住机会，就容易获得成功，因此就很容易形成一种机会主义乃至投机主义的心态。机会主义和战略管理是完全不同的概念。

我最担心的是，你也许能够抓住眼前的机会，但可能会失去长远的未来。军事上我们称为，打赢了每一场战役，但是输掉了整场战争。从历史上我们会看得很清楚，无论是什么样的投机者，都有一个结局，就是即使精于算计，苦心经营，也无法走得长远。一味地追逐机会，你反而会迷失自己。一味地做容易的事情，到了关键的时刻你会发现自己已经失去了打硬仗的能力。这是今天企业面临的最突出的问题，也是对中国很多企业最大的挑战。

谢绚丽：亚马逊就是特别有战略定力的企业，最初 20 年不赢利，不是因为电商做得不好，其实做得挺好，但是贝佐斯把很多盈利投入新的方向和发展，在电商之后做了云、Kindle 等等。贝佐斯说不赢利无所谓，他看重的是长远能给消费者真正提供什么。这种耐心不是每个人都有的。

贝佐斯曾经和巴菲特有一次颇有趣味的对话。他问巴菲特:“您的投资理念这么成功，为什么没有很多人用您的理念呢?”巴菲特说，因为他们急于变富，等不及。巴菲特 99% 的财富是在他 50 岁以后才得到的。长期投资意味着付出大量的时间和耐心，我们每个人都声称要学长期投资的理念，但能够真正做到长期坚持的并不多，可能都是因为定力不足。

宫玉振：所以真正的胜利一定是长期主义的胜利。这次中美竞争暴露出我们很多弱点，而这些弱点很多都来源于整体的急功近利。我们在最容易赚快钱的环节做得非常漂亮，但是在需要长期投入的环节里面败得一塌糊涂。这种弱点的暴露，说明中国企业整体上处于短视、浮躁的状态。往往只有真正愿意长期投入的企业，才可以赢得未来，才是好的企业。

中国人的企业也并不全是急功近利的。阿里的云计算为什么今天是全球第三、亚太第一？记得2010年深圳互联网大会上，吴鹰在台上主持，李彦宏和马化腾在台上，马云在台下。吴鹰问台上的两位怎么看云计算，李彦宏说是新瓶装旧酒，马化腾说这件事就是在“忽悠”。但是，台下的马云拿过话筒来讲，这就是我们要做的事情，一定要做。

其实马云不懂云计算，他是文科出身。他问别人什么叫云计算，别人告诉他，所谓云计算，就是让中小企业也可以拥有大企业所具备的计算能力。因为大企业可以开发自己的云，但是小企业没有这样的能力。马云说：“这就是我们要做的事情，我们的使命不就是让天下没有难做的生意吗？所以一定要做。”

但是云计算的投入特别大，一年十几亿元人民币，并且连续多年投入看不到任何结果，所以阿里压力很大，每年的战略会都在讨论是否要解散云计算团队。在最艰难的时候，马云来到云计算团队，说云计算不仅要继续做，而且还要再投入100亿元。整个团队马上就稳定下来了。

2012年，百度因为云计算看不到希望，解散了自己的云计算团队，这个团队随即完整地被阿里接收。云计算的结局，在那一刻基本上就确定下来了。马云的决策，是很典型的长期主义。

依靠机会主义的企业短期之内可以抓住很多机会，但是会失去长远，失去未来。从根本上讲，企业家在战略上的远见，对企业来说是最宝贵的财富。

不确定环境下的战略关键点

谢绚丽：我们现在面临的环境瞬息万变，在充满不确定性的环境中，如何做到长期持续地投入？方向出错的可能性不小，怎么做战略？

宫玉振：我们现在的环境确实与过去有很大的不同。最大的特点就是动态、不确定。过去的环境可以 5 年、10 年之内相对稳定，所以我们制定的战略可以管 5~10 年，甚至可以把战略制定外包给咨询公司。但今天是 VUCA 时代，一切都是不确定的。所以很多人就会有一个疑问，战略到底还有没有意义？

我是学军事出身的，我跟胡大源老师有一门课叫“不确定环境中的战略与领导力”，是我们国发院 BiMBA 商学院 EMBA 的一门现地课程。我们是通过四渡赤水的案例，带大家思考在不确定的环境中，真实的战略究竟是怎么形成的。

四渡赤水并不是谁事先设计出来的。四渡赤水是一个不断试错与学习的过程，是不断根据环境调整方案的过程，是一个不断在机动中寻找新的机会的过程。

这就是不确定环境中的战略。在不确定的环境中，战略不可能完全是事先设计好的。战略的形成是一个开放的、探索可能性的过程，因而是动态的演化过程。

其实整个长征也是这样一个不断调整方案、改变计划的过程。红军并不是一开始就要去陕北，而是想到湘西去会合贺龙、萧克的红二、红六军团，在湘西重建根据地。湘江一战失败之后，国民党判断出了红军的意图，提前在湘南部署重兵，张网以待，等着红军北上。毛泽东提出不能再去湘西，应该转兵西向，进入贵州，因为国民党在贵州兵力空虚，所以在黎平会议上决定以遵义为核心建立根据地。但是红军到了遵义发现，这个地方不适合建根据地。刘伯承和聂荣臻两位四川人提议放弃遵义，北渡长江到四川，会合张国焘和徐向前的红四方面军，在川西北建根据地。这才有了四渡赤水，才有了爬雪山，最后到了川西北，与红四方面军会师。到了川西北，又发现这里也不适合建根据地。这时候，中央和张国焘关于南下还是北上产生了矛盾，毛泽东被迫率领红一、红三军团单独北上。北上的时候也不知道应该到什么地方，一直走到甘肃的哈达铺，在国民党邮局里发现国民党的报纸，报道说陕北有刘志丹部队，红军这才最终决定到陕北去。长征就是不断改变计划、调整落脚点的过程。

不确定环境的战略决策有什么样的特点呢？人的理性永远是有限的，没有人能在动荡的环境中从一开始就看到结果，没有一场仗是完全按照计划打下来的，这是不确定环境的特点。所以，你不能僵化地执行事先的计划，要根据环境的动态变化，去适应乃至去引导环境的变化，这其中战略的灵活性、主动性、开放性就特别重要。在这样的环境中，唯一不变的就是变化本身。所以，战略思维也就必须是弹性的、开放的、灵动的、随机应变的，这样才能在不断试错与学习中找到和创造出属于自己的机会。

当然，问题也就出现了：随机应变，不断调整，变来变去，那还要战略干什么？是不是战略就没有任何意义了呢？不是的。你看长征和四渡赤水，计划和行动不断调整与变化的背后，第一个不变的因素，是一定时间段内相对稳定的战略意图。长征是一个不断改变计划的过程，但是有一点没有变，就是寻找落脚点重建根据地。四渡赤水是一个不断调整方案的过程，但是有一点没有变，就是北渡长江到四川去。

战术层面所有的变化，其实都是围绕着更好地实现相对稳定的战略意图而展开的。这样的变化就有了不变的轴线。也只有在战术层面根据环境进行灵活机动的调整，才能更好地适应环境的变化，从而更好地实现组织的战略意图。

当然，战略意图也只是相对稳定的，是阶段性的，从长远来说也是会根据形势的变化而调整的，所以不同的战略阶段就会有不同的战略意图。就像第五次反“围剿”时期红军的战略意图是挫败国民党的进攻，保卫苏区；长征时红军的战略意图是寻找落脚点，重建根据地；抗日战争时期八路军、新四军的战略意图是敌后抗日，巩固和发展壮大根据地。

在组织阶段性的战略意图背后，还有一个更重要的不变因素，就是组织的使命与愿景。四渡赤水特别苦，变了十多次方向，刚往左走又要往右拐，士兵有时候会问到底要去哪儿，为什么频繁变化。但是为什么士兵在那么多变的情况下依然愿意跟着共产党走，因为他们有使命感，有信念。一个最深层的东西从来没有变，这就是共产党军队的政治目标和追求，以及他们对于这个目标一定能实现的信念与信心。

当所有的探索和与此相伴的痛苦都是为了实现一个伟大的目标、都是为了完成一个伟大事业的时候，不断调整也就变成了完全可以接受的东西，眼前的痛苦也就变成了完全可以忍受的东西。

回到我前面讲的阿里云计算的例子，为什么马云在不确定甚至非常艰难的情况下也可以坚持开发云计算的战略？因为使命是最关键的。贝佐斯也是这样，他经常问：大家都在谈变化的东西，你有没有去思考那些不变的东西？你的组织使命、愿景、价值观在哪里？

驾驭不确定环境的最根本要素，第一是长期来说不变的使命、愿景、价值观，第二是中期来说相对稳定的战略意图，第三是短期来说灵活调整的战术。所谓变中有不变，不变中有变，我觉得这就是好的战略。

谢绚丽：您说得非常好，在战略中有变和不变两个成分，就像西方战略“5P”原则里有计划的一面，也有自然形成的一面，战略的计划和战略的自发，两者要相互结合。当前形势下，很多人都看不透外部环境，就更加考验领导者的判断力和视野。

宫玉振：领导者首先要接受变化，拥抱变化，思维一定不能僵化，要有弹性和柔性。更重要的是，你的组织必须是柔性的、水一样的组织，也就是灵活、敏捷的组织。你的团队文化也要拥抱变化，这是至关重要的。

谢绚丽：西方也在探索这种不确定性下的战略，其中有两个理论。一个是实物期权理论。战略决策往往涉及资源承诺，一旦投入可能成为不可回收的沉没成本，那么在不确定的环境中可以不要一次性投入，而是逐步投入。当不确定性逐渐消失时，你可以决定继续投入还是不再追加，这是一种柔性战略。

另一个理论，是经济创业的模式，指的是小步试错，小步快跑，保持灵活。不一定一次性投入，而是用低成本的方法去试错，如果成功则继续追投，如果不成功则尽快改变方向。

宫玉振：所以华为有“开一枪放一炮”的说法，先在一个地方开一枪试试，不行就撤，如果可以，再把重兵调过来从此处开始突破。战略其实是一个试错、探索的过程，是一个开放的过程。

回到中国传统哲学，《易经》的“易”其实有三层含义：第一是变易，易就是变；第二是简易，简则易行，战略一定要清晰简洁；第三是不易，就是不变。《易经》这三个层次就对应今天战略的三个层次，首先是变化，其次是简化，第三是不变。这种理念对于我们在不确定环境中制定战略依然很有指导价值。

中国企业的国际化战略

宫玉振：其实除了商业环境之外，中国企业面临的更大不确定还有政治环境和国际关系。中国很多企业在走向海外，但这两年中美关系的断崖式下跌给国际化的企业带来非常大的新挑战。我们发现，中国当前面临的竞争环境中的不确定因素很多是政治层面的，或者说属于非市场因素。

对于正在走向世界的中国企业家，您有哪些建议？根据您的研究，中国企业在这样的环境中，应该注意什么？

谢绚丽：我这些年的研究领域之一是中国企业走出去，同时也在教相关的课程，所以有一些观察。

根据利益相关者理论，一个企业的利益相关者不仅是员工、股东、顾客，还包括政府和社会。这说明企业面临的环境是多维的，不应只关注市场，所以非市场理论现在越来越被人重视。

非市场理论包括什么？一个是政治战略，怎样和政府打交道。另一个是社会战略，怎样承担社会责任，通过社会责任战略来使企业变得更好。

这些研究不只针对发展中国家，很多是针对发达国家的。很多企业家可能认为投资发展中国家时才需要关注政治风险，其实不然，西方发达国家同样具有政治风险，因为他们的企业非常重视政治战略。

美国的企业长期注重政治战略，它们的战略包括但不限于：长期在国会游说，雇用前政府官员做顾问或董事，甚至有些企业家直接参政，比如特朗普和意大利的贝卢斯科尼都是企业家出身，这不是偶然现象。因此，政治和经济从来都密不可分，我们要注意到其中的复杂性。

美国有外国投资委员会，对很多项目进行审查。如果你想并购一个美国企业，不向这个委员会提交审查的话，它有权让你中断交易。这个审查会增加很多不确定性，初审需要 30 天，如果继续审就要 45 天，如果需要总统干预，就还要 15 天，这就会把你的交易时间拉长，中间如果有不利的决策，那么你的交易就要打水漂。这种情况很常见，比如华为的收购屡次被外国投资委员会否决，在美国几乎颗粒无收。除了科技领域，我国企业在其他领域也常有被否决的案例，比如 2018 年大北农并购美国一个种猪企业也被否决了。所以对美国的外国投资委员会，我们不可不重视。

审查更严是不是最近的局势导致的呢？其实不是。数据分析发现，外国投资委员会在特朗普的整个任期内的通过率和在奥巴马的第二个任期内的通过率是持平的，所以审查并不是越来越严格，而是一直存在。

不仅在美国，澳大利亚也有类似的审查委员会。澳大利亚的对外投资委员会曾经否定了中国电网、中国有色矿业等很多投资项目。

我们中国企业出海的时候，要特别关注这些政治风险。很重要的一点是你的企业中是否有这方面的专门人才，以及是否有相应的投入。我们的企业，特别是科技企业可能有一种观念：凭借好产品就可以走遍天下，不需要关注非市场领域的战略或行为。其实不然，谷歌的施密特专门做政府关系工作，脸书 2020 年上半年的公关投入在全美排名第一。

宫玉振：您的提醒对中国企业非常重要。竞争确实不单纯是产品的竞争或市场的竞争。纯粹的市场竞争其实只是一种理想的状态，企业的竞争离不开外在的政治环境。

北大国发院的优势之一也体现在这个方面，国发院不单纯是一个研究经济和管理的学院，而是运用综合视角，从国家发展的多个方面来研究经济和商业现象，这样才能帮助企业更好地把握今天所面临的竞争环境。

谈到非市场因素，我们之前过多地关注了落后国家或发展中国家的各种各样的风险，比如宗教风险、种族风险、政治风险、法律风险等。其实我们忽略了发达国家同样有巨大的风险，而且这种风险一旦爆发，对于我们的企业来说可能更是灾难性的。在一个机会和风险并存的时代，如何去更好把握机会与风险，我们需要有综合视角。

统一思想很关键

听众提问：四渡赤水时，毛泽东和朱德等几位核心团队领导人的想法有很大的冲突和矛盾，包括在打鼓新场战役中的矛盾，毛泽东当时辞去了前敌司令部的职务，后来通过和核心团队的交流沟通才最终统一思想。应用在企业管理中，如果领导人和下属、团队之间产生了战略或执行上的矛盾，领导人应该怎样去统一思想、统一战略？

宫玉振：打鼓新场风波发生在三渡赤水之前的苟坝会议上。当时红军已经打下了娄山关和遵义，接下来往哪儿打？林彪和聂荣臻两位一线指挥员提出攻打打鼓新场，因为那里是黔军王家烈的部队，比较好打。朱德、张闻天、周恩来等人都认为可行，唯独毛泽东反对。

他反对的原因其实很简单，虽然黔军战斗力弱，但那是城墙很高的大镇，红军没有太多重装备，一时很难打下来；更重要的是，打鼓新场附近还有滇军孙渡的部队和另两支国民党中央军的部队，所以表面看来是打黔军，其实要准备跟国民党在贵州的所有部队作战。因此这场仗虽然从战术上看是可行的，但在战略层面是没有前途的，反而风险极大。他认为不应该着急，可以耐心等待机会。

但是因为二渡赤水以后，尤其取得了遵义大捷，红军将士求胜心切，特别想再打一场漂亮仗，大家听不进毛泽东的话，所以表决时，按照少数服从多数的原则，毛泽东的建议被否决。他走之后，继续开会，通过了两个决议，第一是同意林彪和聂荣臻攻打打鼓新场的建议；第二是解除毛泽东前敌司令部政治委员的职务。毛泽东回去以后左思右想，觉得打鼓新场还是不能打，于是后半夜提着马灯去找周恩来，最后说服了周恩来。周恩来是遵义会议确定的党内委托的对于指挥军事上最后下决心的负责人。周恩来被说服了，第二天再开会，其他人也就都被说服了，放弃了攻打打鼓新场的计划。

回到企业管理中领导如何跟下属沟通的问题。首先，决策的一条原则是，谋贵众，断贵独。征求意见的过程中可以充分开放，吸纳各种意见，尤其是不断听取一线的意见，避免一意孤行。但真正做决断、下决心时，决策者必须敢于决断，敢于负责，敢于拍板。

其次，还要讲究沟通的策略，不要轻易采取对抗的方式。毛泽东被免职很重要的原因是第一天的沟通策略不够好，激化了分歧。但他很快意识到问题所在，随即进行很好的补救，抓准了关键人物和关键的突破点。周恩来是当年最关键的决策者，也比较好沟通，与他沟通胜过不分轻重的逐一说服。与关键人物、意见领袖沟通好，其他人就很好办。所以从领导与团队的沟通来讲，毛泽东有失有得。失在情绪化，得在及时补救并抓住了关键人物。但有必要强调的是，不管沟通本身的得失，毛泽东始终坚持了他的正确观点，这一条对领导者来说是至关重要的。

用核心优势坚守战略

听众提问：战略需要长期主义，但技术发展越来越快，颠覆式创新、“黑天鹅”事件不断，很有可能原本要长期坚持的战略面临被颠覆的局面，在这种情况下，战略应该何去何从？

宫玉振：这是非常具有挑战性，也非常现实的问题。颠覆性和不确定性是我们所面临的现实环境，我们必须接受颠覆和不确定因素会随时出现这一现实。所以，好的战略就必须具备三方面的要素。第一，一定要提供清晰的战略意图作为行动的基本框架。有了这样的战略意图，你便可以为组织的行动提供一个大致的范围和总体的方向。第二，在你的行动方案中，一定要给种种偶然性和不确定性留出足够随机应变、临机处置的空间。你必须适应环境，必须随着情况的变化而不断地调整，必须随时准备迎接意外。第三，如何驾驭颠覆和意外事件？还要靠使命和愿景。真正的定力往往来自强大的信念。当你有了清晰的使命和愿景的时候，你就会有足够的穿透不确定性和颠覆性事件的眼力与定力。

谢绚丽：企业可能要做到两点，第一是要为颠覆做好准备，企业要时刻改变自己的视野，要包容。其实很多颠覆性创新并不是外来的，而是企业内部产生的，但可能被企业内部高管否定了。如何保护这些内部创新的萌芽？这是一个认知方式问题，高管的视野需要不断更新和调整。

第二，要固守自己的核心优势，企业自己拥有核心竞争力就不怕被颠覆。比如胶卷被淘汰后柯达被颠覆了，但富士胶卷做了很好的转型，把给胶卷抗氧化的技术用在了护肤品上，做得很成功。因此，企业要清楚自己的核心优势，知道如何去重组和升级自己的核心优势。

宫玉振：今天有一个概念叫“反脆弱”，这很重要。军队打仗非常重要的一条，就是要做好应对颠覆性事件的准备。部队打仗，一定要留下足够的预备队，以应对意外事件的出现。意外一定会出现，最怕的是等意外出现的时候你没有预备队了，没有资源了。

包容与传播要两手并进

听众提问：宫老师提出的中国传统竞争哲学的钻石模型，其中有“道义”模块。问题是中国在西方主导的国际体系中话语权偏弱，西方对中国的偏见一时难以消除，势必影响西方世界对中国道义的判断，这点应怎么理解？

宫玉振：这个问题很好。改革开放几十年来，我们国家各方面进步很大，主要是经济发展和一定程度上的军事力量提升。在国际话语权、软实力方面，我们的发展与经济实力相比还是相对滞后的，国际排名一直在25~30名之间波动，英美这些主流国家一般都是前几名。这是我们要接受的现实。

基辛格讲，大国的崛起要有实力、耐心、合法性。合法性是软性的东西，但也可能是最核心的要素。一个国家在国际上的地位和影响力，很大程度上靠的是合法性、软实力、价值观的影响力。中国在这方面的影响力在慢慢提升，但依然有局限，与硬实力看起来严重不匹配。但我们一定要保持足够的耐心，因为力量的消长一定是个长期的过程，尤其软实力的构建、传播和影响，包括偏见的消除，都是需要时间的。

中国文化不乏特别优秀的内容，如“和而不同”的包容意识、“四海一家”的天下情怀、“己所不欲，勿施于人”的道德理性等等，这都符合全球化时代人类所需要的合作意识、命运共同体意识。我们要相信这些价值观的力量，我们完全可以有信心，并向世界传递这方面的价值，讲好这方面的故事。从长远来说，一定会有越来越多的国家和民众理解中国的崛起与发展对全球所带来的正面意义。

谢绚丽：地球不是平的，各个国家都有不同的差异，我们对道义的理解可能和他们的理解不同。我们要能够包容这种不同和冲突，才能够成功地走向世界。我们很多企业在国外还是照搬国内的运作方式，不顾及当地的法律法规，这是很危险的。我们走出去的第一步一定是尊重当地的道和义，用当地的规则来行事。

第二步是当我们觉得当地的规则有问题时，用适当的方式来沟通和调整应对，不管我们是否具备直接对抗的能力，都应尽量本着平等原则沟通，尤其是我们在国际上还面对着很多不信任和鸿沟。最好的方式就是有耐心地沟通，让我们的观念被别人理解。

第三步，我们需要团结一切可以团结的力量，把“朋友圈”做大，这样才能在世界上慢慢传播我们自己的道和义。

主要观点

一味地追逐机会，你反而会迷失自己。一味地做容易的事情，到了关键的时刻你会发现自己已经失去了打硬仗的能力。

依靠机会主义的企业短期之内可以抓住很多机会，但是会失去长远，失去未来。从根本上讲，企业家在战略上的远见，对企业来说是最宝贵的财富。

驾驭不确定环境的最根本要素，第一是长期来说不变的使命、愿景、价值观，第二是中期来说相对稳定的战略意图，第三是短期来说灵活调整的战术。

竞争确实不单纯是产品的竞争或市场的竞争。纯粹的市场竞争其实只是一种理想的状态，企业的竞争离不开外在的政治环境。

逆境领导力对话录：企业家的胸怀是委屈撑出来的[①]

对企业家真正的挑战是成功的感觉

提问：在逆境当中好像更容易锻造领导力，顺境当中的领导力怎么锻造？顺境领导力和逆境领导力有什么区别？

宫玉振：很多企业家在面临逆境和挑战的时候都会比较成功地去解决，因为好的企业一定是经历了很多逆境才走出来的，否则早就死掉了。所以应对逆境，企业家是擅长的。但是对企业家来说，真正的挑战是顺境，是成功的感觉。

很多人可以经历逆境，但却会在成功的感觉之中倒下。这是很多企业家特别可悲的地方。所以顺境中的领导力，首先要保持一种强烈的危机意识。

我在国发院还有一门课就是“曾国藩领导力”。曾国藩一生非常强调一个字“慎”，他讲他一生做官如临深渊、如履薄冰、战战

---

① 2021 年 6 月 19 日北大国发院 EMBA 论坛第 53 期上作者以“长征与逆境领导力”为主题做了精彩演讲。本文精选作者对现场观众所提三个问题的回答，帮助企业家以史为鉴，从长征的历史中把握逆境领导力的精髓。

兢兢。他一生有三畏：畏天命、畏人言、畏君父。说白了就是要保持敬畏之心，才能不被自己内心的膨胀冲昏了头脑。

因为人性就是这样，人到高的地方会头脑发昏，人有了成就、顺利的时候就会头晕。顺境中最大的挑战就是人性的自我膨胀，这时候保持危机意识至关重要，这就是不忘初心。

战国时期有一个著名的将军叫吴起。与诸侯大战 76 次，其中 64 次全胜，其余的 12 次打成了平手，吴起一生没有打过败仗。有人问他为什么可以不打败仗，他讲了五个字“虽克如始战”。“克”就是克敌制胜的意思，虽然打了胜仗，但是要像永远在打第一仗一样。

你从来没有打过仗，会是什么样的心态？小心谨慎、战战兢兢、如临深渊、如履薄冰，充满危机意识，心想一定要打赢。赢了就会自信，自信就会自负，自负就会狂妄，狂妄就会大意，大意就会失败。永远保持打第一仗那种“小心谨慎、充满危机”的意识，你就会持续不断地不打败仗。

所以在顺境中最核心的领导力就是保持危机意识，保持清醒的头脑。

管理者的胸怀是委屈撑大的

提问：长征这样的逆境，证明了毛泽东思想的正确性。但我们在现实工作当中，可能很难有长征这种机会证明你的意见正确。这个矛盾该如何解决？

宫玉振：并不是所有正确的意见都会立即在组织占主导地位，甚至有时候是不正确的意见会占到上风。

身为管理者，你必须接受这样的现实：委屈是生命和事业中的组成部分。管理者的胸怀和格局是委屈撑大的，管理好逆境，管理好情绪，在逆境中修炼自己的格局与胸怀，这是管理者的必修课。

每位管理者都会遇到受委屈的时候，都会遇到自己的意见可能正确却被打压、被否定的时候。这时候强大的信念非常重要，我们要相信正面的理念一定能够实现。

首先要有强大的意志力，同时要等待机会，耐心地去等待。短期之内你会处于一种逆境的状态中，但是所有的逆境早晚都会过去。逆境领导力的一个重要内容就是心性的强大。

所有的正规军都曾经是游击队

提问：我们是初创企业。我的问题是，初创企业应如何充分利用十分有限的时空和资源呢？

宫玉振：创业团队往往都资源有限，但很有意思的是，所有的正规军当年都曾经是游击队。

当年红军在井冈山建立根据地的时候就是游击队，之后却取得了全国政权。再伟大的组织也都有成长的过程。

在资源有限的情况下，创业团队应特别重视组织的基因。建议今天的创业者去一下井冈山和古田。在那两个地方，你会看到红军在力量弱小、资源匮乏的情况下如何成就一个伟大的组织。

红军在井冈山建立根据地时期的一个重要举措是支部建在连上，从而使红军成为一个在党领导下有远大政治追求的组织。这一时期还形成了一套农村包围城市的战略，从农村开始找立足点，以及确立红军游击战的打法。我们建军最核心的原则就是在这里形成的。所以井冈山时期虽然是一个草创时期，但是共产党军队最终成功的基本要点都已经具备了。

所以时空和资源有限，并不意味着你可以放弃自己，相反在这个时候你要认清楚组织的使命、愿景、价值观，你究竟应该采取什么样的打法、什么样的战略。把这些东西想清楚，确定你组织的良好基因，此后你所需要的就是时间和机会而已。

有了这些东西，哪怕你现在只是游击队，你早晚也可以变成正规军。

主要观点

对企业家来说，真正的挑战是顺境，是成功的感觉。很多人可以经历逆境，但却会在成功的感觉之中倒下。

永远保持打第一仗那种“小心谨慎、充满危机”的意识，你就会持续不断地不打败仗。

管理者的胸怀和格局是委屈撑大的，管理好逆境，管理好情绪，在逆境中修炼自己的格局与胸怀，这是管理者的必修课。

七问宫玉振：企业家该如何向成吉思汗学习打胜仗[①]

提问一：中国企业在国际化的过程中，该如何进行战略布局？

宫玉振：布局国际的前提是必须有强大的学习能力。蒙古人在欧亚大陆扩张的过程，其实就是不断通过学习来突破自我的过程。

游牧民族军队的优势是强大的机动能力，但在对中原作战过程中，蒙古人向中原民族学习了强大的攻坚能力，并利用南宋的水师建立了当时世界上最强大的海军。

所以蒙古人的优势是复合优势，是不断超越自我的优势，这是蒙古人能够建立世界性帝国的根本原因，没有这样的学习能力，蒙古人横扫欧亚大陆是不可想象的。

中国很多企业在本土已经有一些优势，但要走向世界，可能还有很多的东西需要学习。国际化的过程，其实就是企业通过不断学习来完成转型、提升和自我超越的过程。

---

① 2019 年 3 月 16 日，北大国发院 EMBA 论坛第 12 期举行，作者进行题为“帝国的诞生：成吉思汗的战略与领导力”的讲座。本文根据作者对观众提问的回答整理而成。

提问二：在全新的、复杂的国际形势面前，我们从成吉思汗的战略当中最应该学习什么？

宫玉振：组织在不同的阶段要有不同的战略，所以一定要分析清楚你当前所处的阶段。

成吉思汗当年在蒙古高原崛起的时候，环境极为不利，自身力量弱小，但强敌环伺。这时候他采取了非常有效的联盟战略，尤其是依托与克烈部的联盟，逐一消灭了强大的对手。在消灭塔塔尔人和灭掉大金国的过程中，蒙古人也都采取了联合远处敌人、打击近处敌人的战略。灵活的战略，使成吉思汗创造出了最有利于自己的发展环境。

这对我们的启发是：在复杂的环境中，对于组织来说，强大的实力和灵活的战略，二者缺一不可。尤其是当实力和机会还不成熟的时候，一定要有足够的耐心和灵活的战略。

提问三：创业难，守业更难。蒙古人在守业方面，可以给我们哪些启发？

宫玉振：蒙古人在守业方面其实并不成功。蒙古人统治中原100年左右，统治中亚地区200年，时间并不是特别长。

创业和守业不是一回事。建立帝国依靠强大的军事力量，统治帝国需要发达的文明。在这个问题上，蒙古人做得并不是特别好。游牧民族文明程度相对较低，要想统治文明程度高于自己的农耕民族，就必须向后者学习。元朝统治者也在学习中原文明，但有相当的局限性。其实蒙古人从来没有放弃征服者的心态，从来没有放弃民族歧视乃至民族压迫政策，这是蒙古人没有办法在中原建立稳固统治的第一个原因。

第二个原因是，蒙古帝国建立后，各个汗国不可避免地会跟当地文明融合，走上本土化的道路，本土化必然会导致离心化，这就削弱了帝国的统治基础。蒙古帝国最后为什么崩溃？很重要的原因是随着本土化进程的推进，各汗国之间的差异性越来越大，而蒙古人也没有能力创造出超越各文明的统一文明，因而也就没有办法维持一体化的帝国统治。

守天下需要持续不断地保持王朝的优势。企业也是这样，要保持基业长青，持续不断地发展下去，必须不断地自我超越才可以。从这个角度来讲，蒙古人提供更多的是教训而不是经验。

提问四：成吉思汗在几次战役里也碰到过战斗力不是特别充足的情况。但他有一个最终战斗目标，几个不同阶段里面还有次要的战斗目标，这类似于企业的业务聚焦战略。我们是把所有精力放在一个目标上，还是保证一个最主要目标、有几个次要目标去呼应？

宫玉振：成吉思汗在扩张过程中遇到很多对手。怎么保证资源合理分配，这是战略的核心。

第一，一定要分清主次，并把你的主要资源放到当前最主要的目标上去。

第二，目标又永远是动态变化的。环境在不断变化，目标也必须随之调整。

但是即使如此，在同一个时间内，也一定要保证只有一个主要的目标。

提问五：您讲了成吉思汗的个人魅力，华为的任正非也非常具有个人魅力。您如何看待两个人的相同点和不同点？

宫玉振：成功的领导者往往有共同的特性。他们两人至少有这样几条是相通的。

第一，两个人都建立了强大的分享机制，蒙古在征服扩张的过程中非常注重战果的分享，华为制度的一条核心是分享机制。任正非把华为打造成奋斗者的平台，任正非现在的股份不到 1% 了，华为 60% 以上的员工是持有股份的，这种分享机制是华为能有今天的成就的重要原因。

第二，两个人都具有世界性格局。其实两个人的起点都不高，成吉思汗起家于蒙古高原的三河源之地，任正非则是用两万块钱创业，但两个人都有极为开阔的格局，从而一步步地完成了各自的世界性布局，建立了世界性的政治或商业帝国。

第三，两个人都有强大的意志力。成吉思汗的帝国经过几十年、几代人的努力才得以建立，中间经历了无数的艰苦。像我们讲的翻越帕米尔高原、翻越无人的沙漠等，是强大的意志力量支撑成吉思汗的扩张。华为发展到今天，也经历了我们大家都知道的苦难。

企业在经营过程中总是会遇到各种各样的挑战和困难，有强大的意志、打造出具有强大意志的团队是支撑企业走下去的重要前提。

提问六：今天你讲的是成吉思汗，我在读 MBA 的时候跟着您去山东学习《孙子兵法》，也听过您讲曾国藩领导力。您能讲讲这三者的区别吗？如何更好地运用它们？

宫玉振：成吉思汗是中国历史上唯一一个能够打出去并在全球

范围内进行战略布局的领导者。成吉思汗的领导力是全球性的，而曾国藩具有的更多是本土领导力。在镇压太平天国起义的过程中，他的对手大多是传统的对手，他的环境是本土的环境，这跟成吉思汗是不一样的。

《孙子兵法》是理论专著，从理论上揭示了军事战略的核心原则。成吉思汗的成就则是实践层面的，我们可以把他作为战略领导力的一个经典案例来分析。

提问七：孙子兵法讲知彼知己，但成吉思汗在当时没有先进的测绘工具，也没有卫星的前提下，成功穿越了茫茫戈壁和大漠。他是如何克服信息不足的？企业该如何在有限信息之下做正确决策？

宫玉振：成吉思汗打仗特别重视情报的收集，他到了一个地方，一定要跟当地人交谈，甚至利用各种各样的力量把最了解当地情况的人强行找来。他做决策之前一定要做足这些功课，他对整个部署情况了解得特别清楚，而且他特别善于运用对手的内部矛盾，通过对手的内部人去了解对手的情况。

为什么成吉思汗在西征时敢穿越戈壁和沙漠，而650年以后俄罗斯军队想跟他学，结果一匹马都没能活着走出来？原因很简单：蒙古骑兵具有无法比拟的吃苦耐劳的品质。

蒙古高原的生存环境极为恶劣，蒙古马可能不是跑得最快的，但是生存能力一定是最强的，而蒙古人就像蒙古马一样，特别能吃苦。所以成吉思汗决定穿越戈壁和大漠，完全建立在对自己军队的能力有充足信心的基础上。他不是贸然拿自己属下的生命来冒险，而是经过了精心的计算，真正做到了知彼知己。

主要观点

布局国际的前提是必须有强大的学习能力。

当实力和机会还不成熟的时候，一定要有足够的耐心和灵活的战略。

建立帝国依靠强大的军事力量，统治帝国需要发达的文明。

在同一个时间内，一定要保证只有一个主要的目标。

企业在经营过程中总是会遇到各种各样的挑战和困难，有强大的意志、打造出具有强大意志的团队是支撑企业走下去的重要前提。

代后记

浮躁时代，不如安静读书[①]

关于在这两年的时间里如何更好地完成EMBA学习，相信每个人都已经有自己的思考。我想跟大家分享一下我的一些想法，一共三句话。

我想分享的第一句话是："我唯一知道的，就是我一无所知。"这是苏格拉底说的。

当你走进国发院这个院子的时候，你是带着自己的辉煌，带着自己的成就，带着自己对这个世界的理解的。但正因为这样，你们身上往往也就有了太多的我执。

手中有锤子的人，满世界看到的往往都是钉子。有太多人的，就是因为过去的成功而遮住了自己的眼睛。执着于自身的经验，执着于自己的认知，会使你执着于自身的局限，从而无法继续成长。过于自我的人可能会取得一时的成功，但这样的成功不可能持续。

子曰："知之为知之，不知为不知，是知也。"自大是人性的组成部分，而人的自大，往往是因为不知道自己不知道。越是智者，

① 本文是作者在北大国发院EMBA 2019级新生入学典礼上的演讲。

越会意识到自己的渺小与不足。明智地承认自己的局限，是你突破自己的第一步。走出小我，才能成就大我。放下自我，才能超越自我。所以我们到这里学习的基本心态，就要警惕身上的我执，保持开放的心态。

人的价值和认知是多元的，对于同样的事情，大家会有不同的观点，这很正常。正是不同角度的认知，构成了我们探索世界真相的前提。没有人会垄断真理，每个人的见解都只是一得之见，不同的观点或许会让你受益更多。开放的心态和多元的思维，会使你更好地理解这个世界。

在学习过程中，能证明自己过去的认知是对的，固然可喜，证明自己其实是错的，可能更加可贵。兼听则明，利用别人才能的才能，才是更高的才能，吸收别人智慧的智慧，才是更高的智慧。放下自己的过去，保持一种虚心的心态，你会成为更好的自己。

我想分享的第二句话是："学贵初有决定不移之志，中有勇猛精进之心，末有坚贞永固之力。"这句话是曾国藩说的。

我们今天早已经进入了共享知识的时代。今天我们有太多的获取知识的便捷途径。管理的学习早就已经走出了商学院，社会上有无数以大学或学院为名建立的知识社区。那么今天商学院的真正价值究竟在哪里？

陈春花老师曾经说过一句话："人越往上走，心应该越能往下沉。"我们所处的，是一个快速变革的时代，也是一个让人浮躁的时代、机会主义盛行的时代。当社会处于浮躁状态的时候，组织反而更需要战略的定力，需要组织的领军人物静下心来，去思考决定组织命运的那些根本、长远和不变的要素，从战略层面把握住组织的根基和未来。静下心来思考的能力，对于领导者来说，是一种稀缺而可贵的品质。

人生最美好的事情，莫过于驰骋商场，历尽浮沉，还能安然读书。急功近利，看得太短，过于看重实用与技能，反而会限制你的视野与格局，限制你的思维与认知，从而限制你的长远发展。全面与系统的思考能力，才是你一生最大的财富。

天下没有速成的学问，也没有轻松的学习。岳麓书院中有一副对联，上联为“合安利勉而为学”。安、利、勉，讲的是学习有三种境界。安，有些课你学了很开心，所以自觉自愿地去学；利，有些课学了很有用，所以你有动力花时间来学；勉，有些课其实你不想学，但不得不逼着自己苦哈哈地去学。

EMBA 的学习，其实是三者的结合。曾国藩有一句话：“天下事，未有不由艰苦得来，而可大可久者。”记住，一定会有些课程让你痛苦，让你崩溃，甚至让你怀疑是不是来错了地方。这种状况，相信我，你一定会遇到。如果你没有这种感觉，你才来错了地方——当这一天真的来临时，我希望你能记住尼采的一句话：“凡是杀不死我的，只能使我更强大。”

曾国藩也说：“凡事皆有极困极难之时，打得通的，便是好汉。”感到痛苦，其实是因为你走出了自己的舒适区，你是在突破自己的极限。正因为有了学习过程中的痛苦，你才会有突破自我的快乐。

所以，做好迎接挑战的准备吧。这两年的时间，你注定是痛并快乐着的。人生有不同层次的快乐。肤浅的快乐，往往会让你在得到满足后陷入更大的空虚。突破自己极限的快乐，才会让你牢记终生。

我们的课程体系中，有的课程侧重于理论，有的课程侧重于案例，有的课程着眼于基础，有的课程着眼于应用，有的课程帮你把握未来的趋势，有的课程重在总结过去的经验。所有的课程，都是为了帮你打开一扇理解商业世界的窗户。侧重基础训练或方法论的课程，可能会让你觉得枯燥而无用，好像离现实世界太远。但是记住，无用之用，才是大用。或许多少年后，你会发现，那些应用性太强的课程已经过时，而那些当年感觉无用的课程，却真正深深地影响了你的思维方式。

所以，放下事先的判断，放下喜欢与不喜欢的情绪。用两年时间读书是很奢侈的事情，系统而深入地理解管理，这很可能是你人生中的最后一次机会。把握这个机会，不要辜负了这个机会。静下心来，深度学习。不要入宝山空手回。相信我，你在这里的每一分付出，都会得到回报。

我想分享的第三句话是："不以法为守，而以法为用。常能缘法而生法，与夫离法而合法。"这句话是北宋时期的武学博士何去非说的。

一个人的经验和悟性总是有局限的，即使你是天才也如此。商学院的 EMBA 教学，提供的大多是理论性的东西。理论的作用就是在无数人的经验的基础之上，总结出那些具有普遍意义的规律出来，让人可以更好地理解自己和自己所处的这个世界，以及背后的行为逻辑。EMBA 是教授商业基本规律的，规律性的东西必然是有其价值的。

但是，管理永远有固定的原则，商业却永远没有固定的模式。照搬棋谱下棋，照搬套路搏击，照搬条令打仗，照搬在商学院课堂学到的流程和模型来做管理，向来都是自我取败之道。

商学院可以教给大家的，大多是商业的一般原则，但原则的具体运用，却需要靠你们自己去创造性地领悟。没有人会只靠书本打仗，就像没有人会只靠理论管理一样。好的 EMBA 教育，提供的从来不是现成的行动指南，更不是唬人的谈资和包装，而是在总结经验的基础上，提供思维的启迪，包括对现象的洞察力和对事务的判断力。一句话，它提供的是活的智慧，而不是死的条文。

这就要求你们在学习的过程中，一方面要尊重和学习前人或今人的经验，以及在此基础上总结出来的规律，更重要的是要牢记“法有定论，兵无常形”的古训，把这些规律创造性地运用到自己的管理实践之中，并在实践中发展这些规律。用何去非的话说，就是“不以法为守，而以法为用。常能缘法而生法，与夫离法而合法”。这才是 EMBA 学习应有的境界。

在我看来，人生最大的幸福，不过是三句话：过有意义的生活，做有意义的事情，建立有意义的关系。

你们即将开始过人生中最有意义的生活，做人生中最有意义的事情，建立人生中最有意义的关系。开启你们的学习之旅吧，希望两年以后的今天，当你们完成学业时，你们会发自内心地说：到国发院来读书，是我一生最正确的选择。